SOCIOLOGY FOR BUSINESS

入門

企業社会学

「企業と社会」への社会学的アプローチ

マーティン・ジョセフ
［著］
松野 弘
［訳］

ミネルヴァ書房

SOCIOLOGY FOR BUSINESS
by Martin Joseph

This edition is published by arrangement
with Polity Press Ltd.,Cambridge
through Japan UNI Agency , Inc., in Tokyo

日本語版への序文

なぜ，社会学を学ぶのだろうか。経営者が社会学を活用するということは一体，どのようなことなのだろうか。社会学は新たに社会学を学ぼうとする人々に対して，どのように役立つことができるのだろうか。これらの質問は社会学を学ぼうとしている人々から常に発せられるものである。このような質問には，次のように答えることができるだろう。経営者は生産性を向上させていくことに一生懸命，努力しているのに対して，社会学者の任務は現在の，このオフィスで，この工場で，さらに，この大学で何が現実に起こっているのか，という質問に答えることである。

このような理由から，社会学者の多くは経営者からはよく思われることはない。また，社会学者は「大規模な組織の多くは，合理的な行動をしない」ことを提示している。このような組織には本書の中でも説明しているように，現実を歪めるような〈イデオロギー〉や〈信念〉が充満しているのである。どのような点で，経営者が間違った考え方をしているのかを批判し，指摘していくのが社会学的任務の一つなのであり，このことが，社会学者が経営者に不人気となっている理由なのである。一方，社会学者はこのような現象にかかわらず，勇気をもって批判をし，人気など気にしないことである。

したがって，社会学という学問は，経営者や一般の人々にとっては重要な知的道具の一つとなっている。社会学を通じて，本書のすべての読者は〈思考の質〉を，経営者は〈意思決定の質〉をそれぞれ改善することができる。企業経営と社会学は車の両輪のように相互に有効に機能することが可能なのである。このような考え方はすべて，世界のどの国においても適用することができるものと私は考えている。

本書は企業社会を分析することを通じて，企業経営・企業活動・社会学について学んでいる人たちに，企業社会を考えていくための視点を提示していくのに役立てられることを意図している。これまで，社会学は例えば，工場で起きている事象に対して，非公式的（インフォーマル）な見解を伝えていることがしばしばあるために，①経営者側の立場よりも，現場の労働者側の考え方を優先して伝えているばかりでなく，②オフィスでは，経営管理者の考え方よりも職位の低い人たちの考え方の方を伝える傾向があると一般的にはみられている。しかし，私は経営管理者も含めて，すべての人々の利益になるような考え方を伝えていくべきであると考えている。

本書では，米国・日本・英国・世界の開発途上国の事例を検討することによって，〈社会と企業活動〉との関係を提示していくことを目的としている。具体的には，経営者の目標・信念に検討を加え，なぜ，「産業化」現象が世界の各国に次々と波及していったのかを追求してみたいと考えている。例えば，日本の文化は集団に対する献身（例—会社への献身）を重視している。このことがおそらく，日本の成功の原因と考えられるであろう。一方，日本の経済的成功の本当の理由は西欧資本主義をうまく採り入れたことであるといえるかもしれない。

「労働の社会的特質」については，さまざまな職業，例えば，専門的職業従事者，経営管理者，事務的労働者，筋肉労働者などを比較することを通じて明らかにしている。これらの職業集団がそれぞれ，企業活動の世界に対して，独自のイデオロギーや考え方をもっていることも明確にされている。このような人々のイデオロギーを理解することによって，私たちは，①職業集団の動機，②労働現場において紛争が生じる理由について，数多くのことを説明することができる。

「組織」というものは合理的なものだろうか。だれが組織の中で権力をふるうのだろうか。なぜ，社会学者は組織を研究するのだろうか。これらの疑問は本書の第4章で提起されている質問のうちのいくつかである。組織内の現実的な問題は経営者によって過剰に管理されているようなことであるかもしれない。組織内のすぐれたコミュニケーションは類似の目標・価値観を共有している成員に依存している。

「産業関係」では，①経営管理者とスタッフ，②各集団の権力とイデオロギー，との間の関係を考察している。第5章では，労働組合の権力の衰退を明らかにするとともに，生産性の低下の原因の多くは，ストライキや公然とした紛争によるものではなく，「長期欠勤」「離職率の高さ」「無気力な労働」を通じて明らかにされている潜在的な不満足によるものであることを検討している。社会学はイデオロギーの重要性を明示することによって，このような問題点を明確にしていくのに役立つことができるのである（「科学的管理」のようなイデオロギーでは，経営管理者は〈何を行うべきか〉を指示するだけでなく，〈どのような方法で行うべきであるか〉を明示しなければならないことを述べている）。

第6章では，「労働への動機づけ」や「疎外の特質」について考察している。この章では，「疎外の原因は，人間の労働の基盤にある技術の型によるものではなく，経営管理者の過剰な統制である」ことに言及している。

〈性的差別〉（Sexism）と〈人種的差別〉（Racism）という二つの重要なイデオロギーも議論の対象となっている。〈性的差別〉とは，最初に人間自身を見た上でというよりも，人間の性に基づいて，人間を差別することを意味している。女性はしばしば，公的な生活から排除されて，家庭に帰属させられているし，男性に比べて劣等な労働を当てがわれている。さらに，男性に依存している存在としてみられているばかりでなく，ステレオタイプ化されているのである。

女性も黒人の人たちも差別の対象となっているだけでなく，景気後退期には失業者予備軍の一部を形成しているという点で，労働市場では同じような位置に置かれている（さらに，この両者は経済が回復した場合には，雇用可能である）。差別に反対する法制度は女性や黒人に対してはあまり有効には機能してこなかったといえる。

職業構造は新しい技術，新しい需要，失業といった現象の結果，常に変化しているばかりでなく，政府の政策の中でも変化している。社会学者は政府機関の発表する公的な統計の本質を見抜くとともに，例えば，①潜在的な失業率はどのくらいだろうか，②だれが新しい技術で利益を得ているのだろうか，③どのような社会が新しい技術を生み出しているのだろうか，といった事象をすべて提起していくことが任務なのである。

本書は，これまで述べてきたように，今日の企業経営を社会学的な手法でさまざまな角度から考察している。英国は産業革命を世界で初めて経験した国であり，企業社会成立の先駆者である。その英国の企業社会を事例として分析した本書は，今日の企業社会を捉える上で大変有意義なものである。読者諸氏にとって，本書がいささかでも役立つものとなれば幸いである。

マーティン・ジョセフ
Martin Joseph, D. Phil.

謝　辞

私は本書『入門 企業社会学』の刊行に際して，オックスフォード・ブルックス大学（Oxford Brookes University）のアラステェア・ネイルソン（Alastair Neilson），ピーター・ジョージ（Peter George），ジョン・アシュトレイ（John Astley）を含むすべての同僚，とりわけ，フランク・ウェブスター（Frank Webster），ケイス・ラム（Keith Lamb）に対して感謝をしたい。私はまた，本書の刊行に助力をいただいた，ダンディ工科大学（Dundee College of Technology）のイアン・グラバー（Ian Glover），マイケル・ケリー（Michael Kelly），インペリアル大学（Imperial College）のロデリック・マーティン教授（Professor Roderick Martin），に謝意を表しておきたい。また，デービッド・ヘルド（David Held），スー・ヴァイス（Sue Vice），ポリティ社の編集スタッフ各位にも御礼を申し上げたい。さらに，本書の原稿を正確に記述してくれた二人のタイピスト，イネス・スレイ（Ines Slay）とジャッキー・スミスソン（Jacqui Smithson）や著者の執筆活動を支援してくれた，オックスフォード・ブルックス大学に対して心より御礼を述べておきたい。

最後に，私の執筆活動を支えてくれた家族に感謝をしなければならない。著者，並びに，刊行元の出版社であるポリティ社は下記の出版社からの刊行物からの転載許可をいただいたことに謝意を表しておきたい。

マーティン・ジョセフ
Martin Joseph, D. Phil.

Collins Publishers Ltd for two diagrams from S. Hughes, *The Structure of Industry*, 1986. *Fortune* © 1987 Time Inc., all rights reserved, for an extract from the listing ‘Fifty largest industrial companies in the world’, August 1987. Hodder & Stoughton Ltd and Times Books for a table from Anthony Sampson, *The Changing Anatomy of Britain.* Routledge & Kegan Paul for extracts from J. Fidler, *British Business Elite* and T. J. Watson, *Sociology, Work and Industry.* A. Neilson, Oxford Polytechnic, for extracts from *A Short Course for Managers Concerned with Personnel.* McGraw-Hill for a table from J. D. Thompson, *Organizations in Action*, copyright © 1967. Longman for extracts from G. Salaman, *Work Organizations.* Jonathan Cape Ltd for an extract from A. Jay, *Corporation Man. The Guardian* for an article by N. Foster, 19 August 1987. Hutchinson Ltd for an extract from R. Lee and P. Lawrence, *Organizational Behaviour.* Pergamon Press for an extract from J. Chilver, *People, Communication and Organization*, and K. K. Tse, *Marks and Spencer: Anatomy of Britain's Most Efficiently Run Company.* ICI Group for extracts from the *Annual Report* 1986. HMSO Books for extracts from the *Employment Gazette*, and from *Social Trends* 1986, 1987. OPCS for unpublished data from the General Household Survey 1985. Macmillan for an extract from R. Hyman, *Strikes* 1984. John Wiley and Sons Inc. for a diagram from F. Herzberg, *The Motivation to Work.* EOC for a table from *Women and Men in Britain*, 1986. Piatkus Books for extracts from M. Davidson, *Reach for the Top*, 1985. Gower for an extract from B. Wilkinson, *The Shop Floor Politics of New Technology.* Penguin Books Ltd for an extract from M. Whitehead, *Inequalities in Health*, copyright © Margaret Whitehead 1988.

[凡　例]

1）原著の‘　　’ならびに“　　”は，邦訳では，①形容詞や名詞の場合には〈　〉，②引用文は「　」で表記している。

2）原著のイタリック表記部分は，邦訳では該当箇所に傍点を付している。

3）原著に‘　　’ならびに“　　”の表記がない場合でも，訳者が読者にとって重要と思われる訳語には，適宜，〈　〉や「　」を付している。

4）原著に補完的な説明が必要な場合には，（訳注：　　）として訳者解説を挿入している。

5）原著の Figure（図）と Table（表）については，便宜上，邦訳では「図表」として表示を統一し，各章ごとに通し番号を付している。

6）訳者が重要と思われる部分については，独自に「　」，〈　〉等を付け加えている。

7）図表の出所については，英語表記を基準としている。英語表記の方法は，アメリカ社会学会の引用文献表記の方法（ASA Style Guide 4th edition, 2011）に，邦訳の表記に関しては，日本社会学会スタイルガイド（2009年）に，それぞれ準拠している。これは，参考文献においても同様の方法を採用している。

【留意事項】

1）Manager の訳出について：本書では，数多く，Manager という表記が登場する。Manager は，19世紀の近代産業社会の登場以来，その担い手である企業組織やその関係組織が，それらの組織の運営の責任者として生み出したのが経営者であり，経営者の部下としての経営管理者がある。本書では，これらの組織の最高責任者としての意味をもっている場合には，文脈に応じて，「経営者」として，上位層（役員）・中位層（部長）・下位層（課長・係長）レベルの経営責任を担う人たちは「経営管理者」として，それぞれ訳出している。

2）「統制」と「管理」は同じ英語の “Control” という言葉からでているが，本書では，経営者側が労働者の活動を支配していくと思われるような文脈の場合には，「統制」を，経営者の下位層である経営管理者が労働者の業務を統括していくような文脈の場合には「管理」を，訳語としてあてている。

3）「第７章　労働と偏見」で原著に記載されている，〈事例研究２・３〉の２名の履歴書（概要）については，事例研究の本文で十分に説明されているので，割愛している。

入門　企業社会学

――「企業と社会」への社会学的アプローチ――

目　次

第1章

序　論

1　本書の目的について

本書は社会学について全く知識のない人々（学生，教師，サラリーマン，一般読者）でも学習できるような内容から始めているので，安心して読んでいただきたい。本書の目的は「社会学」という学問を社会の広範な人々，特に，企業活動や企業経営について学習している人たちに活用してもらうために書かれたものである。したがって，本書は企業社会で働いている人たちに対しては，特に，実践的な視点から説明を行っているばかりでなく，「社会学」を全く知らない人たちが初めて読んでも，容易に理解できるように内容構成に工夫を凝らしている。「社会学」を学ぶということは，現実の社会で起こっている事柄について疑問を投げ掛け，分析し，かつ，思考していくことである。さらに，このことは，企業社会の中でさまざまな意思決定の機会に直面した場合でも，十分な情報をもとに意思決定を行う際の一助となるものである。

1　「社会学」とは何か

「社会学」(Sociology) とは，その名前からみてわかるように，〈人間と人間との関係〉，すなわち，社会関係に関する学問のことである。このような社会関係には〈個人と個人〉，さらに，〈集団と集団〉とのすべての相互作用が含まれている。読者の皆さんの中には，社会関係は現実の企業活動の遂行——例えば，工場の運営，店舗の管理等——にとっては重要なことではないと考える方もいるかもしれない。しかし，これらの事柄は「人々」に依存していることに変わりはないし，人々の相互協力のあり方が組織（企業）の成否に大きな影響を与えることになるのである。

「社会関係」(Social Relations) は個人レベルから，政府レベルに至るまで，社会のあらゆるレベルにおいて重要な役割を果たすものである。われわれ，すべての人間は社会が組織化されている方法さらに，人々が社会の中で行動すべき，あるいは，行動している方法に関してさまざまな仮説をもっている。社会学はこのような仮説的な問題について，①何が〈正常〉(normal) なのか，②何が〈真実〉(true) なのか，③何が〈明白〉(obvious) なのか，を明らかにしようとしている。例えば，異質な社会や文化は一般に正常と考えられている事柄（例―結婚慣習や真理の伝承）に関して，全く別の考え方をもっているといわれている。このことはこのような考え方が事実というよりも共有された仮説であることを提示しているのである。

「社会学」という学問は皆さんが考えているほどやさしいものではない。われわれは自分自身の偏見について十分注意しなければならない。もしあなたが社会学の価値に対して冷やかな態度をとっている場合には，実際にあなたが本書を読んで得た事実と社会学に対するあなたの冷やかな考え方，の両方を照らし合わせることによって，自分の考え方を再考してみることである。

2 社会学と労働

本書の特徴の一つは，〈労働の社会的特質〉を明らかにしようとすることにある。「労働」には，生活様式，さらに，すでに確立された習慣が含まれている。労働に対するモティベーション（動機づけ）は複雑なものである。例えば，労働組織――工場，オフィス，病院等――は必ずしも合理的に機能しているとは限らない。労使関係は場合によっては，社会的世界（あるいは，〈イデオロギー〉）を多様な方法で考えることで，経営者と従業員との間に絶えざる紛争関係を生起させることがある。

3 社会学と企業活動

この種の著作を著していく場合には，いくつかの問題が出てくる。まず，最初の問題を考えてみよう。社会学者のうちには，本書のように実用性と有効性を強調することは社会学が現実の人間世界の記述・分析を強調したからといって，このことが社会の，特に，権力的集団――例えば，経営者――に奉仕することになるなどと考えないまでも，社会学の学問的純粋性を多少なりとも傷つけるものと考える者もいる（もちろん，彼らの考え方は正しい。「社会学」という学問は特定の集団に奉仕するために存在しているのではないが，そうした集団で生きている人々を啓蒙する役割も担っているのである）。

第二番目としては，「企業活動の研究」に対する社会学的役割には大きな制約が存在しているということである。例えば，大学の企業活動の研究部門の研究者の中には，次のような研究への態度や価値観をもっている者もいる。自分たちが伝達しようとしている知識の偏在や有効性について心を煩わせない者が研究者の中にいる[(1)]（ところが，社会学はすべてを疑問視する必要を強調するのである）。いいかえれば，企業活動の研究は特定の技能（スキル）・事実（ファクト）を学習する役割をもっているのに対して，社会学的な研究の役割は社会的事象を分析することである。

第三番目も上記と同じようなことである。「企業活動の研究」に従事している研究者の多くに共通してみられる「技術的」・「職業的」志向性は，社会的事象に対して疑問をもつというようなことではなくて，〈役に立つもの〉であれば何でも学習しようとすることである。たとえ，あなたが一般的な公式を求めないとしても，「社会学」という学問は役に立つものなのである。社会学はあなたの置かれている社会状況を理解するとともに，社会状況に対応していく方策を効果的に考えていく学問なのである。

2　社会学は何をする学問だろうか

1　社会で実際に起こっている事象を発見すること

「社会学」は，家族，学校，病院などの社会のいろいろな状況で実際に起こっている事象を解明するのに役に立つ学問である。企業活動・産業関係の分野では，社会学者は経営幹部の会合，採用関係の面接，昇進決定会議などのような特定の状況で起こっている事柄について理解を深めようと努めている。社会学者は実際に起こっている事柄に対して，経営幹部がどのような〈非公式な〉（unofficial）見解をもっているかについて，大変関心をもっている。例えば，彼らは企業内で起こっていることについて，下位層の社員がどのように考えているかという点を説明しようとしている。また，彼らは，ストライキについても企業の管理職層よりも組合員がどのように考えているか，についてより密着した調査をするであろう。彼らがこのように考える背景には，経営者側の〈公式な見解〉（official view）はマスメディアを通じて十分に伝えられているし，こうした情報がいわば，当然の考えとして受け止められているからである。社会学者は〈非公式な見解〉（unofficial view）こそがしばしば状況に対して有益な見通しを与えてくれることを知っている。さして驚くようなことでもないが，このようなことが社会学が権威的地位にある一部の人たちに不人気の理由の一つでもある。さらに，こうした人たちはわれわれ人間のすべての行為の背後にある仮説を問題として取り上げないように，われわれ社会学者に求めていることもその原因でもあろう。

社会学はまた，「社会」（Society）を一つの全体的な存在として考える幅広い見方をもっている。そこから，社会の中にあって多くの人々に共通する見方とは，一体，何だろうか，という疑問が出てくる。このことは次のように疑問を次から次へと生み出してくる。大半の人は富裕層になることを人生の重要な事柄と考えているのだろうか。利益の追求こそが企業経営の目的なのだろうか。失業者の大半がかっぱらいの類なのだろうか。高齢者の大半が「人生を終えた人」なのだろうか。女性や黒人たちは一般の人たちよりも低い地位で働くことが正しいのだろうか。もし，一般社会の人たちがこのような考えをもっているとしたら，なぜ，そのようになるのだろうか。このような見方は今後，どのような形で維持されるのだろうか。個人の所属している社会から，個人がどのような影響を受けているのか，また，とりわけ，権力的・エリート的な集団にいる個人が一般の人々の考え方にどのような影響を与えるのか，などについて社会学はその背景を明らかにしていくことを任務としているのである。

社会学が特に強調している点は，われわれが伝承してきた事象よりも学習してきた事象こそが研究対象であるとしていることである。広範な意味合いから考えてみると，われわれ人間はたとえていえば，人事担当管理者，熟練労働者，会計係，秘書としての役割を〈学習〉している。しかし，これらのさまざまな職業的地位が多かれ少なかれ，権力・地位・報酬をもたらしていることをわれわれは学習し，承認している。ここでまた，このようなことは一体，どういう理由から出てくるのだろうか，ということを問わなければならない。いいかえれば，特定の職業に付随した地位が社会によってどうして差が出てくるのだろうか。例えば，ドイツではあらゆる種類の技術者は通常，英国の技術者よりも高い地位を保有している。このような差異は先天性，あるいは，遺伝性に関する理論では説明が不可能なのである。

2 討議（ディベート）と批評

これまで私は労働の世界を通じて関心のある領域について，いくつか問題を提起してきた。しかし，社会学は大変幅の広い分野である。社会学者の一部には社会学の現実社会における課題について次のような見方をしている。すなわち，「社会学とは，社会における秩序がどのようにして維持されているのか，を解明していくことである」といったように，創始期の社会学は産業革命やフランス革命（1789年）によって引き起こされた，社会的な「無秩序」（disorder）の問題に対応していくための方策として考えられたものであった(2)。人々は大きな変動に対する説明を求めていたのであった。カール・マルクス（Karl Marx：1818-83年）をはじめとする後の社会学者は資本主義社会における政府を支配階級の一つの道具としてみなすとともに，社会における支配的思想を階級思想として位置づけることによって，「社会における階級闘争」を強調した。このような考え方に対する社会学者間の論争は社会学の発展ばかりでなく，産業化・組織化に対するわれわれの理解に大きく貢献してきた。一般に，「問題」というものは討議（ディベート）と批評によって進歩していく。そこで，本書でも〈社会学的な考え方〉についてわかりやすい方法でこれらの討議（ディベート）の内容のいくつかを図表1－1で提示してみた。

3 個人・組織より広い世界

読者の皆さんが本書の学習を行う場合，次の二つの点を留意していただくことが大切である。まず第一番目には，すでに強調しておいたけれども，われわれはわれわれの学習成果に対して主として依存していることである。第二番目には，企業活動（あるいは，企業組織）は文化的な背景の中で行われている，と

図表1－1　一般的な考え方と社会学的な考え方の差異

［日常の常識的な考え方］	［社会学的な考え方］
• 社会に対する〈公式な〉，あるいは，一般的な考え方，社会組織に対する既存の考え方は正しいだろう。――疑問の余地はない。	• 社会に対する〈公式な〉，あるいは，一般的な考え方は通常の意味では問題にされるべきである。非公式な考え方（組織の底辺にいる人々の考え方）は常に考慮され，かつ，検討されるべきである。
• われわれは自分の親から受け継いだものがあるから今日，存在している。	• われわれは学習したもの，特に，子供時代に学習したものがあるから今日，存在している。
• あなたは人間性を変えることはできない。いつの時代でも怠け者がいるように，粗暴で利己的な人間がいつの時代でもいる。自分の才能を信用しなさい。	• 社会学者は遺伝性や先天性よりも学習性（後天性）を重視している。われわれは生きるために学習してきているから存在している（したがって，変えることは可能なのである）。もちろん，個人差の存在は認めるけれども。
• 人間のある種の行動には無意味な点がみられる。例えば，ストライキの実施やピケット・ラインでの暴力行為など。	• 成人の行動には，無意味で訳のわからないものは全くない。社会学者はなぜ，このような行動が生じているのかを解明しようと努力しなければならない。つまり，これは明らかに説明不可能な事象を説明しようとする行為である。
• 善悪を判断したり，あるいは，自由な意志をもったりするように，個人は自分の行為に対して責任をもつものと考えられている。	• 二人の人間は全く同じものではないが，個人は自分の誕生した社会に影響を受けていると考えられている。このように，社会学者は個人・集団行動に対する説明が大方，可能との考えから，階級・人種・宗教の重要性を重視している。われわれの社会は，いわば，われわれ自身の中に存在しているのである。

いうことである。このような考え方を説明していく図式として，図表1－2に提示したものが読者の方には役立つものと思われる。(3)

〈文化〉とは，社会において共通に受け入れられている思考・行動様式の総体のことをいう。文化には，“規範”（Norms）や“価値”（Values）が含まれる。さらに，〈規範〉とは，価値，並びに，目標を達成するために受け入れられた手段のことである。〈組織〉（Organization）とは，ここでは工場，オフィス（事務的な組織），病院，市民ホール，小規模の会社，学校等のあらゆる形態の職場組織のことを意味している。さらに，このような組織はそれ自身で公式的(フォーマル)な，あるいは，非公式的(インフォーマル)な組織目標をもっている。

特定の社会における信念（文化）はその社会の個人の行動に影響を与えるこ

図表1-2 企業活動と文化の関係

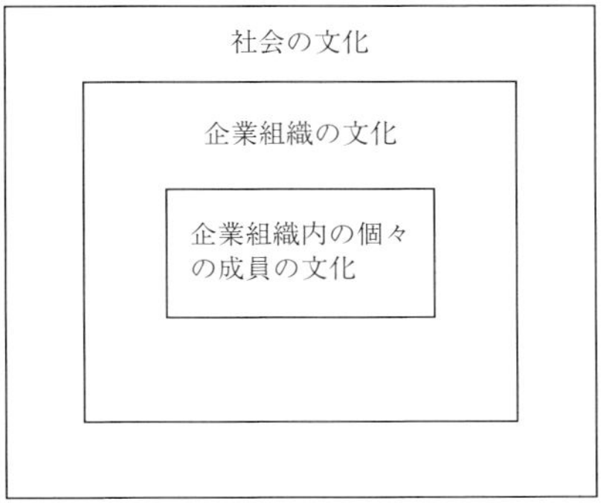

とになる。例えば，ドイツの初期の社会学者であるマックス・ウェーバー（Max Weber）は次のように述べている。「産業化は文化的背景が原因で，ヨーロッパのプロテスタント居住地域で始まっている」（多くの歴史家もこの見解には同意している）。カトリック教徒と違って，プロテスタント教徒は救済に確信をもたなかった。しかし，現世における厳しい労働や節約は来世における“神の選び”（selection）の徴候として受け止められていた。さらに，こうした信念は産業資本主義を推進していくのに大きな役割を果たした。いいかえれば，その社会の文化は人々が一生懸命に働いて，目標を達成していく必要を強調したといえる。つまり，激しい労働と節約は「規範」であり，成功（例えば，種々の工場を建設すること）は人生の目標でもあったといえるのである。このような規範や価値は今日の西欧社会の組織では生き続けているし，こうした社会で組織を構成している個人にも受け入れられていることでもある。産業革命の時代の人々はそうした文化を受け入れるべく，社会によって〈社会化〉（socialized）されていたのであった。彼らは，ごく〈自然に〉生まれた時からプロテスタント的信念に基づいた規範や価値を教えられていたのであった。このように，彼らは自分の社会で各人にふさわしい〈役割〉（Roles）を果たすように〈社会化〉（社会によって非公式的（インフォーマル）に教育される）されたのである。具体的には，厳しい労働を求める工場経営者（所有者），勤勉な労働者，責任ある親，になるために社会化されていったのである。さらに，彼らは自分の子供たちにキリスト教的理念としての道徳観を伝承させていくとともに，文化・遺産を次の世代に残して

いったのである。資本主義の勃興に関するウェーバーの考え方は多くの理由から批判することができる（例えば，伝統的なカトリックの教育方法は多くの点で，資本主義の考え方と同じようなものであったとされている）。この例は一つの社会の文化がいかに文化の究極的な形態・行動に影響を与えているかを示しているものである。いいかえれば，社会の規範や価値が社会を構成している個々の成員，さらに，そうした個人が生き，かつ，働いている組織に非常に大きな影響を与えているということなのである。

文化の影響は一般に二面的であり得る。社会と組織は個人に影響を与えることができるが，個人は社会化の生産の結果だけではないということである。彼，または，彼女（個人）は組織に対して影響を与えることができる。二つの文化が出会う場合には，いずれか一方が相手側に適応しなければならない。変動が生起する場合，このようなことがしばしば起きてくる。こうしたことからわかるように，英国にある日本の工場は英国の労働規範に適応しなければならない場合が出てくる可能性もある。ある日本の工場では，労働者は勤務時間中，仲間同士話すことを禁じられている。しかし，英国の人々はこうしたことに慣れていないので，英国ではこのような規則は緩和される必要があるかもしれない。また，多国籍企業の多くは自国（〈本社〉――第２章を参照のこと）の労働規範を強制するようなことはしないで，むしろ受け入れ国の労働規範・労働文化に適応していかなければならない場合も出てくる。

その社会で支配的となっている文化が，例えば，新しい従業員の選抜に影響を与えることも留意しておかなければならないことである（組織には，既存の従業員と類似した人々を選抜したがる傾向をもっている）。

4 社会学は経営管理者の役に立つことができるだろうか

この時点では，読者の中には，次のような疑問をもっている人もいるかもしれない。「私はどのようにして社会学が経営管理者の役に立てるのか，まだわからない。事実，私は社会学が実践的に活用できるのか，理解に苦しむ」と。ここでいう社会学を〈実践的に〉（practical）活用していくことの主たる任務は，読者・学生・経営管理者・一般の人々に対して，これまで検討されていない共通の仮説（彼らの意思決定に影響を与える可能性のある仮説のこと）を通じて注意を喚起することである。ここでいう重要な疑問とは，「今，ここで起こっていることは何なのか」を把握することである。いいかえれば，「経営管理者やその部下が現実に起こっていることを考えること」ではなく，「〈現実〉（really）に起こっていることを把握していくこと」なのである。本書ではこのような問題についてどのように対処していくべきか，について次のような論点から整理しているので参考にしていただきたい。

- 勤務活動中に起こってくる問題や難問を描写していくこと。例えば，ストライキ，生産性の向上を達成していこうとする企業努力，従業員のモラール（勤労意欲）の欠如など。
- さまざまな専門家（心理学者・産業関係のコンサルタント・経営管理者，特に，人事担当経営管理者）がこうしたような状況をどのように説明するか，さらに，自分たちの理論や実践的なアドバイスをどのようにしてまとめるか，等について提示すること。
- 社会学者が業務中の問題点に関してどのようにアプローチし，さらに，他の専門家の理論に対してどのような批判を加えていくか，等について提示すること。
- 社会学的なアプローチから得られた識見をどのようにすれば労働環境を改善していくために活用できるか，について提示していくこと。

もし，このような事柄が理論的すぎると感じるのであれば，理論は〈現実的〉な状況を観察していく方法にすぎないことであるとともに，われわれの思考をより一層明確にしていくのに役立てるものであるということを覚えておいていただきたい。思考などしない方が楽なのは議論の余地のないところである。しかし，一般的な考え方として，行動を起こす前に自分の仮説について検討を行うことは有意義なことだということはだれも異議を挟まないであろう。ところで，現実的な問題とは一体，何だろうか。例えば，ストライキ破りや商品の窃盗行為を禁止させる方法を見つけることができるだろうか。また，こうした問題は深刻化していく病気の前兆のようなもので，われわれが取り上げ，かつ，問題を最小限度に止めておかなければならない種類のものだろうか。われわれが問題解決のために用いた最初の考え方は問題を悪化させていく原因となっているのだろうか（すなわち，ストライキを先導し，労使の協力関係を壊すような従業員を調査し，その上で辞めてもらうようなケース）。例えば，勤務中における権力と管理について考えてみることにしよう。経営管理者は従業員を管理する権利をもっていると考えている（一見すると，この問題は合理的な仮説のように思われる）。

しかし，ここに問題があるのではなかろうか。労働者の役割についてであるが，このことについては一体，どんな意味があるのだろうか。社会学者は，この問題は監督行為（manage）と統制行為（control）の過剰にあると考える。さらに，この問題は従業員の不満やそれ以上の深刻な問題をもたらすことにもなりかねないものである。ここでは，真の問題は産業労働者の疎外にある点である（この問題については，第6章で検討することにしている）。労働者は一般的にいって，自分たちは監督行為の過剰であるとか，統制行為の過剰であるとか，実際には信用されていないとか，の感情をもっていることも事実である。このような問題に対する彼らの反応は信用されていないような行動をとることであるかもしれない[4]。このように，経営管理者側が労働者側に対して，管理体制の強化・欠勤に対する懲罰・休憩時間の短縮・生産ラインのスピード・アップ等の対抗措置をとることは経営管理者側にとっては逆に自滅的行為であるといえるかもしれない。

しかし，こうしたことは懐疑的な人たちによれば，経営管理者たちはこのようなことをすべて知っているはずである，のことである。残念ながら，彼らは実際は知らないように見せかけて行動しているのである。第6章で明らかにしているように，経営管理者たちは従業員を整理し，支配する〈権利〉を重視するような経営文化に影響を受けているようである。このような主張は経営管理者たちが次の本の中で実際に議論していることに耳を傾けると確認することができる。例えば，サー・マイケル・エドワーズ（Sir Michael Edwards）の著作，『瀬戸際からの後退』（*Back From the Brink*）の中に出てくる事例研究を読んでもらえれば，こうした問題が実際に起きていることが理解されよう[5]。

要するに，社会学は次のような方法を通じて実践的な活用が可能となるのである。

- 社会学はわれわれが提起する共通の仮説に対して，経営管理者，その他の人たちに注意を喚起する役割をもつ。

- 社会学は権威的立場にいる人たちの発言によって生起している事象よりも現実に起こっている事象を提示するのに有効性をもつ。
- 社会学は現実に起こっている事象に関してさまざまな見方を提示してくれる。ある集団にとってはよいことが別の集団にとっては悪いことになるかもしれない。
- 社会学は長い目で見て，意思決定の質を高めてくれるような問題提起的・批判的な見方を開発してくれる。

5 本書を通じて学習すること

読者の皆さんはこれまでのところさまざまな情報に接してきておわかりのように，本書には主として二つのテーマがある。その一つは，現実社会の中で自明のことと考えられていることに対して疑問を抱くこと，さらに，〈無意味〉なことに意味を見出すこと，などのように明白とされていることに対して，問題意識をもつことに常に重点を置いている。次のテーマは，能動的，かつ，実践的な社会学に重点を置いていることである。

1 現実に起こっている事象を検討すること

社会学者というものはすべての事柄，特に明白なこと，慣れ親しんでいること，自明のこと，などに対して調査しなければならない。社会学者は「〈明らかに頑強な考え方に固執している〉組合のリーダーや〈理性を欠いた〉経営者」などについてもこのような考え方の背後にあるものをきちんと読み取っていかなければならない。

このような考え方を追求していく方策として社会学的に用いられている主要な手段は〈イデオロギー〉(ideology) という概念である。

〈イデオロギー〉

この概念の定義は難しいが，ここにいくつかの考え方があるので提示しておく。

- 社会の異なった人々から構成される集団によって保有されている「異質

の信念・態度・見解」のことである。例えば，〈専門的な〉イデオロギーや〈経営管理的な〉イデオロギーが考えられる。

- これらのイデオロギーは支配的な社会集団に対して好意的に社会的世界を見る方法になる。例えば，男性対女性（性的差別のイデオロギー），黒人対白人（人種的差別），専門家対顧客（医師対患者）のような例など。他にもいろいろなケースが考えられる。
- 労働の世界に関する限り，多くの人が職業的な見方を通じて労働の世界をみていくという傾向があるようである。つまり，医療に従事する専門家（医師）は〈治療行為〉に自分の考えを集中する傾向があるために，時として，予防医学にみられるように，健康に対する別の視点からのアプローチを見過ごすことがある。(6)
- 社会学者の任務はイデオロギーの善悪，あるいは，正否，を決定することではない。むしろ，イデオロギーが社会的世界に存在していること，さらに，イデオロギーが社会的世界に対するわれわれの見方を歪めていることを提示していくことである。

ここで，一つの例を考えてみよう。本書には，〈科学的管理〉（Scientific Management），あるいは，〈テイラー主義〉（Taylorism）（訳注：テイラーが考案した作業管理システムに関する著作『科学的管理の原理』（*The Principle of Scientific Management*）〔邦訳としては『科学的管理法［新版］』上野陽一訳編，産能短期大学出版部，1969年〕の後に登場してきた考え方）というイデオロギーがこれから出てくる。(7)〈科学的管理〉の特長は，①経営者側が管理する権利をもつ，②経営者側が労働のあらゆる段階を支配する権利をもつ，③実行されなければならないばかりでなく，どのように実行されなければならないか，を従業員に伝える権利をもつことに力点が置かれているとされていることである。このような考え方は，「組織の管理とは，最高の責任と統制の権力をもつべきである」ことを過度に誇張し，歪めたものであるといえよう。このように，一般にストライキが実行されている場合に，ストライキを起こす原因が何であれ，経営者側は管理上の特権・自らの管理する権利の重要性を強調しているように思われる。――読者の皆さんはこのような見方についてニュースを通じてどのくらい聞いたことがあるだろうか？　われわれの周りは，イデオロギーですべて埋め尽くされているといってもよい。問題はそのイデオロギーを選択して調べてみることだ！

2　能動的・実践的な社会学について

①事例研究（Case Studies）

事例研究は本書では〈基本課題〉を通じて行われている。このことについてアドバイスをしておくと，事例研究を最大限に活用していくためには，学生のグループ分けを大体，三つぐらいの小グループにしておくことである。各小グループは問題テーマごとに活動し，皆さんでその問題について非公式的（インフォーマル）な形でレポートを出し合うことである。さらに，これらの小グループでは，グループの全員が発言できるように全体を統括できる議長や各グループの代表者を決めておかなければならない。各小グループが考えたことについて，そのグループの代表者が全体グループに報告できるように，最後に全体会議を開催する必要性があるだろう。さらに，全体的な議論の場を設けることも考えられよう。

②研究課題（Project Work）

事例研究の作業では，研究に必要な資料は通常，事例研究グループで用意しておく。〈研究課題〉の探索作業では，学生自身が必要な情報を探索しなければならないことが多い。レポートはどんなものであれ，通常の場合，〈基本課題〉の学習に臨場感をもたせるために，役員，あるいは，人事部長向けという形で提出することが求められる。こうした要請に応えるために，学生は当然ながら，事実以外のこともレポートにまとめるとともに，実際起こっていることに対して常に問題提起をしながら，レポートを社会学的に仕上げていかなければならない。

③役割演技（Role Play）・論文（Essays）・批評（Criticism）

本書で提示しているさまざまな〈基本課題〉には，役割演技（ロール・プレイ）・小論文程度の問題，等が含まれる。学生には正しい答えが見つからないことがしばしばあるが，学生は状況をただ描写するよりも，与えられた問題について社会学的な方法で分析する能力があることをはっきりと提示しなければならない。学生はだれもが知っている以外のことについてレポートするように努めなければならない。

本書は企業活動の研究関係，経営管理関係，人事管理研究関係コースの学士レベル（B/TEC，BA）の人々を対象とした，幅広い読者に焦点をあてて書かれている（訳注：B/TEC とは，企業・技術教育協議会〔Business and Technical Education Council〕の略のことで，この協議会が大学卒業と同等の学位を提供している）。

課題によっては，グループの適性に合ったテーマ設定が必要になってくる。例えば，学士レベルの学生は通常，他の学生よりも実践的な課題を求めてくる。テーマについてただ受け身的に接近し，〈学習し・設問していく〉よりも，設問・事例研究・基本課題等を通じて作業を行っていく方がより有益であろう。

本書には種々の社会学的概念や用語が使用され，それらの説明も行われている。大半の概念や用語は特定の意味で使われている聞き慣れたものである。「用語解説集」が本書の最後に設けてあるので，概念や用語の意味を知りたい時は参考にしてほしい。

▶▶ 基本課題 ◀◀

―自己点検用の設問―

次にあげる項目について，その意味を説明しなさい。

- 技術的・職業的志向性
- イデオロギー
- 役割
- 社会の文化
- 組織の文化
- 規範

〈研究課題〉

最近のビジネス関係のニュース，例えば，TOB（株式公開買付け），ストライキ等についてどれか一つのテーマを取り上げ，それを事例研究とすること。そのテーマについて，背景を説明・理解した上で，現在，起こっていることを分析すること。さらに，各政党がその問題についてどのように考えているか（新聞に掲載されていない人々の見解も含めて），はっきりと提示すること。

参考文献

T. F. Honour and R. M. Mainwaring, *Business and Sociology* (Croom Helm, London, 1982).

D. S. Pugh et al. (eds), *Writers on Organisations* (Penguin, Harmondsworth, 1983), と

りわけ，M. ウェーバー（Weber）と F. W. テイラー（Taylor）の項を参照のこと。

T. J. Watson, *Management Organisation and Employment Strategy* (Routledge and Kegan Paul, London, 1986).

D. Weeks and C. Inns, *Business Organization, Work and Society* (Holt, London, 1981).

注

(1)　T. F. Honour and R. M. Mainwaring, *Business and Sociology* (Croom Helm, London, 1982), Pretace.

(2)　例えば，E. Durkheim, *The Division of Labor in Society* (Free Press, New York, 1964), を参照のこと。=〔邦訳〕井伊玄太郎訳（1989）『社会分業論（上・下)』講談社学術文庫，講談社。

(3)　D. Weeks and C. Inns, *Business Organisation*, Work and Society (Holt, London, 1981), p. 7, を参照のこと。

(4)　A. Fox, *Man Mismanagement* (Hutchinson, London, 1985).

(5)　M. Edwardes, *Back from the Brink* (Collins, London, 1983).

(6)　E. Freidson, *Professional Powers* (University of Chicago Press, Chicago, 1986).

(7)　F. W. Taylor, *The Principles of Scientific Management* (Harper and Row, New York, 1964). =〔邦訳〕上野陽一訳編（1969）『科学的管理法［新版]』産業能率短期大学出版部。

第2章

企業と社会

1 はじめに

本章の目的は米国・日本・英国・開発途上国の四つのタイプの企業活動に対する態度を検討することを通じて，企業活動の本質を明らかにしていくことにある。ここでは次のような二つの事実が存在する。

- これらの国々には歴史的差異，地理的条件の違いによって，重要な文化的差異が存在する。
- 産業資本主義の要請の結果として，これらの社会は表面の差異以上に産業的な力が強いことが共通点としてあげられる。

特定の国が国際経済でなぜ，成功しているのだろうか。他の国はなぜ，後塵を拝しているのだろうか。社会学はこうした問題の解明に迫ることができるのだろうか。一つのアプローチは成功した社会の文化や価値を観察し，成功していない社会の文化や価値と比較することである。社会学者の中には，このようなやり方を粗雑な〈文化主義〉(Culturalism)——文化が産業化の程度を決定するといったような考え方——として非難する人もいるようである。別の反論としては，〈原因〉を探すことによって得る成果はあまりないというものである。むしろ，類似性を探すことの方がより有益であるかもしれない（本章のテーマでもある)。例えば，米国の資本主義と日本の資本主義にどんな違いがあるのだろうか。すべての資本主義国には一定の特性が共通項としてみられるが，場合によっては，ある特性は世界の資本主義システムと適合的であり得る。

2 米国企業の価値観

1 独立と成功

ここ数年は低落傾向にあるものの，米国の経済は自由世界では今なお，企業のすぐれた手本としてみなされている。これはどうしてだろうか。

〈資本主義〉

資本主義（Capitalism）とは，資本の私的所有のことである。この資本の私的所有は，商品・商品を生産する手段（工場），利益，さらに，商品・サービス・労働が自由に売買される自由な市場経済，などが示唆されている。19世紀，特に英国や米国では，個人・家族によって所有・管理される数多くの小規模企業や自由市場が存在していた。いいかえれば，一般的には，政府が一切介入しないという意味での，〈レッセ・フェール〉（自由放任主義）の理念が受け入れられたのであった。

20世紀には，英国・米国・日本はこうした初期の形態の資本主義から卒業し，市場を支配する大企業が主流となっている〈独占資本主義〉（Monopoly Capitalism）と呼ばれる形態へと移行していったのである。この結果，銀行・保険会社・持株会社・年金基金等の金融組織の規模・勢力が大きくなってきたのである。〈金融資本主義〉（Finance Capitalism）という言葉はこうした金融機関の勢力の増大を意味するものとして用いられたのである。

米国は伝統的に〈開かれたフロンティア〉としての，機会（チャンス）が与えられる国，つまり，真面目に労働活動に従事すれば，それに見合った報酬が与えられる国として考えられていた。欧州からは多くの移民が本国での貧困・迫害から逃れて米国へどんどん移住してきた（移民の「プッシュ理論」［the push theory of immigration］―訳注：「プッシュ理論」とは，移民を人口増加・生活水準の低さ・雇用不足等の要因によって，移民の送出国から受け入れ国へと押し出していく（push）という経済学的理論である）。一方，彼らは米国では国家からの干渉を排除して，自分たちの生活を自由に築き上げることに大きな魅力をもっていた（移民の「プル理論」［the pull theory of immigration］―訳注：「プル理論」とは，移民を労働力不足・雇用機会の提供・広い国土等の要因によって，移民の送出国から受け入れ国へと引き寄せる（pull）という経済学的理論である[(1)]）。彼らの多くは新天地での新生活を開始していく旅程の途中で，ニューヨーク港の入口にある〈自由の女神〉像を通過していったことであろう。この女神像には多くの移民の次のような希望が簡単に刻みこまれていた。

「我に汝の疲れと貧困を与え給え
汝ら多くの群衆は自由の空気を渇望している
哀れにも，数多くの海岸が汝らの上陸を拒んでいる
これら，放浪の民，暴風雨に晒された人々を我に寄こし給え
我は輝かしい港の入口の側でわが灯火をかかげるなり[(2)]」

このような感情は米国に今でも深く根づいている。これらの言葉は約束の地への入国を禁止されているスペイン系移民の人々にとっては，残酷なアイロニーに聞こえるが，それでも大きな希望を与えるほどに魅力的なものである。さらに，この言葉は米国社会で拒否されている黒人たちにも求められている理念である。

個人主義を重視していくという考え方は多くの米国人の経営者にとっても魅力的なものである。行動に重点を置いた（物事を実行していく精神）「野性的な独立心」はあのカウボーイのイメージ，すなわち，自分自身の意志で決定し，自分の価値観でゆく末を模索していく「孤独なカウボーイ」の姿に如実に示されているように思われる。結局のところ，多くの買手と売手，選択の自由，国家の無介入，自由な契約，外国貿易に対する非関税障壁等を受け入れている「自由な市場」の理念こそは上記の例に示されているように，開かれた社会における独立への展望を意味しているものといえよう。

〈独立〉（Independence）は米国の企業文化の中でも大変重要な価値観である。この考え方は企業活動に対する政府の介入への広範な不信感，並びに，競争に対する信念等に現されている。いいかえれば，〈独立〉ということは政府が介入しないで，企業活動も規制しないという――すべてを市場の力，〈需要と供

給〉に任せることがモットーとなる――〈レッセ・フェール〉(laissez-faire) の概念に集約されるであろう。こうした考え方に立てば，商品の不足は価格の上昇をもたらし，このことがさらに，生産性の向上を刺激する要因となる。

米国の企業文化を象徴的に示す第二番目の理念として指摘されることは，成功への欲望である。米国の文化は一つの目標（すべての人々にとって開かれていると考えられていること），すなわち，〈成功〉(Success) に向かって努力していく欲求を重視していることである。人生最高の成功への途中で失敗してしまうことは明らかに敗北なのである。全く失敗してしまった人のみが人生の闘いをあきらめた「敗北者」となる。成功は一般に，財，権力，地位という形で現される。

多くの事例では，米国において「成功のイデオロギー」がどんなに重要かということが例証されている。さまざまなビジネスマン，ビジネスウーマン，政治家の自叙伝を読むと，戦いに向けて努力し，成功を獲得していくことの重要性が示されている。いいかえれば，「ベルボーイから，大統領へ」というサクセス・ストーリーを夢見て，その夢半ばにあきらめた人々が何百万といるという現実が存在するのである。しかし，次にあげる事例はこうしたことをわかってもらうには十分なものである。この話はデール・カーネギー (Dale Carnegie) の有名な著作『どのようにすれば，友人に勝ち，人々に影響を与えることかできるのか』(*How to Win Friends and Influence People*) から得たものである（訳注：山口博訳『新装版 人を動かす』創元社，1999年)。この本はごく普通の人生哲学や助言が数多く出てくる。別に悪い事例が紹介されているわけでもないが，この本を通じて著者のいいたいことは，「競争すること」と「成功すること」の二点を常に強調していることである。ここで，一つの例を紹介しておこう。

> シュワッブ (Schwab―産業家) がいうには，「物事をうまく運んでいく方法は競争を刺激していくことである。ここで私が意味しているのは，あさましく，金を稼いでいくことではない」。それは，挑戦することだ！それは，「自分の身を守る防御の道具を捨て去ることだ！」。それが，「心ある人々に対してアピールする絶対的な方法」なのである。(3)

米国の著名な社会学者である，ロバート・K・マートン (Robert K. Merton) は次のようにコメントしている。「米国人はいつも〈私は25セントだけ余計にあればよい〉といっているようだ」。もちろん，これだけでは人間の欲望は満足されない。生き残っていくためには，常に，今以上のことを求めていく姿勢が必要なのである。家族，学校，仕事場は成功を求めている人間を十分に動機づけていくための強い訓練を集結しているように思われる(4)。

2　米国の企業理念への批判

これまで，米国には二つの基本的な企業理念があることを示唆してきた。その一つは，「独立」（個人主義や〈レッセ・フェール〉の考え方も含む）に対する理念であり，もう一つは〈成功〉に対する理念である。

まず，最初に独立に対する理念を取り上げてみることにする。米国では，企業活動に対して厳しい政府規制が存在することも事実であるし，〈レッセ・フェール〉の理念は米国社会で実際に起こっていることをむしろ隠しているのかもしれない。

〈集　中〉

ごく少数の手による〈産業の集中〉は近代資本主義の一つの特長である。〈集中による独占〉は英国では1870年代から，第二次世界大戦まで徐々に増加していった。ごく少数の大手企業が段々と経済の中枢を占めたり，特定の市場を支配するようになった時，〈集中〉（Concentration）という問題が生じてくる。1980年，英国では全企業のうちの100社が国民純生産の40％を産出したのに対して，米国では約35％近く産出した(5)。

〈集中〉の進展は類似分野の企業（例—航空機会社２社）の買収という現象をもたらしている。他方，本質的に何らの経済的関係のない企業２社を一つの企業が買収するというケースが出てきている。これが，コングロマリット（複合企業）の成長をもたらす要因となっている（このような例としては，英国のハンソン・トラスト社の例があげられる）。

異質の市場で異質の製品を生産するという事業，つまり，〈多様化現象〉は多国籍企業の形成に大きな力となることがよくある。例えば，新製品を市場に導入したいと考えている企業は全く未知の状態から生産を開始するよりも，すでにその分野で生産を行っている企業を獲得した方がよい場合もある。

事実，米国の産業は競合相手の買収を考えている大企業への集中度が非常に高まってきている。米国の厳しい〈反トラスト法〉（Anti-Trust Laws—企業独占に対する法律）はこのような問題の存在に対する対応の顕著な例である[(6)]。米国では，「集中」や「独占」が非常に強く，政府による介入がこれまで行われてきたという事実があった場合でも，米国人はなぜ，自由市場に対する考え方に強く固執しているのだろうか。すでに述べてきたように，〈レッセ・フェール〉には「政府の介入がほとんど存在しない」，いいかえれば，「政府は産業を指導し，補助を与えることを一切すべきではない」という考え方がある。米国政府は産業の過剰な行動に対しては介入するが，産業を計画化・指導下に置くという考えはもっていない。政府による補助政策には資金（納税者の財）が必要となってくることになるし，このことは社会における富める者の必要性を意味している。したがって，〈レッセ・フェール主義〉は富める者の利益を保護するものだという議論がなされるのである。さらにいえば，富める者は企業群を所有する傾向があるし，こうした企業の利益行為まで干渉されたくないという議論も出されてくるのである。

「自由な市場が存在する社会のみが産業を成長させることが可能である」という考え方はおそらく，「事実」というよりも「イデオロギー」であるといえるかもしれない（英国や米国は資本主義の初期の時代からこのような方法で発展してきたように思われるけれども……）。実際のところ，産業化された国の大半は国家の介入，国家の統制，国家の奨励策によって発展してきたのである。このような事例の主なものとしては，19世紀後半の三つの国，つまり，ドイツ・日本・ロシア帝国，があげられる。これらの三国では，このような方法による産業化が可能になった背景としては，軍事的要請・輸送上の要請・威信への欲求，といったことが指摘されるだろう。

「成功のイデオロギーが米国社会では大変強い」と私は指摘したが，それでは成功しない人々とは一体，どんな人たちなのだろうか。失敗にはさまざまな反応がみられるが，おおよそ次のように分けることができる。〈同調主義者〉（Conformist）は社会の目標（成功）を承認する人々である。こうした人々は明らかに目標達成が不可能な場合でも，目標達成に向けてさまざまな手段（例—勤勉）を承認するのである。〈イノベーター〉（Innovator）は目標を承認はするが，勤勉では目標達成にはならないと考えている。このような人たちは目標達成に対して近道（例―窃盗）を考えているのかもしれない。米国のように成功を非常に評価するが，機会の不平等（例―都市内部にあるゲットー（密集居住地域）など）が厳然と存在している国では，犯罪率が高いことはおそらくさして驚くことではないだろう(7)。成功のイデオロギーは重要な問題を生み出している。例えば，社会から排除された人たちは成功の可能性がないことばかりでなく，成功の機会がないことにも気づいているのである。

次にあげる例は，本節で指摘してきたいくつかの要点をまとめて理解するのに役立つものと考えられる。すなわち，米国の企業文化では「成功」と「個人主義」が非常に重視されているが，このような考え方が現実に社会で生起している事象を隠そうとするイデオロギーになったということである。

米国の成功した企業を調査してみると次のようなことがわかる。全米のトップ企業は製品の質を最高のものに維持していくことを遵守していること，顧客の声をよく聞いていること，社員の意見に耳を傾け，社員を一人前に扱っていること，などが判明している。『企業の卓越性を求めて』（*In Search of Excellence*）の著者（T・J・ピーターズと R・H・ウォーターマン）は“革新的な”経営幹部の要素として次の八つの要素をあげている(8)（訳注：この本は1983年，講談社より『エクセレント・カンパニー』〔大前研一訳〕でわが国にも紹介されているので，読者の皆さんも読まれているはずである（文庫版は1986年）。以下については，大前氏の訳を参考にして引用している）。

〈「革新的な超優良企業」の八つの基本的要素〉

(1)　**行動の重視**：超優良企業のトップ・マネジメントは成果に対する不安があっても実行に移していく行動を重視している。

(2)　**顧客に密着する**：超優良企業のトップ・マネジメントは顧客の意見に耳を傾けている。「最優良製品のアイデアの多くはこのような方法から出てきている」と IBM の経営幹部は述べている。

(3)　**自主性と企業家精神**：大企業が伝統的な考え方に固執しているのに対して，米国のスリーエム（3M）は，「非常に創意にあふれ，会社の雰囲気はむしろ実験室と書斎がなんとなく集まったようなところで，そこに熱にうかされた発明家や空想の世界を四方に広げる恐れ知らずの企業家が集まっている」と描写されたことがある（〈個人主義〉の重視という点に留意すること）。

(4) **人を通じての生産性の向上**：超優良企業はごく末端にいる社員を，品質・生産性向上の源泉として扱っている（IBM やテキサス・インストルメント社）。もう一つの事例としてはデルタ航空があげられるが，この会社では経営幹部と社員ができるだけ頻繁にコミュニケーションがもてるようにとの意図のもとに，〈開かれたマネジメント〉を採用している。

(5) **価値観に基づく実践**：例えば，ヒューレット・パッカード社の経営幹部は工場現場を歩き回ったり，店舗を訪問したり，品質をチェックしたりすることなどでは伝説的ともいわれるほどよく知られていた。経営者は企業価値に厳しく注意を向けるように努めている。英国では，超優良企業のこうした例としては，マークス＆スペンサー社があげられるだろう（第4章を参照のこと）。

(6) **基軸から離れない**：プロクター＆ギャンブル社の最高経営責任者は「当然自分の基地から遠く離れたことはない。私たちがめざすものは，決してコングロマリットなどではないのだ」とコメントした。これとは逆に，英国のハンソン・トラスト社の活動について同社のハンソン会長は「われわれがなすべきすべてのことは売りまくることだ」としている。

(7) **単純な組織・小さな本社**：成功した米国企業の大半は単純な組織構造をもっている。よく指摘されていることは，〈垂直的な〉序列的組織よりも〈水平的な〉組織の方がよいということである（〈水平的な〉組織とは，序列的なスタッフをできるだけ少なくし，命令系統を短絡にしたような組織のことである）。

(8) **すべてのレベルで自律性をもつ**：成功した企業の多くは自律性を末端まで浸透させていることである（〈個人主義〉重視という点に再度留意すること）。

『エクセレント・カンパニー』の著者によれば，これらの超優良企業の経営実践は米国企業の多くにみられるし，このような経営活動が米国の超優良マネジメントのスタイルとして典型化しているということである。少なくとも，多くの経営幹部はそう熱望しているのかもしれない（その他の米国企業の多くは依然として過剰計画・官僚主義の横行に悩まされているようである)。

3　社会学的な批判

社会学者の中には〈超優良企業の八つの基本的要素〉について批判的な見方をしている人たちもいる。また，経営者たちが自分自身をどのようにみるのを好むか，について描写する学者もいるようである。さらに，このような組織は企業イメージに適合し，企業イメージを支持する人たち（企業の個々の社員）の出現を期待（あるいは，欲求）しているかもしれない。組織の構造・組織のイデオロギーは所与のものとして考えられている。企業の社員と経営者を同時に変革していく場合には，変革しなければならないのは組織ではなく，経営者自身なのである。この考え方は従来，「心理学主義」(Psychologism)（訳注：社会現象は最終的には人間の心理によって基礎づけられているとして，心理学的に社会現象を説明していこうとする立場のことをいう）と呼ばれてきたものである[(9)]（これについては，第４章で詳しく説明されている)。

企業は社員にとって「開かれたもの」で，「民主主義的」に運営されるべく努力しなければならないが，社員はそれでも企業側に対しては不満や不幸を感じているかもしれない。これは一体，なぜなのだろうか。次にあげる三つの項目はこうした問題に対して回答を与えようとするものである。

4　米国企業の価値観は「個人主義」を重視する

しかし，米国の著述家の大半はこれまで大企業の過度の集中化について書き留めてきた。経営者側の目的を充足するための組織と個々の成員の目的を充足するための組織との間に紛争が存在しているのである。活力のない組織は民主的な参加を崩壊させる可能性がある。いいかえれば，独裁的な組織と民主的な組織の目的は紛争状態にあるということである。

5　米国企業の価値観は「成功」を重視する

しかし，成功は高価な対価を支払ってもたらされるものであるかもしれない。成功は自由になることとは程遠く，むしろ緊張に満ちたもので，成功した人間に恐怖心・警戒心を与えるものである。次の引用文は成功した経営幹部の恐怖に満ちた声である。

あなたが地区担当の経営管理者に就任するとすぐに，危険が始まる。あなたはこうした役職につくと，自分の部下と上司を同時にもつことになる。あなたは双方からプレッシャーをかけられる立場になるのである。こうしたプレッシャーは拠点から拠点へと段々と大きくなってくる。私はあなたに〈プレッシャー〉とは何か，教えてあげよう。あなたは常にあなたの地位を攻撃しようとしている人間を自分の部下として使っていかなければならないのだ。あなたがともに働いている人間はあなたもその人間を仕事から排除していこうとしている，恐怖の的なのだ。だれもが来ていうことは，「経営幹部候補としての真価を試されるのは，あなたが自分に取って替わることのできる人材を自分の部下にもっているかということである。そうした部下がいれば，あなたもさらに上の地位へ昇格することができるのだ」ということである。こうした馬鹿げた話が数多くある。経営者は若くて優秀な人材が下から上がってくるのをこわがっているのである。[10]

6 「個人の価値」の重要性とは何だろうか

多くの研究者はこれまで次のような議論を行ってきた。すなわち，「重要なのは，個々の経営幹部の価値観ではなくて，むしろ全体としての経済的な要件なのである（場合によっては，〈システム〉という呼ばれ方をすることもある）。こうした状況の中で，企業は企業戦争に生き残るために，競争をしていかなければならないのである。しかし，多くの企業は表向きにせよ，よい経営者，待遇のよい会社，開かれた民主的なスタイルの経営を採用している会社としての立場を採りたがるのである。そうはいっても，企業は価格引下げに熱意を燃やす競争相手に制約を受けるのである。次にあげる二つの引用文はこうした状況を伝えるものである。

利益を最大限にあげようとする考え方は企業内部の組織，さらに，企業の意思決定に直接的なプレッシャーを与える。その結果，常に労働のプロセスにおける能率を監視し，改善する必要性が生まれてくるのである。こうしたことを実施していくためには，一単位の生産物を生産するのに要する時間の削減等の視点から，労働に対する全体的な計画を考えていくための専門的な注意が必要となってくる。また，技術，作業計画，給与システム，作業の流れ，労働過程の〈合理的な〉構成要素分解，調整活動等に対する専門的な注意も求められてくる。利益確保に対して，このようなプロセスを効率化していく作業には，常に，専門の管理者や技術者の検査が必要である[11]。

経営者たちは資本主義が〈自然な〉システムであり，現在のシステムを維持していくための必要な要素であるという考え方をもっているという点からすると，経営者たちの思考はイデオロギー的であるかもしれない。しかし，他の人が〈イデオロギー〉と呼んでいることを経営者自身は〈常識〉としているのである。彼らの〈常識〉とは，自分自身が支配権を喪失してはならないということである。企業活動の本質は利益を確保していくことなのである。さらに，彼らがどのような考え方をもっていようとも，あるいは，彼らが会社にとって利益になり，会社が参加すべきと考える事業をやろうとしても，彼らが〈常識的〉に実行できることには自ずから制限がある（彼らのできることではないのである[12]）。

3　日本企業の価値観

日本はどのようにして，現在のような経済大国になったのだろうか。まず最初に，日本企業の価値観を少しでも理解を深めていくためにこの点から調べていく方が有効であるかもしれない。

日本の近代史は外国勢力による強圧的な接近の一例としてみることができるだろう。実際，19世紀前半には，西欧の列強が日本に開国を迫るために何度も日本へ使者を派遣してきた。しかし，当時の日本は鎖国政策を取っていたので，日本はこれらの要求を拒否した。1853年，ペリー提督が東京湾（訳注：江戸湾のことを意味していることを思われる）に入港し，米国との通商関係の開始を要求する米国の大統領の親書を日本側に手渡したのであった。強力な軍事的力の脅しのもとに，日本は歴史に長く残るような屈辱的な要求に応じたのであった。しかし，この事件は日本に経済的な繁栄をもたらし，さらに，西欧諸国に経済的に追いつき，追い越せといったような，日本の近代化の出発点であったといえるかもしれない[13]。この目標は国民の勤労意欲と資本の蓄積によって達成されたのであった。

日本にとって二番目に大きな屈辱は，第二次世界大戦における敗北であった。西欧の見方では，これは純粋に軍事的意味で捉えられていたが，日本の見方からすると経済的側面からこの戦争の敗北を捉える方が重要である。日本は東南アジアに侵略を行ったが，1940年７月には，日本のこれ以上の侵略拡大を阻止したいという考えから，米国は日本との部分的な通商停止を決定した。東南アジア地域からの撤退はかえって，米国の厳しい経済的締めつけ政策を打ち破るために，その他の地域へ貿易を拡大していく口実となっていったのである。日本が考えていた長期的な経済戦略は「大東亜共栄圏」と呼ばれる強大なアジア経済帝国をつくり上げていくことであった。[14] 1945年，日本が壊滅的な敗北を喫したことで，この野望は崩壊した。

日本に対する経済的圧力，軍事的敗北等は日本が経済的に他国を追い抜いていく意欲を高めていく要因（少なくとも，部分的には）となっているのかもしれない。このような考え方から示唆されることは，このような意欲が日本文化の重要な要素となっているということである。しかし，このような意欲はどの程度の強さなのだろうか。さらに，これは日本文化の永続的な部分なのだろうか。これまで日本については次のような議論が行われてきた。日本は世界経済に次第に統合化されていくにつれて，新しく，しかも，さまざまな目標や野心を拡大させてきているといえるのかもしれない。経済的な成功はもはや，支配的な価値ではない。さらに，日本はもはや，現在では産業大国ではなく，もっと大きなものをめざしているのかもしれない。[15]

その場合，価値観や目標が変化することがあり得る。もっといえば，同じような価値観は日本社会全体に一様には適用されないということである。日本は今日では，強い経済的な野心をもった経済大国であるが，社会には伝統的な様式の思考法・組織法に関する数多くの要素が存在している。例えば，一方では，日本企業の６社が世界の50大企業の中に入っている。他方では，図表２－１に示されているように，日本の企業の大半は中小企業なのである。

日本社会においてもう一つの重要な価値観は，「集団」（group）の重要性である。ここでは，日本的儒教倫理の遺産が重要な要素となっている可能性があることも指摘しておきたい。儒教的世界観では，下位者は鞭や人参にだけ反応するロバよりもむしろ，道徳的影響に反応する人間であると考えられていた。[16] 日本的な儒教倫理は性悪説よりも性善説を当然のこととして受け入れているように思われる。この考え方は日本的経営に次のような思考をもたらしていると

図表２－１　大企業の従業員数の国際比較

（単位：％）

		企業の従業員数（人）			
		1－99	100－499	500－999	1000＋
日　本	(1979)	58.3	21.3	7.0	13.4
米　国	(1977)	25.4	18.0	29.0	27.5
西ドイツ	(1979)	18.9	30.0	13.2	37.9

出所：Nichon Kokusei Zue 1982, p. 326.　Reprinted in T. Fukutake, *The Japanese Social Structure.*

いえるだろう。すなわち，社員は有能なものであり，協力的なものであること，さらに，会社の社訓や社章を含む，企業集団としての共通の事業としての感覚を促進させるための慣行・儀式を通じて不断の努力を社員にさせること，等である。外国から訪れた経営者にとって大変印象に残るのは労使の共通事業という感覚である。つまり，労使間では紛争関係よりも，目標の共有関係が優先されているのである。多くの企業では，企業への終身的な献身という考え方が経営者側と労働者側に連帯感をもたらしているのである。一般に，企業は社員の面倒をみるとともに，共同体（コミュニティ）としての役割を果たすべきであると考えられている。この考え方は何人かの社会学者によって，社会学的には，〈温情主義―パターナリズム（Paternalism）〉として呼ばれていた（訳注：一般的には，経営家族主義的立場から，このパターナリズムは〈親権主義〉という表現もなされている。第４章を参照のこと）。

これまで，日本における企業価値については数多くの要因（例えば，集団の重要性，温情主義，大企業にみられる終身雇用制度の伝統など）が強調されてきたが，これらは日本企業が競争相手に追いつき，追い越していくためのものであった。しかし，これらの要因は前資本主義的な遺物なのだろうか。それとも，日本人の伝統的な資質なのだろうか。また，ある意味では，資本主義社会にみられる特殊な側面なのだろうか。日本文化を研究している，ある社会学者は次のような考え方を提起してきた。すなわち，「１社における終身雇用制度は封建時代から，日本社会の文化として根づいてきたものである[17]」。このようないわゆる〈伝統〉が強力な経営的支配を隠蔽してしまうことは本当にないのだろうか。西欧社会では，経営者側と労働者側に現実に存在している利害の対立を巧みに隠してしまって労使関係があまりうまくいっていないだけなのである。このことは〈イデオロギー〉的側面からみてもあまり効果的ではないかもしれない。

日本の企業価値についてこれまで論評されてきたことについて，ここで再度取り上げてみることにするので，参考にしていただきたい。

- 日本の経済的な急成長については，歴史的・社会的な背景があるかもしれない。つまり，過去の戦争の敗北を払拭し，西欧諸国に追いついていこうとする欲求があったといえるのである。しかし，このことは，必ずしも不変的な現象ということではない。
- 日本文化は集団への帰属を重視している。産業社会学的な用語でいえば，このことは〈会社への帰属〉を意味している。
- 日本経済の発展は特殊な日本的奇跡という現象というよりも，他の多くの資本主義諸国に比較してより産業化に成功した国の一例として考えられよう。日本の経済的成功の本当の理由は，西欧資本主義をうまく採り入れたことであるかもしれない。日本経済には柔軟性を必要とする労働力，事業的資本の活用能力などを含めた，産業資本主義に対するすべての前提条件が含まれていたことである。

4 英国企業の価値観

1 「英国病」——経済学者・歴史家・社会学者の見方

英国は世界で最初に産業化された国であった。そして，18世紀半ばから第一次世界大戦まで，英国は主要な生産分野（石炭・鉄鋼・造船・綿等）のリーダーであった。多くの経済学者や歴史家はなぜ，世界で最初の〈産業革命〉（Industrial Revolution）が英国で起こったのか，についてその理由を調べてきた。こうした理由の中には，①廉価なエネルギー（石炭）の存在，②貿易大国であったこと，③生産をスピードアップした発明がいくつもあったこと，④近代的な金融システム，等が指摘されている。

経済史家の考えによれば，英国で〈革命〉（Revolution）という言葉が使われるような変化はまず，生産単位としての自足的な家内工業から，非人間的な生産単位（例—工場，製粉工場，鉱業場）へと移行したことから生じてきた，とされている。[18]第二番目には，西欧諸国の商品市場の変化が，国内的な市場から，国際的な市場へと移っていったことである。

成長という駆動力が専門的な機関（例—銀行・企業等）を誕生させるような需要（より廉価な商品を最初に生産することが一因で）を拡大していったことである。このことは逆に，資本利用を改善することを通じてより能率的な生産をもたらすことになったのである。このような要素が有機的に結合することによって，成長が促進されていったのである。

初期においては，成長の拡大はどちらかというと緩やかであったし，経済の限られた分野に対してだけ影響を与えていった。他の国も産業発展を遂げていたけれども，これらの国の産業は英国のように，発明家や企業家を通じて技術的な改善を行っていくための方法をもっていなかったのである。

このような議論はさらに進んで，次のような見解をもたらしている。英国の産業革命を契機として登場した〈資本主義的な産業国家〉は19世紀末以前にすでに近代的な形態を見せていたのである。

> 1880年までには，大英帝国の人口は1世紀も経たないうちに，3倍以上になっていたし，国民の5人に4人は大都市に住んでいたのである。国民総生産のわずか，10分の1が農業生産であった。さらに，国の歳出の3分の1以上が主として基礎的食糧や産業用原料を購入するための「輸入」にあてられていたのである。国民総生産に占める農業の割合は少しずつ低下していった。製造活動の産出構造はかなり変化していたのである。諸外国の産業革命の速度が早まるにつれて，英国は段々と保護的な通商政策を取り始めたが，その結果，英国の経済は少しずつ，閉鎖的な方向へと変わり，経済成長も不安定になってきたのである。しかし，最も顕著な側面としては，19世紀の四半世紀の間，基盤となっていた経済システムが20世紀の半ばまで依然として継続されていたことなのである。[19]

社会学者は産業革命に対して，別な見方をしている。欧州各国の産業化について自分の考えを述べて，影響を与えた学者としては，ドイツの社会学者，マックス・ウェーバー（Max Weber：1864-1920）がいる。産業化は欧州の中でもプロテスタント派の多い国で起こっているとともに，その国では労働倫理が非常に強いことを示したのであった。英国では，産業革命初期の事業家や発明家は非国教徒のメンバーであるという傾向は顕著な事実とされている。いいかえれば，社会学者は英国における産業革命誕生の背景の要因として文化的要素を重視しているということである。

英国は18世紀から，19世紀の大半に至るまで，世界の産業的勢力のリーダーとして君臨していた立場から，徐々に〈衰退〉を経験してきたのである（図表2-2，図表2-3を参照のこと）。これは，脱産業化（deindustrialization）として知られているプロセスなのである。

このような事象をわれわれはどのように説明することができるだろうか。英国の産業化の誕生の場合と同じように，経済学者や社会学者はそれぞれ別の考え方をしている。ある経済学者の考えによれば，アンドリュー・ギャンブル（Andrew Gamble）は社会学者と同じような見方に立っているようである[(20)]。

英国の衰退傾向は長期的なもので，100年以上も続いている。この点については，次の二つの見方がはっきりしている。すなわち，英国の競争相手国と比べてみると，①大英帝国の国家としての絶対的な衰退傾向，②英国経済の相対的衰退傾向，という見方である。この二つの要素が相互関係にあるといえる。これに対する最も一般的とされている診断は，英国民が収入以上の生計を営んでいることであり，商品の販売以上の財の支払いをしてきたということである。しかし，ギャンブルの考えによれば，実際の問題は英国資本の脆弱性やこのような問題解決に失敗した政治力にあるのである[(21)]。また，ギャンブルは英国の衰退現象は英国がかつて支配し，かつ，今でも連鎖的関係のある世界経済に関連性のある場合のみ，理解が可能であると考えている[(22)]。このように，彼は過剰輸入・脆弱な政府・負担の大きい公共支出・労働者の怠慢といった考え方を拒否するのである。このような文脈からすると，これまで労働党政権は失敗の原因を社会主義に帰することができないという点では，保守党政権よりも財政的には伝統的な立場を取っていたことがわかる。

そこで，ギャンブルは英国政府に何が起こっていたのかについて議論を進めているが，彼によれば，それは国際経済への依存度が高くなっていたことであり，英国政府の権限外のところで，長期間，大きな影響力を与えていたということである。そのため，ギャンブルは産業的力としての英国の盛衰の背景を説明する場合に，〈経済理論〉，特に，国際経済の観点に立ってこの問題を考えようとして

図表２－２　世界製造業の輸出貿易量における英国のシェア

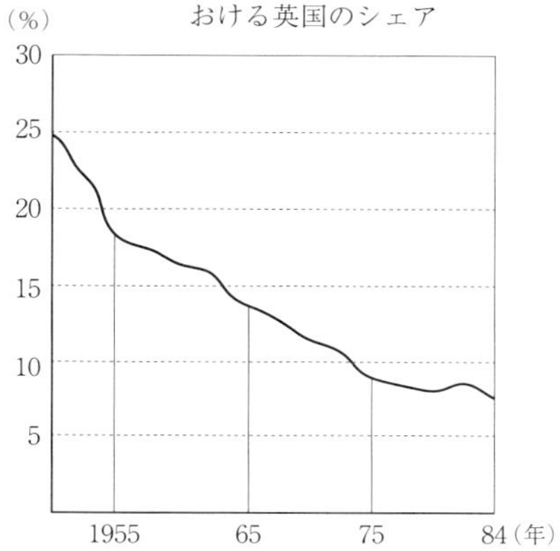

出所：S. Hughes, *The Structure of Industry* (Collins, London, 1986), p. 6.

図表２－３　製品の英国への輸入伸長率

出所：図表２－２に同じ。

いたのであった。しかし，このような説明は適切なのだろうか，英国の産業的衰退には深刻な社会的背景があるのだろうか，といった疑問が出てくる。

このような疑問に答えようとして，Ｍ・Ｊ・ウィーナー（M. J. Wiener）は次のような考えを主張した。物質的成長やイノベーションを理想化する動きとは，逆の理念，すなわち，安定性，無変化，過去・非物質主義への回帰，によって押し戻されることにもなったということである。英国的な生活様式とは，非物質的要素を重視し，これを受け入れることなのである。英国の地方の人々には，産業社会のことをすべて受け入れるという気持がなかったことである。つまり，伝統的な生き方，ゆっくりした文明の進展，安定性，平安さ，〈精神的なもの〉等の要素を大切にしていたということなのである。[23] ウィーナーは産業革命をこれまで経験したことのない革命と呼んだ上で，次のような議論を展開している。他の産業化が進行している国では，伝統的な社会パターンが変化によって根本的に破壊されたのに対して，英国では，産業社会への移行は穏やかで，完全ではなかったのである。また，英国では，伝統的貴族階級と新興ブルジョア・中産階級との間に全くといっていいほど対立がなかったことである。その結果，伝統的貴族階級に取って替わるような近代化・産業化を推進するエリート層が登場してくるような〈ブルジョア革命〉が起こらなかったのである。

同じような観点から，歴史家，ホブズボーム（Hobsbawm）は英国経済の相対的衰退の分析を行っている。このような経済的衰退は企業人における企業家精神の衰退が原因なのだろうか。あるいは，英国社会にある保守主義，英国の資本家の欲望という点からみると，紳士的・貴族的に振る舞い，紳士・貴族として遇されることをよしとしたことに原因があるのだろうか。

> 貴族主義的な価値尺度には，教養人としての地位の評価が含まれるし，〈紳士〉としての規範に基づいて過激な行動はしないことも考慮に入れられる。さらに，勃興してくる中産階級の子息の教育を行う〈パブリック・スクール〉（訳注：英国の伝統的な私立中等学校。上級家庭の子弟が名門大学（オックスフォード大学・ケンブリッジ大学）へ進学するために入学している）で彼らに紳士として必要な事柄を教え込むことも，価値尺度として支配的なことだったのである。〈商取引〉を行うことは，貴族階級にとっては大変な社会的恥辱であった。このような意味での〈商取引〉とは，小規模な店を構えるといった程度のことであり，もっと規模の大きな財を稼ぐ活動であればということで社会的認知が得られたのである。[24]

英国人の考え方には工業的なモノ（事物）に対する嫌悪の情が深く浸透しているように思われるだけではなく，このような感情をもっていることを理解しておかなければならない。事実，英国は前産業社会における活動（農業・銀行・金融・保険・商業）では世界一であったようである。工業は英国社会ではまだ，地位を獲得していないように思われる。そのために，工業は地位の高い人々を引きつけるには至っていないのである。

これまで議論されてきた対象としてもう一つの文化的な問題がある。それは英国は世界で最初に産業化された国であるにもかかわらず，世界で最初に脱産業化された国になる可能性があるということである。労働倫理の衰退が長い間みられたという示唆をしている人もいるようである。

過去の文化・地位に関するこの種の議論は今日の英国の産業的衰退の背景を理解していくのに本当に役に立つのだろうか。経営者を取り巻いている文化風土から，経営者自身の動機の問題を切り離すことはおそらく不可能であろう。[25]このような文化風土は英国経済人としての企業家精神や企業のプライドに対しては冷たいものであった。第３章で提示しているように，英国の産業界の経営者は金融界の経営者よりも低い地位からの出身者である。最後にいっておくと，これとは対照的に，欧州大陸では医療関係者が「ドクター」（医師）として呼ばれているのと同じように，技術者は「エンジニア」（技師）として呼ばれている。すなわち，「エンジニア」（技師）は高い地位にいるのである。

現在でも，英国政府がさまざまな政策を採っているにもかかわらず，こうした態度は依然として続いている。

1980年代の終わりには，英国の首相，マーガレット・サッチャー（Margaret Thatcher）は，①通貨供給を抑制しない，②政府の歳出を抑制しない，③労働組合の職場代表と争いをしない，等の最も基本的な政策を実行に移すだけでなく，このような心構えで問題に対処していくだろう。1980年代の英国の歴史は伝統的な政治闘争に目を向けるよりも，中産階級の間の二つの立場（進歩派と保守派）の文化的闘争の方に関心を寄せているといえるかもしれない。(26)

5 開発途上国

南北問題の視点からいえば，なぜ，北部地域の先進国の方が進んでいるのだろうか。なぜ，南部地域の開発途上国は貧困の状態にあるのだろうか。なぜ，こうした開発途上国は技術的専門性の獲得の失敗・天然資源の開発の失敗・国際的債務の支払い不能といった状態になるのだろうか。これらの問題に取り組んでいくための興味深い方法は，巨大な多国籍企業の活動を観察してみることである。

下記の解説は〈資本の国際化〉（the Internationalization of Capital）について簡単な考え方を伝えているものであるが，本節の後半では多国籍企業の労働への影響について述べている。本章の最後では，開発途上国の問題について幅広い視点から読者に問題意識を与えていくために，論文や役割演技を通じて問題解決の方策を提示している。

〈資本の国際化〉

スコット（Scott）によれば，多国籍企業の成長は資本の国際化の一要素として捉えることができる。資本は資本の発生した国には止まらず，最大の投資リターンを提供する国へと流れていくそうである。例えば，19世紀には，英国は多額の資本輸出を示していたが，1914年には，相当な金額が（当時で40億ポンド）投下されていた。その当時，英国資本は鉄道などのような海外の事業に直接投資をしていたが，その後は証券投資，外国企業の株式取得が一般的になってきた。

一方，米国企業は直接投資を行っていた。一般的にいって，海外の企業に対するこのような直接投資は期待利益が最も大きいところ（必ずしも，地域的ニーズが最も高いところとは限らない）に流れていくのである。このような直接投資者は通常，本社が先進国（北部地域）にあるような多国籍企業であるが，企業の経営活動は大抵の場合，開発途上国（南部地域）となっている[27]。資本の流れは資本に対する需要が最も高い国よりはむしろ，投資リターンの最も高い国の方が非常に速いのである[28]。

1　多国籍企業

「多国籍企業」（Multinational Enterprise）とは，もともと一つの国に拠点をもっている企業ではあるけれども，他の国で企業活動の大半を行っている企業のことである（訳注：「これに対して，「コングロマリット」（Conglomerate）とは，「内部的な展開によらず，合併という外部的手段によって，広範な産業にわたる多角化プログラムを推進している企業のこと」をいう。―占部都美編著（1989）『経営学辞典』中央経済社）。多国籍企業は図表2－4に示されているように，企業規模が非常に大きいために，社会的に重要な意味をもっている。多国籍企業は，多くの国に商品と雇用機会を提供しているという点では，世界で大きな勢力をもち続けているようである。このことは〈第三世界〉の開発途上国では，特に重要なことである。自動車メーカーのような大企業の多くはその企業活動が国際的である場合にのみ，機能を果たすことができるのである。大量生産による自動車の生産コストを維持していくためには，国際的な巨大な市場が必要なのである。また，多くの国で自動車を生産する場合には，多くのメリットがある。例えば，ある国の工場でストライキが起きても他の国に生産を切り換えれば，ストライキの影響を少しでも回避することができる（もっとも，各国にある工場の生産システムに相互関係がある場合には，一国の工場の生産にトラブルが出てくると，他国の生産システムに支障をきたすこともある）。さらに，多国籍企業は外国内で活動を開始することで，これまで受けてきた輸入障壁から逃れることができる。また，多国籍企業は価格移転によって，諸税の負担を回避することもできる（高関税の国で収益を低くするために〔この逆の方法も考えられる〕，国別に独自の価格設定を行うことがある）。

このような多国籍企業にとって障壁となるケースとして主に考えられることは，投資に対する意思決定がその国にとって最良な方針を基本として行われるのではなくて，多国籍企業自身にとって最良の経営方針に基づいて行われることである。次に指摘できることは，多国籍企業の受け入れ国に対する企業責任が欠如していることである。米国の大手自動車メーカーであるゼネラル・モーターズ社は各国の拠点，例えば，ラテン・アメリカへの企業活動については，デトロイトにある本社の役員室から戦略的な決定を下している。第三番目としては，受け入れ国に関することであるが，技術・資本の流れ・賃金等を管理している多国籍企業の活動に対して，受け入れ国側の統制力が欠如していることである。多国籍企業の大半は米国に本拠地を置いているし（図表2-4を参照のこと），このような多国籍企業のパワーや影響力は特に，第二次世界大戦以降，米国の多国籍企業から出てきたのである。

重要な経営方針の決定が行われているのは本国なのである。この背景としては，専門的な訓練が実施されているのが本国であることにある。本国では，ハーバード・ビジネススクールやハーバード・ロースクールのような高等教育機関で技術関係・ビジネス関係のコースが開講されている。しかも，前途有望な若手の経営幹部が将来のトップ・マネジメントとして活躍できるように教育・訓練され，資金も調達され，専門的な金融機関が存在しているのもすべて本国なのである。

このように，多国籍企業は多様，かつ，巧妙な方法で〈戦略本部〉としての本国の機能に十分なメリットを感じているのである。したがって，利益は本国へ還流されるのである。いいかえれば，本国の銀行は利子を通じてリターンを得ているし，本国の教育システムは多国籍企業の経営を海外でマネジメントできるようなすぐれた人材，技術者を数多く送り出しているのである。

多国籍企業が経済的に貧困な国に対して高い賃金を供給することで，何かよいことをしているように少なくとも思われるところがあるが，実際にはそうではないようである。多国籍企業は人材の資質を最大限評価して現地企業よりも

図表2－4　世界25大多国籍企業の一覧表

順位	企業名	本社	業種	売上高（単位：千ドル）	純収入（単位：千ドル）
1	General Motors	Detroit	Motor vehicles and parts	102,813,700	2,944,700
2	Exxon	New York	Petroleum refining	69,888,000	5,360,000
3	Royal Dutch/Shell Group	The Hague/London	Petroleum refining	64,843,217	3,725,779
4	Ford Motor	Dearborn, Mich.	Motor vehicles and parts	62,715,800	3,285,100
5	International Business Machines	Armonk, NY	Computers	51,250,000	4,789,000
6	Mobil	New York	Petroleum refining	44,866,000	1,407,000
7	British Petroleum	London	Petroleum refining	39,855,564	731,954
8	General Electric	Fairfield, Conn.	Electronics	35,211,000	2,492,000
9	American Tel. & Tel.	New York	Electronics	34,087,000	139,000
10	Texaco	White Plains, NY	Petroleum refining	31,613,000	725,000
11	IRI	Rome	Metals	31,561,709	197,118
12	Toyota Motor	Toyota City（Japan）	Motor vehicles and parts	31,553,827	1,717,733
13	Daimler-Benz	Stuttgart	Motor vehicles and parts	30,168,550	831,600
14	E.I. du Pont de Nemours	Wilmington, Del.	Chemicals	27,148,000	1,538,000
15	Matsushita Electric Industrial	Osaka	Electronics	26,459,539	946,571
16	Unilever	Rotterdam/London	Food	25,141,672	973,983
17	Chevron	San Francisco	Petroleum refining	24,351,000	715,000
18	Volkswagen	Wolfsburg（W. Germany）	Motor vehicles and parts	24,317,154	286,133
19	Hitachi	Tokyo	Electronics	22,668,085	679,609
20	ENI	Rome	Petroleum refining	22,549,921	342,275
21	Chrysler	Highland Park, Mich.	Motor vehicles and parts	22,513,500	1,403,600
22	Phillips Gloeilampenfabrieken	Eindhoven（Netherlands）	Electronics	22,471,263	414,418
23	Nestlé	Vevey（Switzerland）	Food	21,153,285	994,566
24	Philip Morris	New York	Tobacco	20,681,000	1,478,000
25	Siemens	Munich	Electronics	20,307,037	629,353

出所：*Fortune Magazine*, 3 Aug. 1987.

高い賃金を支払うことがよくある。しかし，現地の人材に対する賃金は本国にある本社スタッフに支払われている賃金と比較すれば，ずっと低い。彼らの業務内容は，輸出業務に関係したことであり，自給型農業のようにその国固有の活動から労働力を引き出すことであったりする（農業の場合，結果によってはその国自身が食糧調達ができなくなる場合もある)。このように，多国籍企業の現地国となる国は多国籍企業のニーズに合うように歪められていくのである。

最後に，かつての英国，現在の米国が自国の企業が経済的利権をもっている地域に都合のいいように平和，あるいは，特別な政治制度を保証していくための〈世界の警察官〉として介入していることを指摘しておきたい。さらに，経済的に貧しい国に対する援助は政治的配慮に基づいて，選択的に供与されることがあるということもいっておきたい。

本節の内容は次のようにまとめることができる。

- 多国籍企業の活動は経済的に貧困な国に対しては有益に思われるけれども，彼らの活動はこれらの国の発展を抑制することが時としてある。利害や利益が経済的に繁栄している本国（本社のある）に還流されていくのに対して，現地国の経済は歪められている状態にある（自分たちのための食糧供給よりも，換金作物の育成を主としている）。
- 経済的に繁栄している国の政府は自国の多国籍企業の面倒をみるばかりでなく，もし，これらの企業が危機に瀕するような場合には〈警護の役割〉を果たすために紛争に介入する。そのために，西欧諸国にとって友好関係にある政府の活動を保証するために，政治的な統制も存在するのである。現地国に対する援助は権威主義的な制度を支えたり，先進国にとって非友好的と考えられる諸制度を不安定なものにしたりするなどの方策として活用される。
- 借入国（現地国）に対する長期借款は，当該国の全体の利益を考えて行われるというよりも，借款に対する最大のリターンを考慮に入れて実施される。
- 西欧諸国の政策は現地国の経済の不均衡状態をつくり出し，その状態を維持させていくことを狙いとしている。

設　問

本節の内容は問題提起的な内容の濃いものである。もちろん，第三世界に対して，真面目な援助・関心をもっている事例をあげることも可能である。第三世界の問題は常に話題性がある。（例—飢饉，クーデターなど）そこで，第三世界の現状を踏まえた上で，本節で言及されてきたことを評価すること。

（注）　世界的な出来事の多くは社会学的な意義をもっていないように思われる。例えば，洪水・日照りなどの問題がそうである。しかし，実際には，災害社会学によれば，これらの出来事は金持に対してよりも最も低い価格の土地をもっている最も貧しい人々に影響を与えていることがよくある。

6 結　論

[一般的な状況]

- 一国内の企業組織，さらに，各国間の企業組織との間には大きな相違点がある。例えば，日本の小規模な家族経営型の企業と米国の大企業との関係など。これらの種々の事例すべてについて一般的な考え方を示すことはあなたにも無理である。

- 先進国の政府は〈レッセ・フェール政策〉から，国家計画までのさまざまな政策を採用しているように思われる。

- 米国人の価値観は伝統的な荒野のカウボーイのイメージを基本にして，自由と独立の考え方を重視している。

- 米国人は〈成功〉という価値観を重視している。このこと自体は悪いはずがない。

[現実的な視点]

- これらの相違は現実というよりも表層的なことである。資本主義の要件，特に，長期的な視点から利益を最大化していきたいという欲求（競争していくために）は次のことを確実なものとしている。すなわち，これらの企業組織は基本的には世界中で類似していることである（例え，この論法がさまざまな文化的な文脈で活用されるにしても）。

- 事実，最も先進的な経済政策では，以下の三つの傾向が一般的にはみられる。
  * 集中化（企業の少数化と巨大化）
  * 国家の介入の増大
  * 資本の国際化

- 米国の産業界では，多くの官僚制的・統制的な要素が存在している。大半の米国人は大規模で，形式的な組織で働いている。多くの工場労働者や事務的労働者は自分の仕事には満足感を感じていない。

- 高い地位・富・権力によって測定される〈成功〉には数限りがある。社会の底辺にいる多くの人々は決して成功することはないし，彼らは成功への機会が拒否されていることから，近道的な行動を取る者もある。したがって，犯罪率が高くなってくるのであろう。成功を求めていくことはまた，張り詰めた作業である。

- 典型的な日本企業は大規模で，効率的な規模である。

- 大半の西欧諸国と比較すると，日本は小規模で，家族経営的な企業である。

- 日本の産業や企業がこれまで成功してきた秘訣は，〈儒教的な考え方〉を重視している日本文化特有の資質によるものである。地位の高低の別なく，すべての人に対して尊敬の念をもつこと，集団の重要性，他の先進国経済を追い越していく欲求は過去の戦争の敗北を払拭するものであるという考え方，などがその例である。

- 日本経済の成功は資本主義の一つの側面を示しているものとみることができる。経営者への服従，統合化された職場集団，勤勉などは，大半の産業化された社会で一般化している厳しい経営管理上の統制という現実を隠蔽している虚飾といえるのかもしれない。

- 産業的パワーとしての英国の相対的な衰退の理由は，明らかである。米国や日本と比べて，産業的パワーを推進していく力が欠如しているように思われる。産業は近代化のプロセスが必要である。古い考え方をもっているような労働組合は進歩の妨げとなる。労使関係が悪化してくるのである。

- 英国の衰退には長い歴史的過程がある。英国には反産業的文化が存在しているように思われる。初期の産業家であれば一財産を築き上げてしまうや否や，すぐに故郷に引退し，企業を創業することなどしないのが普通であろう。このような人間は田舎の名士として受け入れられることを望んでいたのである。英国文化には，社会的な病が深刻化しているのである。これは単に，経済的な事柄だけではない。

- 先進国の繁栄は結果的には，将来的に市場性が高くて，より多くの

- このようなことには決してならない。貧しい国は依然として貧しい

資本（より廉価で）を受け入れることのできる貧しい国にメリットをもたらすことになる。

ままである。例えば，多国籍企業を例にとると，利益は本社のある本国（先進国）に還流されるのに対して，経済的に貧しい国の経済は不均衡なままである。

▶▶ 基本課題 ◀◀

―自己点検用の設問―

次にあげる項目について，その意味を説明しなさい。

- 集中化
- 国家介入
- 資本の国際化
- 多国籍企業
- レッセ・フェール
- 自由市場
- 米国文化における独立と成功
- 英国病
- プロテスタントの倫理
- 資本主義

〈論文／議論用の設問〉

(1) 日本，および，米国の経済的成功に対する伝統的な考え方と社会学的な見方とを比較して論じること。

〔アドバイス〕

一般的な回答は避けること。具体的な回答を出すようにすること。すなわち，特定の評論家，コメンテーターの意見を引用すること。一流の歴史家によって書かれた著作を活用し，さらに，彼らの見方と次のような社会学者，ウェーバー，マートン，ワーズレイ，スコットの考え方とを比較すること。本章の最後にあげている，**注**を活用すること。米国と日本の比較に関する著作もいくつかあるので参考にすること。

(2) 英国を事例として，社会的価値と経済的成功との関係について社会学的視点から論じること。

〔アドバイス〕

本書で紹介されている人たち，例えば，エコノミストのギャンブル，ウィーナー，歴史家のホブズボームの考え方を比較することもできる。この設問は歴史的視点から把握することが必要である。それにはまず，経済史家の見方について議論する一方で，マックス・ウェーバーやエミール・デュルケムのような初期の頃に影響力のあった社会学者の見方も議論してみること。

(3)「富める者はますます富み，貧しい者はますます貧しくなる」。この問題について第三世界との関連性において，議論すること。

〔アドバイス〕

ここでの議論は多国籍企業の経営に関することであるが，この議論では富める国と貧しい国との間にどのような不平等が存続しているか，を提示すること。マンレー＆ブラントの著作，『グローバル・チャレンジ』（*Global Challenge*），さらに，現在，および，最近の新しい情報ソースを用いて，この問題について言及すること。ここでは，大抵の図書館に置いてある『キーシングの世界の事件記録』（*Keesing's Record of World Events*）を使用すれば役に立つかもしれない。さらに，一般誌・専門誌・新聞等（例―エコノミスト・フォーチュン・ニューインターナショナリスト・ニューステイツマン＆ソサイエティ等）を活用すること。多国籍企業の問題とは別に，債務負担について論じることも重要な話題である。この問題についても，雑誌・新聞等を活用すれば調べることができる。実際的な事例を引用するように努力すること。

〈研究課題〉

本書では，とりわけ，企業の問題について検討を加えている理由から，多国籍企業が関心の中心であった。しかし，世界的な文脈（第三世界の開発途上国や不均衡な発展について）から，これらの多国籍企業に考察を加える場合には，マンレー＆ブラントの『グローバル・チャレンジ』にあげている次のような指摘が有益である（M. Manley and W. Brandt, *The Global Challenge : From Crisis to Co-operation : Breaking the North-South Stalemate*, Pan, London, 1985.）。

- 一握りの巨大な多国籍企業の手によって世界経済が支配されることに対して，果敢に戦っていかなければならない。
- 南部地域の国々は相互に強力な協力関係を結ばなければならない。
- 経済的に貧しい国々に借款を供与している国際通貨基金（IMF）は長期借款に厳しい条件を課している。この借款には，高金利の利子が含まれているばかりでなく，債務国が厳しい経済基準を採用するという要件も含まれている。増資についても，選択的な方法が採られなければならない。
- 経済的に貧しい国の国民総生産（GNP）の３分の１は武器に回されている。さらに，この武器の多くは北部地域から購入されている。こうした行動も停止されなければならない。

・現在の不均衡は一つには北側自身が問題を抱えているが，これはその解決のために南側を利用しているという事実によるものである（例―海外の利益を本国に移転していること）。多角的問題に対しては多角的な解決が必要とされている。

(a) 『フォーチュン』・『エンカウンター』・『エコノミスト』・『キーシングの世界の事件記録』などの新聞・雑誌等を利用して，本節で取り上げられているいくつかの問題について検討を加えなさい。課題の例としては，以下のようなものが考えられる。

・多国籍企業の経営のあり方―受け入れ国よりも本国に利益を還流している企業経営の問題について
・経済的に貧しい国の債務問題について
・国際通貨基金（IMF）の金融政策について
・「世界の警察官」の役割を果たしている英国・米国の問題について

(b) あなたが仮に IMF の融資担当責任者の立場にある場合，世界の貧しい国々に対する援助を拡大していくために，さらに，富める国と貧しい国とのギャップを埋めていくために，あなたはどのような計画を推進していくだろうか。なぜ，富める国はこうした計画に反対するのだろうか。この問題に対するあなたの考え方をあなたの同僚にレポートとしてまとめるという想定で作成すること。

〈役割演技〉

下記のような役割に基づいて，前述のプロジェクトを推進していくことは興味深いように思われる。

・国際通貨基金（IMF）の局長としての役割
・多国籍企業の管理職（２名）としての役割
・第三世界の首相（２名）としての役割
・社会学者／コメンテーターとしての役割

参考文献

G. W. Domhoff, *Who Rules America?* (Prentice Hall, Englewood Cliffs, 1983).

Emile Durkheim, *The Division of Labour in Society* (Free Press, New York, 1964).
　=〔邦訳〕田原音和（1978）『社会分業論』青木書店。

E. J. Hobsbawm, *Industry and Empire* (Weidenfeld and Nicolson, London, 1968).
　=〔邦訳〕浜林正夫他訳（1984）『産業と帝国』未来社。

M. Manley and W. Brandt, *The Global Challenge : From Crisis to Co-operation : Breaking the North-South Stalemate* (Pan, London, 1985).

B. Mintz and M. Schwartz, *The Power Structure of American Business* (University of Chicago Press, Chicago, 1985).

T. J. Peters and R. H. Waterman, *In Search of Excellence : Lessons from America's Best Run Companies* (Harper and Row, London, 1983). =〔邦訳〕大前研一訳（1986）『エクセレント・カンパニー』講談社。

A. M. Rugman, *Inside the Multi-Nationals* (Croom Helm, London, 1981).

J. Scott, *Corporations, Classes and Capitalism* (Hutchinson, London, 1985).

M. White and M. Trevor, *Under Japanese Management* (Heinemann, London, 1983).

Max Weber, *The Protestant Ethic and Spirit of Capitalism* (Allen and Unwin, London, 1930). =〔邦訳〕大塚久雄訳（1989）『プロテスタンティズムの倫理と資本主義の精神』岩波文庫，岩波書店。

M. J. Wiener, *English Culture and the Decline of the Industrial Spirit, 1850-1980* (Penguin, Harmondsworth, 1985).

P. Worsley, *The Three Worlds* (Weidenfeld and Nicolson, London, 1984).

注

(1) A classic : sociological work on immigration to the United States is W. I. Thomas and F. Znaniecki, *The Polish Peasant in Europe and America* (Octagon Books, New York, 1974). =〔邦訳〕桜井厚訳（1983）『生活史の社会学——ヨーロッパとアメリカにおけるポーランド農民』御茶の水書房。

(2) Emma Lazarus, "The New Colossus," Inscription for the Statue of Liberty, New York Harbour.

(3) D. Carnegie, *How to Win Friends and Influence People* (The World's Work, Kingswood, 1956).

(4) R. Merton, *Social Theory and Social Structure* (Collier Macmillan, London, 1968), pp. 189 ff.

(5) D. Jeffreys, *Monopoly* (Collins, London, 1985), p. 9 ; J. Scott, *Corporations, Classes and Capitalism* (Hutchinson, London, 1985), p. 201.

(6) E. S. Herman, *Corporate Control, Corporate Power* (Cambridge University Press, Cambridge, 1981).

(7) Merton, *Social Theory*.

(8) T. J. Peters and R. H. Waterman, *In Search of Excellence : Lessons from America's Best Run Companies* (Harper and Row, London, 1983). =〔邦訳〕大前研一訳（1983）『エクセレント・カンパニー』講談社。

(9) G. Salaman, *Work Organisations, Resistance and Control* (Longman, London,

1979), p. 202.

(10) S. Terkel, *Working* (Wildwood House, London, 1975), p. 335.

(11) G. Salaman, *Class and the Corporation* (Fontana, London, 1981), p. 245.

(12) G. Esland and G. Salaman, *The Politics of Work and Occupations* (Open University, Milton Keynes, 1980), p. 300.

(13) E. O. Reischauer, *Japan : Past and Present* (Duckworth, London, 1964). =〔邦訳〕岡野満訳（1948）『日本――過去と現在』時論社。

(14) Ibid., pp. 208 ff.

(15) G. C. Allen, *The Japanese Economy* (Weidenfeld and Nicolson, London, 1981).

(16) R. P. Dore, *Japanese Society : Tradition and Change* (Sussex Publications, Devizes, 1973).

(17) M. White and M. Trevor, *Under Japanese Management* (Heinemann, London, 1983), p. 4.

(18) P. Deane, "The Industrial Revolution in Britain," in C. M. Cipolla (ed.), *The Emergence of Industrial Societies*, vol. 4 (Harvester Press, Hassocks, 1976), pp. 161 ff.

(19) Ibid., pp. 223-4.

(20) A. Gamble, *Britain in Decline* (Macmillan, London, 1985).

(21) Ibid., p. xviii.

(22) Ibid., pp. 12 ff.

(23) M. J. Wiener, *English Culture and the Decline of the Industrial Spirit* (Penguin, Harmondsworth, 1985), ch. 1.

(24) E. J. Hobsbawm, *Industry and Empire* (Weidenfeld and Nicolson, London, 1968), p. 154. =〔邦訳〕浜林正夫他訳（1984）『産業と帝国』未来社。

(25) A. Sampson, *The Changing Anatomy of Britain* (Hodder and Stoughton, London, 1981), p. 338.

(26) Weiner, *English Culture*, p. 166.

(27) Scott, *Corporations*, pp. 205-14.

(28) M. Manley and W. Brandt, *The Global Challenge* (Pan, London, 1985), p. 75.

第3章

労働の社会的特質

1 はじめに

なぜ，労働の社会的側面について調べるのだろうか。人間は何をやっていようとも，人間であることに変わりはない。社会学的視点からいうと，人間は社会的環境によって影響を受けるのである。いいかえれば，労働はお金を稼ぐためだけの手段ではないということである。さらにいえば，労働は人間の生活様式の重要な要素なのである。職業は社会階級の指標であり，社会階級は人間の生活機会（ライフチャンス）（病気・早期死亡等の可能性など）や生活様式を象徴することがよくある。筋肉労働者の人であればだれでも労働者階級としてはっきり峻別できる生活様式（例えば，住宅・食事・教育・衣服・態度・レジャー志向）については，自分の仲間と共有できる部分があるだろう（もちろん，個人差はあるけれども，一般的特性は共通である）。筋肉労働者はたとえ自分の賃金が上がっても，労働者階級の地位から去ることはない。階級的地位は金銭の問題というよりもむしろ，職業の問題である。筋肉労働者の中には，ホワイトカラー労働者よりも賃金がよい連中もいるだろう（書記的〔事務的〕労働者は黒の背広を着ている労働者，書記職員として知られている）。しかし，彼らの生活様式は労働者階級のままである。筋肉労働者の多くは中流階級になることを望まないし，中流階級の人々の多くは自分たちのクラブ，パブ，一門にこのような富裕な労働者を喜んで受け入れることはしないだろう[(1)]。例えば，給料は安いが，中流階級にいる教師の場合と給料は非常に高いが，石油掘削労働者のような筋肉労働者の場合とが一つの例としてあげられるだろう（訳注：本書では，「筋肉労働者」（manual workers）に関する記述が数多くみられる。社会学的な訳語としては，「筋肉労働者」が使われるのが一般的なようである。産業社会学者の壽里茂氏（早稲田大学名誉教授）によれば，「マニュアル（筋肉的）―ノンマニュアル（非筋肉的）との区分はきわめて相対的で，概括的には，専門・技術，管理，事務，販売職業をノンマニュアルとする」とし，さらに，「マニュアル労働を，物の直接の加工・変換をもって大きく括る」ことを基本としながらも，現代社会における技術革新によって，マニュアル労働とノンマニュアル労働〔労働遂行において高度の情報処理や計画・統制，あるいは社会的交渉における知的・判断職務を軸としている〕との境界領域・推移領域が拡大しつつあるとされている〔壽里茂（1990）『現代の社会構造』日本評論社〕)。

本章では，これまで社会学者が研究してきているように，職業一般と専門的職業の特質について，主として説明をしていくことにしている。これは経営者，あるいは，人事担当管理者（また，企業研究者など）に対して直接的な助言を与えるというよりも，この問題について社会的背景の視点から問題を明らかにしていくといったアプローチをとっている。現実的な方策に対する社会学的な視点や研究についてのアドバイスは，本章の後半部で議論されることになるだろう。ここでの目的は，医師・管理者・事務員・セールスマン，あるいは，半熟練労働に就くにはどのようなことが必要かということを認識していくことである。さらに，こうした問題について多角的な視点から見ていくとともに，幅広い観点から職業について考えていくこと，また，特定の状況の中でどのようなことが実際に起こっているかを観察していくのに役立つこと，最後には長い目でみて，よりよき意思決定がなされるように考えていくことが必要なことである。

本章の目的は以下のように要約できるだろう。

- 労働は賃金獲得のための単なる手段ではなくて，生活様式の一部であるという考え方に立脚しながら，労働の社会的特質を重点的に明らかにしていくこと。
- 専門的職業の社会的特質を明らかにしていくとともに，専門的職業は平等な共同体（コミュニティ）のようなものであるということを提示していくこと。
- 最上級の経営者クラス層の人々は同じような社会的背景をもつエリートの出身者であることを提示していくこと（例えば，同じようなエリート高校・大学の出身者であることなどを明らかにしていく)。
- 職業を構成している人々，特に，管理者クラス層の人々や専門的職業に従事している人々は自分たちの現在の行動を支持しているイデオロギー，また，世界に対して歪んだ見方を自分たちに与えるようなイデオロギーをもっていることを明らかにしていくこと。

- 事務的作業・筋肉的作業の決まり切った労働の特質，さらに，それらを支えているイデオロギーを説明していくこと。
- 人々がどのようにして決まり切った疎外的な労働に適応していくのか，さらに，このことが彼らの生活にどのような影響を与えているのか，について分析すること。
- 異なったタイプの筋肉労働者の生活様式，例えば，熟練技能労働者，経済的に富裕な労働者，伝統的産業に従事している労働者，経営者に従順な労働者等のようなさまざまな労働者の比較を行うこと。
- 〈労働のプロセス〉，すなわち，労働が商品に転換されるプロセス（過程）の特質を明らかにすること。このプロセスがわれわれの生きている社会のタイプ（社会では，この過程が必然性をもっており，疎外的・収奪的要素をもっている）に影響を与えていること，さらに，このプロセスでは科学的管理思想に支えられた管理者が労働状況を完全に統制していることに関連していることなどを明らかにしていくこと。

本章では，結局，次の二つのテーマに絞られることになる。

- 職業的イデオロギーを明らかにすること。
- 労働の社会的特質を明らかにすること。

2　プロフェッション

一般的に人々にとっては，〈プロフェッション（Profession）――専門的職業〉がどのようなものかについては明確になっているように思われる。われわれは専門的職業には弁護士，医師，建築家，会計士等があることをおおよそ知っている。一般的にいって，専門的職業に従事している人たちは良心的な性格をもっているとみられているばかりでなく，強い道徳倫理をもっていると考えられている。その一つには，専門的職業従事者の最初の義務は顧客に対してであることを重視している点である。専門的職業従事者の多くは自営か，もしくは，

図表3－1　専門的職業意識における職業倫理の特質：21種の職業の中で提示されている特質事項の指摘回数

特質事項	指摘回数
専門的職業の倫理規定に固執している専門的職業従事者	13
専門的職業は組織化されている職業である	13
専門的職業従事者の技能は理論的知識に基づいている	12
専門的職業には，教育・訓練が必要である	9
技能熟達度はテストされる	8
専門的職業は利他的なサービスを重視している	8
技能は他の事柄にも応用されるか	5
専門的職業従事者は不可欠な公共的サービスを提供する	2
専門的職業は免許・登録を必要とする	2
最良で部分的なサービスが提供される	2
規定の料金が存在している	2

出所：C. Millerson, *The Qualifying Associations* (Routledge and Kegan Paul, London, 1964), p. 5.

企業内でもパートナーの地位か，のいずれかにいる。「独立自営の」専門的職業従事者のイメージは重要である（大半の専門的職業従事者は実際には大組織で働いているけれども）。

かつて，社会学者は「プロフェッションとはどのような意味なのか？」を定義することに，さらには，「プロフェッションの特質の重要性」を解明すること，に多くの時間を割いてきた[(2)]。ミラーソン（Millerson）という社会学者はプロフェッションに関する21人の著作について分析し，これらのさまざまな定義には図表3－1のように重要な概念があることを示した。

ここで概観されている〈特性〉的アプローチは一般の人々にも大方，受け入れられるものであっただろう。読者の中には特性の順位を変更することは別にして，この表に対して逆の意見をもっている人もいるだろう。しかし，このアプローチにはいくつかの反論があることも事実である。

特に，その定義については，専門的職業従事者は独自の意見をもっているように思われる。これは，専門的職業従事者は自分自身について信念をもっていることでもある。これらの信念の方が多くの真実を語っているかもしれない。しかし，このような信念が〈イデオロギー〉へと形成されていくためには，ある程度の誇張が含まれていたかもしれない。プロフェッションの権力が依頼人を圧倒していくことを正当化していくためのプロフェッションのイデオロギーが必要となってくる（もし，依頼人の側が専門的職業従事者に望ましい特性があると信じている場合，依頼人は専門的職業従事者に従うことになる)。ここで危険なことは専門的職業従事者に関する一般的，および，望ましい性格が全体的なプロフェッションについての〈事実〉としてみなされるようになることである。

ここで，プロフェッショナルなイデオロギーについての例を紹介しよう。ある社会学者の調査によれば，医学的なプロフェッションは「病気を治癒する」というイデオロギーをもっている。このことは予防医学，あるいは，生活水準の向上を犠牲にしてまでも〈治療行為〉を重視するという考え方である。ここに一つの分析があるので紹介することにする(3)。

1　医学の本質

イアン・ケネディ（Ian Kennedy）は医学的なプロフェッションの特性・イデオロギーについて次のような点を指摘している。

[医学的な見方]	[コメント]
• 医学は教育と訓練を通じて獲得されるので，科学的である。	• そのため，医師は自分自身を科学者としてみなしている。医学は病気の原因・起源，さらに，病気の予防手段というよりもむしろ，患者を苦しめている病気にかかわる。
• 現代医学は治療薬を投与することであると考えられている。医師のイメージは故障したエンジンを機械的に修理するのと同じようなものである。	• 以前では，われわれを死に至らしめるような病気は治療することは困難であるとされていた。したがって，〈治療〉を重視することは不適切であるといえる。
• 医師は問題解決者としてのメンタリティを身につけるように求められている。	• われわれが問題を探せば探すほど，見つけるものも多くなる。このようなメンタリティは医学的治療を危機的治療に転換させる要素である。問題が発生するのを待って，それから問題に対処していくのは

	健康管理を行っていく場合，よい方法とはいえない。
• 医学は特定の病気や医学的専門領域を扱う学問と考えられている。	• もし，病気が病的疾患という意味で使われるとするならば，一種のトンネル性視野（狭い視野のこと）を医師に与えることになるばかりでなく，患者個人の全体像を見失わせることになる。
• 現代医学では，病気に対する適切な対応とは，〈何か〉を行うことであるとしている。	• この考え方は病気の起源を無視したものである。対応の長期的な効果とは何だろうか。何かをやればいいというものだろうか。
• 医学的治療を増やすことはいいことである（例—病院を増やす）。	• 病院は医学に対する問題解決，病気に対する科学エンジニア（技師）的なアプローチを実行していく縮図である。「唯一の主人公である患者に対して，思い切って介在していく形が現代的な体制なのである」。

2 プロセスとしてのプロフェッショナリゼーション（専門的職業化）

社会学者はプロフェッションを一定の不変的特性をもつ静態的で固定的な存在としてみなさないで，動態的な（変化する）モデルとして捉えることを好むとともに，プロフェッショナリゼーション（Professionalization—専門的職業化）がどのようにして増大化したか，なぜ，ある職業がプロフェッションとなったのか（他の職業はなっていない），なぜ，他の職業はプロフェッションとなっていないのか，プロフェッションの権力はどのようにして増大化したのか，等について解明しようと考えている。

ある研究者によれば，西欧社会では，社会学者は個人的な社会的移動——個人が自分の親よりも高い地位にどのように移動しているか——についてあまりにも多くのエネルギーを割いてきた，という[4]。現在では，集合的な移動——職業全体がプロフェッションとなり，より高い地位に到達していくプロセス——

に研究を集中した方がより有益である，と考えられている。プロフェッショナリゼーションはこのような集合的・上昇的移動を達成する場合には最も重要な職業戦略である。

歴史はこれまで次のようなことを証明してきた。すなわち，19世紀初頭，あるいは，それ以前のプロフェッションはどちらかというとクラブ，平等な立場の人々の集まりから構成される組合であったし，入職に対する資格要件も応募者が紳士であることだけであった。いいかえれば，これは地位の問題だけであった。一定の職業が紳士に相応しいものと考えられていた。これらの職業がプロフェッションとなったが，紳士が携わらない他の熟練的仕事はプロフェッションとはならなかった。

時間が経過すると，特定のプロフェッションの労働は公式的（フォーマル）な組織となるにつれて，一層規定化されていった。英国では，このような公認化へのプロセスの大きなステップは1854年の政府の報告書，「常勤官職の組織化に関するレポート」（“Report On the Organization of Permanent Civil Service”）とともにやってきて，その後も引き続きこの影響が続いた。この報告書は公務員採用における競争原理を提唱し，政府政策として，このことが支援された。この提案は公共的なセクターばかりでなく，この考え方に賛同するプロフェッションにも効果的な影響を与えた。特に，試験によるプロフェッションへの加入は〈後見〉・〈地位売買〉・〈ネポティズム〉（縁故主義）という伝統的な考え方に取って替わった。試験制度の導入とともに，知識が細分化され，知識の獲得という考え方が特定のプロフェッション団体によって守られていった。[(5)] プロフェッションが社会の中流階級，もしくは，上流階級であるという考え方は存続していった。

将来については，次のようなことが指摘されていた。すなわち，産業化社会は〈プロフェッション化社会〉であり，この考え方は新しい情報技術による知識の伝達・移転を重視するポスト産業社会には通用する，ということである。[(6)] 情報のコンピュータ化にみられるように，プロフェッションは現在では，主導的な役割を担っている。

3　プロフェッションの社会化

この社会化とは，プロフェッションへの新規加入者が教育期間中に〈正しい〉プロフェッションとしての態度を獲得していくプロセスのことである。英国では，サンドハースト，米国では，ウェスト・ポイントにある陸軍士官学校，あるいは，聖職者の養成学校のような役割を果たすところと考えてもらいたい。こうした例はプロフェッションの社会化の典型的な事例として考えられるものである。

プロフェッションの社会化は大体，ほとんどのプロフェッションで行われているものである。イデオロギー・価値観・規範を学習することを通じて――プロフェッションの文化――その成員が必ず特定の分野を選択し，相互の覚悟を決めるようになるのである。

4 プロフェッションの権力

この権力の問題については，主として二つの側面がある。まず，最初はその組織の成員に対するプロフェッションの権力行使（内部組織・内部統制）である。次は社会全体に対するプロフェッションの権力行使であり，影響力である。

プロフェッションが増大化するにつれて，プロフェッションの成員に対する内部的統制も増大化してくる。これは下記で説明されている。プロフェッションはまた，自分の依頼人や一般大衆に対しても権力を行使する（例えば，政府の決定に対して，影響力を行使しようとする行動等)。プロフェッションが権力を行使する理由の一つは自分が職業としてもっている知識を統制するためである。例えば，弁護士や会計士はそれぞれ専門的知識をもっているプロフェッションの一員として業務を行っている[(7)]。かつて，プロフェッションについて次のように指摘されたことがある。すなわち，自分のもっている知識のみでプロフェッションとしての権力を行使することは〈無能〉の証左である。プロフェッションは権力をもっているのに対して，依頼人は専門知識をもっていないために無力である。

〈プロフェッションの時代〉とは，政治が衰退した場合，学者に先導された選挙民がテクノクラート（官僚）に立法権を委ねる場合，議会においてどのようなニーズを立法化するかについて決定するための権限を放棄したり，さらに，こうしたニーズを充足する手段を決定しようとして，「独占的寡頭政治」（monopolistic oligarchies）に苦しんだりする場合に登場してくる時代として記憶される。二番目としては，〈プロフェッションの時代〉とは，学校教育の時代の

図表３－２　プロフェッションの内部統制について

［初期のプロフェッションについて］	［既成のプロフェッションについて］
• 初期のプロフェッションはクラブ組織のようなものである（パートナーの仲間組織）。	• 後期のプロフェッションは階層的（ヒエラルキー）な構造をもつ公的組織のようなものである。
• 意思決定は組織内のエリート集団によって非公式的（インフォーマル）に行われる。	• 意思決定は組織の評議会・当該委員会によって行われる。
• 新規参入手続きは非公式的（インフォーマル）である。	• 新規参入手続きは，例えば，学校の卒業等の証明書に基づいて公式に行われる。
• 公式的（フォーマル）な教育・訓練はほとんど皆無。	• 公式的（フォーマル）カリキュラムに基づいて実施。
• 非公式的（インフォーマル）な試験制度の実施。	• 公式的（フォーマル）試験制度の実施。
• 専門知識の開発は十分には行われていない。	• 理論的・実践的な専門知識の体系が準備されている。

ことで，①国民の３分の１が学習欲求をもつように規制されている場合，②国民が自分の学習欲求をさらに充実させるための方法を訓練される場合，③国民の３分の１が自分たちの習慣を管理するプロフェッションの依頼人になってしまう場合，などである。第三番目の〈プロフェッションの時代〉とは，例えていえば，「娯楽的な旅行」が不慣れな人たちがブラブラ見物して歩くような類のものになってしまっているような場合，「親密さ」とは支配者（家長・国の権力者等）によって決められた性に関する規則に従うこととされる場合のことである。いいかえれば，すでに決められた意見が前の晩のテレビ・ショーの録画のごとく流されるようなことであり，説得者やセールスマンが何度もいったことに承認を求めるようなことと同じことである。(8)

設　問

上記の引用文に関して，どの程度まで内容が誇張されているだろうか。
〔アドバイス〕自問すること。現代社会は専門的職業従事者――医師・エンジニア（技師）・会計士・弁護士――なしに存続できるだろうか。専門的職業従事者はそれほど力が強いのだろうか（米国では，多くの患者が医師を訴えている）。上記の文の作者は専門家のいない，過去の〈黄金の時代〉を夢見ているのだろうか。

5　要　約

ここで，プロフェッション（専門的職業）に対する見方を集約しておく方が有益なように思われるので，以下に記しておくことにする。

- プロフェッションとは，単なる職業以上のものである。それは，高い社会的地位，特殊なライフスタイルへの欲求である。
- プロフェッションは，専門的職業化の成果として捉えるべきである。すなわち，一つの職業が専門的職業としての属性を獲得することである。
- プロフェッションとは，一つの共同体（コミュニティ）のようなものである。プロフェッションの成員は類似の価値観や規範をもっている。これはクラブに類似した集団である。
- プロフェッションは精神的バックボーンとなるイデオロギーを有している。このイデオロギー（おそらく，無意識のうちに）は彼らの労働観を歪め，専門的職業を支持していく方向で行動する。
- 専門的職業従事者（プロフェッショナルズ）はその役割を社会化されている。非専門的職業従事者が専門的職業従事者に移行していく場合，専門的職業従事者になろうとしている人たちは技術以上のものを獲得する。さらに重要なことは，専門的職業従事者の候補者は〈正しい〉規範・価値観・〈正しい〉プロフェッション的パーソナリティ（例—医師の入院患者に接する場合のマナー）を身につける。
- プロフェッションは依頼人と接する場合には，強い立場にいる。専門的職業従事者は依頼人の求める知識を有しているし，依頼人との面談は自分のペースで進めることができる。
- プロフェッションは自分が資格要件として有している知識を自分の思い通りに入手することができる。

3 経営管理

1 高度な経営管理

高度な経営管理（Management）とは，その国で最高の頭脳の人に対して開かれたものであるし，そうでなければならない。産業・通商業界の指導者や公的部門の指導者は本当に最高の知的人材であるだろうか。多くの場合，彼らは最

図表３－３　英国における主要な経営管理者の学歴

在籍学校	割合（％）
Eton	12
Other public schools	45
Other independent schools	5
State schools	32
Foreign schools	5
Higher education	
Oxford/Cambridge	38
All other universities	15
Other colleges	5
No higher education	43

出所：J. Fidler, *The British Business Elite* (Routledge and Kegan Paul, London, 1981), pp. 84-5.

高の人材だろうが，事実をいうと彼らはきわめて狭い範囲の人々から選ばれたのである。このことが意味することは，そのようなちっぽけなエリート集団の外にたとえ有能な人材がいても，このような最高の地位につくことは考慮の対象とされないのである。

このような最高の指導者に一体，だれがなるのだろうか？　彼らの社会的特性とは何だろうか。ここでは，教育は社会的背景における非常にすぐれた指標であるといっておいた方が無難かもしれない。具体的には，ゴミ屋の親父の息子，あるいは，娘が社会的評価の高い学校，例えば，オックスフォードやケンブリッジに通っているような事例を引用することはできるけれども，実際にはこのような学校に通っているのは高い地位にいる親の子供たちなのである。

したがって，産業・通商業界，公的部門の指導者がだれであるか（例―重要な企業・銀行・保険会社の上級管理職，最高位の官吏，重要な公的協議会の委員）を見つけ出し，その上で，彼らの通っていた学校・大学がどこか探し出すことの方がよいように思われる。ある研究者は図表３－３のように，英国の主要企業の経営管理者が比較的狭い社会階層から出てきていることを詳細なデータをもとに示した。もちろん，この調査は小さなサンプルではあったが。本当にこのデータは英国全体の傾向を示すことになるだろうか。しかし，全体像を示していることを十分立証できることを示すデータがある。例えば，図表３－４では，このことが示されている。金融機関のリーダーに比べると，産業界のリーダー

図表3－4　英国におけるトップ30企業のリーダー

企業名	主要活動	会長／最高経営責任者	教　育	総売上高 (単位：千ドル)	従業員数
1 British Petroleum	Oil	Peter Walters	Birmingham University	25,347,000	118,200
2 Shell Transport and Trading	Oil	Sir Peter Baxendell	London University	15,846,000	—
3 BAT Industries	Tobacco	Sir Peter Macadam	Stonyhurst School	7,497,000	177,000
4 Imperial Chemical Industries	Chemicals	Sir John Harvey-Jones	Dartmouth	5,715,000	143,200
5 Unilever	Food, detergents	Kenneth Durham	Manchester University	4,345,800	79,148
6 Imperial Group	Tobacco	Geoffrey Kent	Grammar school, RAF	3,929,000	127,300
7 Shell UK	Oil	John Raisman	Dragon School/Oxford University	3,263,100	20,150
8 Esso Petroleum	Oil	Archibald Forster		3,219,400	8,614
9 General Electric	Electrical engineering	Lord Weinstock	London University	3,004,800	188,000
10 Ford Motor Company	Motor cars	S. E. G. Toy	Cambridge University	2,924,000	76,000
11 Rio Tinto Zinc	Mining	Sir Anthony Tuke	Winchester/Cambridge University	2,795,800	65,799
12 Grand Metropolitan	Hotels, breweries	Sir Maxwell Joseph		2,582,600	106,565
13 Czarnikow	Commodity brokers	Richard Liddiard	Oundle/Oxford University	2,567,451	717
14 S. & W. Berisford	Merchant commodity trading	E. S. Margolies		2,452,539	4,607
15 Allied Suppliers	Food, drink, tobacco	James Gulliver	Glasgow Grammar School	2,310,290	63,300
16 Rothmans International	Tobacco	Sir David Nicholson		2,271,198	24,700
17 Allied-Lyons	Brewers, vintners, hotels	Sir Derrick Holden-Brown	FCA Grammar School	2,267,700	83,971
18 P. and O.	Shipowners	Earl of Inchcape	Eton/Cambridge University	2,240,269	14,599
19 George Weston Holdings	(Associated British Foods)	Garry Weston	Oxford University	2,157,375	72,601
20 Guest, Keen & Nettlefold	Steel and engineering	Trevor Holdsworth	FCA Grammar School	1,922,700	101,605
21 Texaco	Oil	Thomas Cottrell	Hamilton University, NY	1,883,000	4,373
22 Dalgety	Merchants	David Donne	Stowe/Oxford University	1,876,000	28,567
23 Marks & Spencer	Shops	Lord Sieff	Grammar School	1,872,900	44,646
24 Gallaher	Tobacco, opticians	Stuart Cameron	Grammar School	1,835,781	27,536
25 Bowater	Paper	Lord Erroll	Oundle/Cambridge University	1,760,000	34,500
26 Lonrho	Mining	'Tiny' Rowland		1,744,990	140,000
27 Courtaulds	Textiles	Christopher Hogg	Marlborough/Oxford University	1,709,900	88,000
28 Thomas Tilling	Industrial holdings	Sir Robert Taylor	Exeter University	1,696,600	45,700
29 Thorn EMI	Electronics	Sir Richard Cave	Tonbridge/Cambridge University	1,620,900	125,458
30 Great Universal Stores	Shops, mail order	Lord Wolfson		1,580,554	34,649

出所：A. Sampson, *The Changing Anatomy of Britain* (Hodder and Stoughton, London, 1982), pp. 343-4.

の方がどちらかというといくらか社会的地位が低いことを反映して，比率は低下するが，全体的な傾向ははっきりとしている。

1982年のイングランド銀行（訳注：英国の中央銀行）の18人の理事のすべてが有力なパブリック・スクール，もしくは，オックスフォード，ケンブリッジ両大学のいずれかの出身であることは興味深いことである。銀行・保険会社・その他の金融機関の上級管理職はエリート的教育機関の出身比率が他に比べて高いことである。ここで，いくつかの例をあげてみよう。

- 手形交換組合加盟銀行……………６名の会長——そのうち，５名は有力パブリック・スクール，オックスフォード／ケンブリッジ，近衛連隊付属学校の出身。
- 為替手形の引受・保証商社………17名の会長——そのうち，14名は有力パブリック・スクール，オックスフォード／ケンブリッジの出身。
- 主要生命保険会社…………………12名の会長——そのうち，８名は有力パブリック・スクール，オックスフォード／ケンブリッジの出身。(9)

しかし，このようなことが仮に事実とした場合，問題は一体，どこにあるのだろうか。このことが英国の国家としての活動に影響を与えるのだろうか。議論の出発点として，このことを問題にするに際しては，数多くの根拠が存在しているということである。まず，最初に，社会に対する〈やつ〉・〈われわれ〉という対立的な見方が確固としているということが指摘できる。つまり，社会的に不公平な，〈相当に厳しい階級的な障壁〉が存在しているということである。第二に，こうした人々の一部には有能でない者もいるし，反産業的な価値観をもっている者もいるということである（第２章の第４節の〈英国病〉を参照のこと）。第三に，競争相手国と比べた場合，これらの二つの要因が英国経済をより非効率的に，より不活発にする構成要素となっていることである。

このような意見に対して，リーダー的資質を必要としているとはいえ，経営管理者の方が特に反論があるかもしれない。彼らは，従業員に刺激を与える必要がある。つまり，彼らは〈カリスマ〉（Charisma）を必要としているのである。

このようなことは技術的資質というよりも社会的資質といえるものである。ここから，われわれは技術的な資格要件，教育・訓練という理性的世界ではなくて，信念・価値観・態度という感性的世界の問題を取り扱うことにしたい。

経営管理者たちの行動を理解するために，彼らが何を考えているかについてわれわれは検討を加えることにしたい。

2 科学的管理

プロフェッションの特質を議論する場合，専門的職業従事者は一般的に世の中をイデオロギー的観点から見るという傾向があることを示唆しておきたい。これと同じことが経営管理者の場合にもいえる。大半の経営者は耳にしたことがないかもしれないけれども，管理的イデオロギーは〈科学的管理〉（Scientific Management）の概念の中心的位置を占めているように思われる。このような考え方には長い歴史があり，それは20世紀の初頭に管理システムを体系化し，一般に急速に普及させた人物，すなわち，フレデリック・テイラー（Frederick Taylor）（〈急進派のフレデリック〉といわれていた）と関連がある[10]。その他の管理思想は第4章の組織の項で議論することにしている。

テイラーの考え方によれば，経営管理者はまず最初に，組織の機能（人員・生産・マーケティング等）を把握し，それから，予測・計画・配分・意思決定という作業に入ることが必要であるということである。「労働者に難しい知識を与える必要はない。大切なことは管理的思考の重要性を強調することである。すなわち，管理とは，思考を独占化することである[11]」と。

科学的管理には，個々の労働者の職務は可能であれば単一の課業（task）に減らすことができるように，労働をますます小さな要素に分解することが含まれている。これは労働の細分化であり，脱熟練化である（このことは工場だけでなく，オフィスでも応用できるものである）。さらに，脱熟練的労働は雇用の場合には低コストにすべきである。このような分離した課業を調整していかなければならないという観点からすると，このプロセスは経営者側に権力を与えるものである。いいかえれば，経営者の役割は合理化を増大させることなのである。

〈科学的管理〉

- テイラーによれば，〈科学的管理〉（Scientific Management）の第一の原理は作業の各段階が経営者（作業のプロセス自体も含まれる）によって統制されていなければならない（作業者が生産結果を統制するわけではない)。
- 作業のプロセスは作業者の技術とは分離されなければならない。いいかえれば，作業のプロセスは職人的伝統からは独立したものでなければならないことである。すなわち，労働者は段々と熟練水準を低下させられることであり，作業の自己統制力を低下させていくことである。
- 第三番目の原理は思考と行動とを分離することである。すべての思考は現場から除去され，管理部門・計画部門に集中化されなければならない。すなわち，手と頭の分離である。

〈科学的管理〉に関するテイラーの主要な業績はまず，1911年に登場したけれども，科学的管理のイデオロギーは今日の経営管理における意思決定に大きな影響を与えている。この考え方は作業測定・作業研究に応用されている（これは作業成果を科学的に測定することを可能にしている）。経営者の特権という概念，すなわち，経営者側の管理権は一つには科学的管理の考え方からきている。この考えとともに，労働者の意思決定への不参加，多くの企業では一般的になっているライン部門とスタッフとの分離という考え方というもう一つの方針が打ち出されている。

仮に，科学的管理が資本主義システムでの企業目的である利益を生み出すものであるとしても，われわれはこの方法をどのように回避できるのか，ということを考えている人もいるようである。この方法の根拠は果たして正当なものだろうか。多くの社会学者は次のような議論を行ってきた。科学的管理は個人の動機，現実に能率を支えている要素，信念という間違った前提条件に依存しているにもかかわらず，権力と統制に対する欲求を支持し，正当化しているという理由で，明らかに逆の事柄にぶつかった場合でも信奉されているのである。生産測定に対するエネルギーの集中はその他の関連要素（例えば，長期欠勤，ストレス，病気等の〈目に見えない〉コストの存在）を無視することになるということである。システムがいかに能率的かについていえば，あなたがシステム測定に際してどのような選択をするかということにかかっている。

経営者にとって重要なことは，統制・変化に対する力が必要であるということである。労働者が強力な労働組合をつくる場合，あるいは，組合の組織化が不十分な場合，管理は非常に強化されることになる。そこで，ブリティッシュ・レイランド社のロングブリッジ工場での新技術導入の事例を紹介しておこう。経営者側は技術的変化を望んだにもかかわらず（すなわち，作業慣行の変更），労働者側に反対給付を行うことができなかったのである。[12] 雇用環境が悪化するという理由で，労働組合側は経営者側の権力に対抗することができなかったのである（経営者側の権力についての詳しい議論は，第５章の「産業関係」の項を参照のこと）。

批　評

本章は自分の能力を最大限に生かして誠実に職務を実行している経営者に対しては少し辛辣であるかもしれない。彼らは必ずしもすべての面で科学的管理を実践しているとは限らない（自分の部下を商品のように取り扱ったり，彼らの知性を活用することを抑制していることなどがあげられよう）。おそらく，読者は自分自身の経験，情報，経営者の書いた報告書等を参考にして，独力でこの点についてチェックしようと考えていると思われる。第５章で取り上げられている〈研究課題〉についても参照すること。

3　労働のプロセス

〈労働のプロセス〉とは，労働力が商品・製品をつくり出すために，原材料・機械に適用されるプロセス（過程）のことをいう。すでに述べたように，利益を追求する場合には，この労働のプロセスは脱熟練化や経営者側が容易に部下を管理しやすくできるように課業の細分化，ということを意味することになる。不熟練労働は熟練労働に比べて統制しやすいものである。一方，機械（労働者の替わりとしての機能をもつ）はすべての中で最も統制しやすいものといってよい。

歴史家や社会学者はこの問題について次のように結論を出していた。「初期の頃の製作所や製造工場は技術的な理由からというよりむしろ，労務管理上の理由から建てられたのである」と。いいかえれば，経営者側としては労働者側が労働時間内に実際どのくらい生産できるのかを管理したいと考えていたからなのである。[13] さらに，生産目標の設定，生産結果の予測等も経営者側が把握したいと考えていたところなのである。かつて，労働者は事実上，独立自営で，自分の労働配分・労働時間・労働の成果を調整し，製品も自分で商人に売っていた。

ハリー・ブレイバーマン（Harry Braverman）の著作，『労働と独占資本主義──20世紀における労働の退廃』(*Labor and Monopoly Capitalism : The Degradation of Labor in the Twentieth Century*) では，過去200年の間に〈労働のプロセス〉に何が起こってきたか，について問題解決の糸口となる記述を行っている。ブレイバーマンによれば，労働が行われる方法を決定したのは技術ではないということである。工場や事務所で行われている作業の方法はむしろ資本による労働の搾取の結果であるという。労働が疎外されているために (動機づけ化されていない。この点については，第4章を参照のこと)，経営者は労働を統制する方法を探していたのである。そのため，ここで指摘されているような〈科学的管理〉の必要性が生じてくるのである。さらに，利益を最大限にするために，経営者は労働コストを合理化しようとしている。こうしたことは脱熟練的労働，労働の細分化によって達成されるものである。利益の最大化こそが究極の目標なのである。したがって，労働の管理はこの目標を達成するための最良の手段として考えられていたのである。

しかし，この説明は種々の工場に対する考察，例えば，脱熟練化・賃金の引下げ (もしくは，上げない) に対する労働者の抵抗，経営者側の労務管理に対する周到なアプローチ，等の要素を無視していることである。〈産業関係〉(industrial relations) に触れている第5章の大半では，このような継続的な紛争について説明を加えているので，参考にしてほしい。

〈科学的管理〉，および，〈テイラー主義〉(Tailorism) の他に，多くの人が紹介している別の類似した管理的アプローチは〈フォード主義〉(Fordism) である。この考え方は組立作業を一定の作業方式の中で実施していくやり方である。この〈作業方式〉は自分の固定した居場所で仕事をする労働者を次々と継続的に移動させていく「流れ作業方式」(訳注：いわゆるベルト・コンベアー方式のこと) によって達成されるものである。このような考え方を採用することで，監督者は労働配分に対する監督・管理が可能となったのである。この〈フォード主義〉(Fordism) は科学的管理の旗頭として活躍するのである。この方法は労働・技術プロセス (機械のライン) の両方に適用することのできる〈科学的管理〉なのである。これはまた，情報と知識の占有者である経営者に対する科学的管理の強化を意図したものである。

設　問

労働のプロセスは労働にとって不利に作用しなければならないのだろうか。

ここでは指摘されていないが，この他にどのような要因が科学的管理のイデオロギーを支持するのに役立っているのだろうか。

4　〈利害の均衡機能〉としての経営管理

管理的な信念・イデオロギーについては，これまで指摘されている以上の考え方が数多く見られる（第4章では，このうちのいくつかについて検討されている）。経営者は自分自身を組織内で関係する利害すべての均衡機能として捉えている。

〈利害の均衡〉（balancing interests）というイデオロギーは長い目でみれば，企業に関連するあらゆる集団の利害（例―株主・従業員・顧客・一般大衆）は企業の成功に役立っているという考え方に支えられている。このように，利益の追求はすべての利害に役立っているのである。企業経営に携わっている者は利益との関連性をもつすべての集団の〈利害の均衡〉を採る立場にいるのである。しかし，実際には経営者はこのような見方を短期的な視点から捉えてしまうのである。もし，すべての利害が適切な均衡のもとにあるとすれば，その企業は長期的には繁栄することになるだろう[(14)]。

設　問

あなたの見方では，経営者がすべての集団の利害の立場に立って行動するという考えはどのくらい正確なのだろうか。一部の集団は他の集団よりも重要ではなかろうか。

5　下位レベルの経営管理

下位レベルの管理者，もしくは，監督者の役割とは何だろうか。経営管理や労働者のイデオロギーはどのようにして，彼らの役割に適用されるのだろうか。

監督者はかつては非常に重要な役割を担っていた。その頃，経営者は日常的な管理（例―採用・解雇・就業規則・生産目標・生産達成度・生産結果に対する検討）の詳細を自分たち以上に熟知している人々（管理者）に任せていたのである。

労働組合化・労使双方の中央での賃金交渉，新技術の導入の動きとともに，監督者の地位は弱まっていったのである。日常的な意思決定の多くは労働組合の合意を得なければならないか，協定によって規制されているか，のどちらかとなっている。いいかえれば，生産・目標に対するモニター作業も以前より，ずっと複雑になってきているのである。このような監督者の人々にどのような未来があるのだろうか。これには二つの方向性が考えられる。その一つは現場サイドの地盤低下の方向ともう一つは管理者側，もしくは，専門的職業従事者側の上昇していく方向である。[15] かつて，職長とは，独力で技能をタタキ上げてきた人のことで，自分の努力で労働者階級から這い上ってきた有能な人間のことを称していた。今では，そのような職長クラスの人間は専門的職業従事者になってから辿り着くことができる。監督的役割の多くは現在では，専門的職業化されつつある。英国でそのような事例の一つとしてあげることができるのは，人事担当管理者の専門的職業化である。このような考え方が出てきた背景は，第一次世界大戦以前に英国に存在していた数多くのパイオニア的経営者（例―ロウントリー，サルト，キャドベリー，レバー＆ブート）の発想からである。

彼らは利益と良心という二つの要素に動機づけられていた。ブート・ドラッグストア・チェーンの主人である，ジェス・ブート（Jess Boot）は労働者階級に強い愛情を寄せていたウェズレー教徒であった。彼を代表とするグループの価値観はこれまで長い歴史をもっていた〈人事管理協会〉（Institute of Personnel Management）を存続させることであった。この協会では，人事担当管理者は利益と従業員の福祉・要望の両方に関心を向けなければならない，ということを指導していた。人事担当の従業員は自分たちの専門的職業従事者としての業務への献身と自分たちを採用している組織への献身とを，相互補完的なものと考えていたのである。[16] 彼らには，現場に対する管理（彼らもその一部である）と経営者の従業員という二つの役割を担っていると考える傾向があった，と指摘することができよう。

設　問

人事担当管理者は一定のイデオロギーをもっているだろうか。二つの忠誠を結合させることで生じる問題は何だろうか。

監督的職務の多くは社会的な関連性をもつようになって，専門的職業化されてきたのである（これは職務を遂行する人々の背景という形で捉えられる）。その他の監督的職務は昇進へのステップとして，中間管理者の一部としてみられるようになってきた。しかし，一方では監督的職務に携わっている人々も労働組合活動の対象となり，「MSF」（The Manufacturing, Science and Finance Union—製造・科学・金融・組合）のような組合に加盟するようになっていった。職務が地位の上昇に伴う場合，こうした職務は通常，中間クラスの経歴をもつ人々によって担当されるようになってくる。しかし，職務が地位の降下に伴う場合には，労働者階級がこの地位を占めるようになってくる。

6 経営管理に関する最終的な論点について

- 第２章の第２節「米国企業の価値観」のところで議論されているように，経歴としての経営管理には競争・努力・組織間序列が重視されるようになってくる。
- 企業のトップに昇りつめるような人はパブリック・スクール，オックスフォード大学，ケンブリッジ大学出身者が多いようである。
- 英国・米国両国では，ビジネス関連の学位取得者が数多くなる。経営管理職がますます専門的職業化する傾向が出てきている。監督者は下位管理者に吸収される傾向がみられる。人事管理協会のような専門的職業組織が増大化しつつある。
- 管理的イデオロギーは，経営者側が何をなすべきかということを正当化するような段階まで発展してきている。これらのイデオロギーのうち最も重要なものの一つは経営者側の管理権に焦点をあてている論点，すなわち，本章の〈テイラー主義〉，もしくは，〈科学的管理〉で議論されているので参照していただきたい。

4 ホワイトカラー的職業

ここでは，販売・事務的労働といったホワイトカラー（white-collar）の職業について検討することにしている。社会学的な問題としては，通常，次のような設問が考えられる。

(1)　職場では，どのようなことが現実に起こっているのだろうか。

(2)　ホワイトカラーという職業に対してホワイトカラーの人々はどのような意義を与えているのだろうか。

(3)　ホワイトカラーの人々はどのようにしてその地位を維持しているのだろうか（例えば，経営者側がどのようにして事務員の生産性を高めていくのかということなど）。

それでは，最初の問題から考察していくことにする。

1　販売職にはどのような資質が必要とされるのだろうか

販売職には活力・気力・社交性を必要とするという考え方に一部の人は強く反対するかもしれない。しかし，社会学者の中には販売職，並びに，販売関係の職務を日常的な労働者階級の職務（例―脱モティベーション化，疎外化。第６章を参照のこと）と同じ類に位置づけられる中間クラスの職務としてみている[(17)]。セールスマンの笑いは過度に計算されているものであって，相手と友交的な関係を示すようなものではない，と。セールスマンは自分の愉快なパーソナリティを時間単位で売っているのである。ある女性販売員が次のようにいっていた。「あなたは自分では買えもしないすばらしい商品の中で働いている。しかし，家に帰ると（安い給料とともに），あなたはいささかも上品とも思えないし，むしろ屈辱を感じていることになる」と。販売活動は常に積極的側面と消極的側面の両方の要素を持ち合わせているが，現代社会では，集中化現象は創造性と個人的自由を失わせている。現在，地方への販売活動は会社の規定に従った手続きによって，大きな組織単位で動いているにすぎない。

ここで指摘されていることの多くは以下で検討する。事務的職業従事者の実態に大体，あてはまるものもある。職業選択には少しは参考になるだろう。

2　事務的職業従事者の地位は低下したのだろうか

事務的職業従事者の地位が低下したという見方が正しいということについては多くの論拠があるように思われる。中等教育の普及とともに，事務的職業従事者（時として，〈ホワイトカラー〉，時として〈俸給生活的労働者〉と呼ばれている）ももは

図表3－5　英国における平均所得指数

	機械エンジニアリング（筋肉労働者）	金融，財務，保険
1980	107	113
1986	192	218

出所：Adapted from *Employment Gazatte*. March 1987.

や，独占的位置にはない。ホワイトカラーの雇用分野においても，事務的職業従事者の数はずっと増えてきているし，したがって，その価値も減少してきている。1911年，英国では全労働力人口のうち，事務的職業従事者の割合は19％であったものが，1971年まではその割合が43％に上昇していったのである。(18)特に重要なことは，英国における事務的職業従事者の給与指数が1913年の122から，1978年には93と低下していったことである（すべての職業の平均値を100と計算している）。同時期，不熟練筋肉労働者の給与の指数は78から，86へと上昇している。(19)

事務的職業従事者の〈地位の低下〉を示す指標に事務的職業従事者の労働組合加入率がある。1911年には，全ホワイトカラー労働者の12％が組合に加入していたが，1978年には，その比率が43％に上昇していった。(20)職業構造におけるこのような変動についてはさらに，第8章で詳しく議論されている。図表3－5はこうした数字を新しくしたものである。

設　問

本節で取り上げられたさまざまな数字はどのような意味となっているだろうか。

〔アドバイス〕20世紀という時代の中で，数字が示しているように英国の事務的職業従事者はおそらく，その地位を失ったものと考えられる。英国におけるエンジニアリング産業（工学技術関係の産業），並びに，産業界全体の衰退が最近の傾向を示しているものと思われる。

事務的職業従事者の地位は多くの事務的業務のルーティン・ワーク化によって低下してきたものである。集中化の増大と新しいオフィス技術の導入に伴って（科学的管理のイデオロギーの採用によって），事務的業務の多くは〈合理化〉・〈脱熟練化〉が進行している。このような現象がまた，ルーティン・ワークに従事するホワイトカラーの地位を低下させているのである。

かつて，事務的職業従事者は経営者と緊密な関係があったために，経営者から社会的威信を借用することができたが，今では事務的職業従事者と経営者の関係がますます非人間化しているために，社会的威信も低下している。会社内では，従業員の仲間意識を断ち切るような小さな序列が数多く存在している（多くの若手従業員に対して権威主義的な扱いをすることがまさに，問題なのである）。職務に対する情熱を創造しようとする経営者側の努力は逆に従業員に不幸で無気力な状態を生み出すとともに，課業のルーティン化をもたらしている原因となっている。[21]

〈虚偽意識〉

〈虚偽意識〉（False Consciousness）という言葉はマクルス主義者たちが，自分の本当の階級的位置を自覚していない事務的職業従事者のような労働者に対して，使っているものである。このように，生産手段を所有していないプロレタリアート（労働者階級）は，自分にとって最大の利害とは何かについてよくわかっていない。このことについて多くの背景がある。

例えば，彼らは経営者側と一体化して，彼らの見方を受け入れる。これはおそらく，彼らが自分の地位の上昇を望んでいるばかりでなく，景気が悪くなった場合でも自分の地位（低くても）に固執していたいという考えからであろう。

設　問

上記の説明は工場的な性質をもつオフィスのことを誇張して表現しているだろうか。今やどのような点に違いがあるのだろうか。オフィスの近代化が労働者の疎外感を減少する可能性はあるのだろうか。

デービッド・ロックウッド（David Lockwood）という社会学者は事務的職業従事者と筋肉労働者とを雇用市場・職務・地位の三つの状況から比較した。[22]

- 雇用市場では，事務的職業従事者は一般的にいって，高い所得，職務の安定性，管理的役割への昇進チャンス，年金，種々の付加給付を獲得してきた。
- 職務的側面では，事務的職業従事者と経営者との社会的関係は一般的に協力的関係にあるのに対して，筋肉労働者と経営者との間には疎外感が存在している。

- 地位的側面では，事務的職業従事者は教育の普及により，その地歩を失ってきた。特に，企業内で，〈中央集権化〉(Centralization) と〈官僚制化〉(Bureaucratization) が増大してきたことは大きな原因の一つである。事務的職業従事者の組合加入率が増加してきているし，長い目でみるとこのことが，事務的職業従事者の地位を筋肉労働者の地位に近づかせている要因となっているのである。

コンピュータ化はオフィスの社会構造にどんな影響を与えているだろうか。コンピュータ化は情報の流れを経営者側がより管理することによって，経営者側の強化・中央集権化をもたらしているのだろうか。あるいは，コンピュータ化は事務的職業従事者に対して，より一層の自律化・責任体制化をもたらしているのだろうか。このような問題については，本章の後半部の〈研究課題〉の項を参照していただきたい。

すでに，私は労働組合化の増大はおそらく，事務的職業従事者の地位低下の一つの指標として考えられると指摘してきた。しかし，他の人々によれば，ホワイトカラーが組合に加入するのは，彼らが自分の所属している中間階級的価値を拒否しているからではなく，彼らは組合加入を自分たちの価値を支えていくよりよき方法の一つと考えているからである。いいかえれば，彼らは組合を近代的オフィス・システムで自分たちを拒否しているもの，すなわち，労働環境に対して，自らの品位・威信・統制を獲得していく手段として考えているのである。ホワイトカラー労働組合に対する中間階級の態度は数字が示しているように変化しているかもしれない。

事務的職業従事者の将来は一体，どうなるのだろうか。はっきりとした傾向は次のように読み取ることができるだろう。①労働力の面では，ホワイトカラー労働者の割合の増大，②組合加入者の増大，③労働単位の中央集権化と大規模化，④オフィス業務のコンピュータ化，などである。

オフィス業務の多くは疎外化しつつある。すでに指摘したように，企業内では，小規模の序列化が継続していくだろう。一方，ホワイトカラー労働者は経営者側と緊密な関係を構築している。このような現象と中期的な計画を重視していく（事態に即座に対応していくのではなく），〈新しい労働組合化〉は将来，事務的職業従事者の社会的地位を維持していくのに役に立つかもしれない[23]。

〈プロレタリア化〉

この用語は中産階級のどの部門が労働者階級に吸収されていくか，というプロセスの部分で触れている。ここでは，いくつかの事例をあげておこう。

- かつては，非常に尊敬された専門的職業従事者であったが，現在は地位を失っている。この例としては，学校の教師があげられる。
- 自分の技術が時代遅れとなってしまった職人のことで，具体的には植字工，機関車の運転手，溶接工などである。脱熟練化・課業の細分化はプロレタリア化をもたらす要因となっている（訳注：脱熟練化とは，“de-skilling” のことで，熟練性が収奪されていくこと）。
- 経営者側とかつては一体化していた事務的職業従事者が自分の利害を守るために労働組合に現在加入している。組合化現象，あるいは，経営者側との一体化の増大化，という現象はプロレタリア化（Proletarization）への対応を労使対立という形で激しいものにしているかもしれない。

5　筋肉労働的職業

ここでは，筋肉労働者（manual workers）が自分の労働についてどのような見方をもっているかを検討する。職人的労働に従事している人々は自分の仕事と他の仕事をどのように比較しているのだろうか。ボーリング作業のような激しい筋肉労働に従事している人の場合はどうだろうか。（彼らはこのような労働にどのように耐えているのだろうか。）筋肉労働者の多くが事務的職業従事者よりも多くの賃金を得ているという点からすると，筋肉労働者は段々と中産階級に上昇しつつあるのだろうか。

1　職人（熟練技能労働者）とは何か

一見すると，この問いに対する答えははっきりしているように思われる。しかし，すでに，プロフェッションのところで議論されていた場合のように，〈プロフェッショナリズム〉（Professionalism―専門的職業従事者の職業倫理）の本質を理解する場合に，態度・価値観が重要であることが指摘されていることを思い出してほしい。同じようなことが〈クラフツマンシップ〉（Craftsmanship―職人の職業倫理）にもあてはまるのである。ある人の意見によれば，〈職業別組合〉（訳注：熟練技能者の組織体）の成員は自分自身の職業観を通じて社会を見る傾向があるそうである。いいかえれば，社会現象のすべては限られた視点から捉えられているといってもよいだろう。[24]

調査結果によれば，技術系コースの学生は熟練技能労働者養成コースの学生を軽蔑したがる傾向があるのに対して，熟練技能労働者養成コースの学生は技術系コースの学生のことを〈高慢〉とみているようである。[25]この場合，技術者（例―研究機関の技術者）と熟練技能労働者（例―印刷工・大工）の社会的地位を比較対照してみると興味深い。社会的階層制（ヒエラルキー）の中では，この両者はそれほど離れた距離にはないが，彼らは自分自身を差別化するために，特別な関心をもっている。一方，技術教育に対する半専門的職業化，さらに，一部の技術的職業のプロフェッション的地位への移転，という二つの現象が存在している。

他方，新技術の導入の結果として，高度に熟練化した職業の多く（例えば，印刷工）の脱熟練化が進行している。ある集団の勃興と他の集団の衰退は教育的な段階でも見られる。教育の高度化は二つの集団を分離させるばかりでなく，若手の労働者を相互に分離させるような社会関係を打破させるのではなく，社会関係の分離をむしろ維持させているのである。熟練技能労働者養成コースの学生と技術系コースの学生とのこのような差異はこれまで歴史的に存続していた差異のあらわれと考えてよい。すなわち，職人は伝統的に労働者階級であり，技術的職業従事者は中間階級であるということである。

不況と技術的変化の時代では，熟練的職業の分裂は一体，将来，どのようなことになるのだろうか。[26]ある人の意見によれば，熟練労働者は自分たちの地位・経済力を減少させるような新技術に抵抗し続けるだろうが，新技術はまた，新しい熟練的職業を発展させる機会を生み出すだろうということである。

〈クラフツマンシップ〉（職人の職業倫理）の社会的側面に関する要点を少しまとめておくと以下のようになる。

- 専門的職業と同様に，職人は１個の社会集団を形成する。
- 専門的職業と同様に，職人は〈自分自身の観点〉から，社会をみる傾向がある。
- このような集団はどのような仕事がよい仕事かを規定しているが，専門的職業従事者よりも自己中心的ではない。というのも，結局はどんな基準を必要とするかについて実際に決定するのは雇用主だからである。
- 職人の地位は常に，新技術によって浸食されていく。この新技術は結果的には，脱熟練化・課業の細分化をもたらすし，管理的統制を増大化させていくことになる。

2　高賃金の筋肉労働者

設　問

高賃金の筋肉労働者は中産階級的態度，さらに，中産階級的ライフスタイルをもつことになるだろうか（〈中産階級化＝Embourgeoisement〉の主題）。

このような問題について，最も有名な調査を行った４人の研究者がいるが，彼らはルットン（Luton）地方にある三つの工場を調査した。三つの工場とは，①ヴォーホール社の自動車工場（the Vauxhall car factory），②スケフコ・ボールベアリング社の工場（Skefco Ball Bearing），③ラ・ポルト・ケミカル社の工場（La Porte Chemicals），である。４人の研究者は主題の設定については慎重であった。というのも，これらの工場の労働者は技術的にみて三つの異なったタイプの工場であったからである。ルットンは経済的に恵まれた地域で，多くの労働者は地理的・社会的にも移動性の高い地域で，持家率も高かったのである。[27]

〈中産階級化〉

〈中産階級化〉（Embourgeoisement）という言葉は〈プロレタリア化〉の反対概念である。これは，労働者階級の人々が中産階級のような生活水準になっていくことを意味している。

研究者の調査によると，ルットンの労働者は自分の仕事に対して，手段的態度を示していたということである。すなわち，彼らは自分の仕事を金という目的のための手段として捉えていたのである。つまり，彼らは金のために働いていたのである。これでは，労働者階級同士の連帯感，企業との一体感もみられない。彼らの労働組合への関与も手段的であった。労働組合への加入が金を稼ぐことにつながるのだろうか。

同じように，政治への関与も手段的であった。どの政党が自分たちにとって得なのだろうかという気持の表われであろう。教育はいうまでもなく，より高い賃金を得るための手段である。このような考え方は中産階級の労働に対する考え方と対照的である。中産階級の人々にとっては，職業経歴に対する将来，職務満足，社会的地位といった要素が非常に重要なのである。

この調査は1960年代後半に実施されたけれども，その後の調査もこの調査結果と同じことを確認している。例えば，1979年・1983年・1987年の総選挙の分析によると，フォード社の自動車工場の〈非伝統的な〉労働者の多くは保守党に投票した。この理由としては，労働党が自分たちの賃金を減らすような所得政策を導入するかもしれないという懸念があるからだということである[28]。初期の調査に関して次のような批判も行われた。失業という事態が発生しそうな場合，これらの裕福な労働者は伝統的考えの強い労働者のように，〈連帯感〉を重視するようなことが特に出てくるのではないか，と。

3　伝統的な労働者階級

本章の主題はいうまでもなく，労働の社会的な特質を解明することにある。これまでのところ，労働に対するすべての個人の態度は社会的遺産に影響を受けているばかりでなく，彼らは労働の型（タイプ）によって自己充足的な集団を形成する傾向があることを提示できたと私は考えている。こうしたことは産業・鉱山業界で働いている伝統的な労働者にももちろん，適用される。

英国では，労働者階級に関する共通のイメージとして〈伝統的〉な労働者階級と呼ばれるいい方がある。こうした集団の具体例としては，炭鉱員・鉄道員・鉄鋼労働者・港湾労働者などがあげられる（これは基本的には男性に対するイメージであることに注意していただきたい）。このような集団の場合，連帯感という強い絆が存在している。このように，労働は金銭という目的のための手段として経験されるばかりではなく，集団的活動としても経験されるのである。集団の成員は集団的連帯を脅かすような，あるいは，他の成員を攻撃するような活動に陥るようなことは決してないだろう。

すでに述べた調査で明らかにされたように，集団との強い道徳的一体感は〈裕福な労働者〉における集団的一体感の欠如と対照的である。集団との一体感が強いのに対して，経営者組織との一体感は逆に弱いか，否定的かのどちらかである。いいかえれば，経営者組織は疎外されているのであり，〈「彼ら」と「われわれ」〉という対立的感情が存在しているのである。労働に対する一体感が強い場合，労働は共有された活動として経験されているのである。

このことは，鉱山のように労働が危険な場合には，特にあてはまる。また，裕福な労働者との比較についてであるが，伝統的な労働者の方は政治活動や労働組合活動に対する関与がずっと強く，単に手段的な存在（目的に対する手段として）としては機能しようとしない。

最後に，彼らは一般的に共同体（コミュニティ）に対する強い感情が存在している。これは労働者だけの絆を結びつけているのではなく，家族の絆を強くしているのである。具体的な例としては，鉱山労働者のための村や鉄道労働者のための住宅があることである。伝統的な労働者には，一般的に集団的一体感を高めている明確な職業文化が存在している[(29)]。

4　恭順的な労働者

筋肉労働者集団にも，分類の困難な集団がいくつか存在している。例えば，小さな会社で働いていて，しかも，とりわけ，監督的役割の一端を担っている経験豊かな労働者，あるいは，農業従事者等である。このような集団に対する調査結果によると，雇用主と彼らとの関係は温情主義的な関係（paternalistic）である（雇用主はこれらの労働者を日常的に面倒をみることを通じて，個人的な関心を彼らに寄せている）。このような立場にいる労働者は雇用主に対して，恭順的な（deferential）態度で接していると一般にいわれているものである。

この種の労働者は雇用主への依存度が高いとしばしば指摘されている。例えば，このような労働者は男であれ，女であれ，大規模な企業では職を得ることが困難であるといってよいし，農業従事者の場合のように，雇用主の施設に居住している場合がある。こうしたこととは別に，雇用主と従業員は非常に密接な関係の中で働いており，類似した仕事を一緒に行うこともよくある。いいかえれば，この場合，従業員は単なる生産のための道具として捉えられていないということである。

農場労働者に関するある調査によれば，農場労働者の多くは宿命論的な態度を示していたということである[30]。彼らの大半は社会的階級を〈達成したもの〉としてよりも〈引き継がれたもの〉として捉えているのである。彼らは自分たち自身の階級を低いものとして捉え，社会的移動についてもほとんど期待をもっていないのである。すなわち，彼らは圧倒的に階級差の存在を必然的なものとして考えているのである。これらのことはすべて，現実的な根拠に基づいている。

6 個人・集団・イデオロギー

労働について広範な研究を行った二人の社会学者は上記のような労働者の型（タイプ）に基づいて労働に対する態度の一般的カテゴリー化を提示した[31]。まず第一には，豊かな不熟練労働者がもっている手段的（もしくは，道具的），あるいは，〈打算的志向性〉である（例―すでに指摘しているルットン工場で働いている労働者の型）。第二に，〈忠実な事務的職業従事者〉がもっている官僚制的志向性（the bureaucratic orientation）である（例―下位レベルの管理者・監督者・事務的職業従事者・恭順的な労働者等）。第三番目としては，歴史の古い産業で働いている伝統的な労働者がもっている連帯的志向性（solidaristic orientation）である。これら三つの志向性の具体的な説明は図表３-６で行っているので参考にされたい。

これまで，本章では労働に対する一定の集団の態度を明らかにする試みを行ってきた。しかし，読者の皆さんの中には，「私はそのような範疇にはない」とか，「私はあのような記述にあてはまらない人を知っている」として主張する方もおられるかもしれない。しかし，ここで，この問題について指摘しておかなければならないことは二点ある。

まず第一には，ここで分析の対象となっている集団的な態度である。特定の

図表3-6　労働への志向性

• 手段的（Instrumental） この用語は目的に対する手段，例えば，対価としての機能をもっている。したがって，労働作業は単なる労働者としての経験としてのみ扱われている。労働者の労働作業への関与は打算的である。典型的な事例は，工場における組み立てラインにおける労働作業である。 **• 官僚制的（Bureaucratic）** この場合の労働の基本的な意味は，労働作業に対する期待的成果への報酬という形で，雇用組織に対する奉仕としての位置づけにある。すなわち，〈妥当なキャリア（経歴）形成〉であり，例えば，金融，あるいは，保険関係の仕事などがその例に該当する。 **• 連帯的（Solidaristic）** 金銭的価値が集団にとって重要であるのに対して，労働もまた，集団的な活動としてみなされる。このように，労働は生活の中心的な関心事を表している。さらに，労働と娯楽は密接な関係をもっている。実際，労働は労働者にとって，生活のすべてを意味している。典型的な事例は炭鉱労働者の場合だろう。

個人は必ずしも仲間集団の成員のすべての態度を共有するわけではない。われわれは個人がどのように組織を捉え，組織で生起していることを解釈していくという個人的な見方に目を向けなければならない。

ある仕事から，別の仕事に移るような人は自分自身，あるいは，自分の見解を見直すかもしれないし，事情によっては特定の手段的態度に対して拒否，または，受け入れるかもしれない。集団的な態度は常に個人の見方に接近している。[32]

次に，集団的な態度でさえも場合によっては変更することもあるということである。本章の最初の部分では，農場労働者，あるいは，小さな会社の労働者を例として取り上げて，〈恭順的な〉労働者（the deterential worker）の志向性について検討を加えた。このような志向性は労働者の置かれた状況によって変わっていること，さらに，このような状況が変化する場合には，それに対応する志向性も変化すること，等をすでに議論してきている。[33]

ある調査によれば，〈恭順的な〉労働者の数が増加していると，彼らの恭順的な態度は急速に変化したとしている。彼らはストライキを敢行し，一般的にいって伝統的な労働者のような行動を示していた。もう一つの事例は〈専門的職業従事者〉の集団で自分たちの地位が低下しつつあるような場合にも態度に変化が起きてくることを指摘している。

〈労働のイデオロギー〉の概念はここで，有効な分析的な道具であるといっ

図表3-7　職業的イデオロギー

［職　業］	［イデオロギーの構成要素］
• 専門的職業従事者	• 専門家が一番よく知っている。専門的イデオロギーが豊富である。例えば，医療的プロフェッションでは，〈医学的治療〉（予防医学）を犠牲にしてでも理想的なものとして重視する。建築家は創造性を重視するが，あまり評判のよくない高層建築を設計する。
• すべてのレベルにおける経営管理	• 経営管理に携わる者の多くは意識・無意識にせよ，次の点を重視する傾向がある。 ＊科学的管理—実行すべきことだけではなく，実行の方法について管理する。 ＊経営管理すべてについて〈利害の均衡〉を行うこと。 ＊時として，すぐれた組織人として，時として意思堅固な個人として，経営管理の職務を全うしていくこと。米国企業の調査結果の多くは，このような〈個人主義〉を重視していることを示しているようである。
• 事務的労働と販売的労働	• 経営者との一体化を図る。イデオロギー的な機能として，経営者との従属関係を正当化にするとともに，温情主義的経営者としての側面を強調すること。経営管理のイデオロギーはこれまで非常によく受け入れられてきている。
• 恭順的な労働者	• 事務的職業従事者の場合と同じように，彼らは雇用主の管理思想を受け入れる。
• 職人	• 専門的職業従事者の場合と同じように，こうした人々は自分自身の尺度と仕事の方法をもっている。彼らは，〈最善の方法〉を熟知しているのである。
• 裕福な筋肉労働者	• こうした人たちは〈手段的志向性〉をもっている。つまり，彼らは金銭のためにただ働いているのである。
• 伝統的な筋肉労働者	• こうした人たちは〈連帯的志向性〉をもっている。つまり，彼らは労働を収入の獲得手段としてだけでなく，集団的活動の一部として捉えている。

てよいかもしれない。第1章で述べたように，多くのイデオロギーは強力な集団――例えば，専門的職業集団，あるいは，経営者――の利害を正当化するような信念である。図表3-7の内容は職業的イデオロギーの重要性を示すともに，本章の概要を集約するために作成されたものである。

ここで集約されているような「職業社会学」(Sociology of Occupation) は労働の社会的特質を解明するのに役立つものである。いいかえれば，労働は多くの人が指摘しているように，技術的職務の遂行というだけではない。大切なことは，労働は個人に〈アイデンティティ〉(一体感) を与えていることである。しかし，多くの職業は〈所属感〉を与えている。

ここで記憶に留めておかなければならないことは，前述の事例や議論は主として〈人間〉に関することである。職業構造における女性の職位については，第7章で検討されている。

7　結　論

本章を要約していく方法の一つは「管理者，特に，人事相当管理者にとって，ここで指摘してきた事柄の中で何か役立っているのか」と問うていることである。基本的な事柄について，下記にまとめておいたので参考にしていただきたい。

- 本章では，労働の社会的特質を解明している。すなわち，労働とは，技術的職務の遂行だけではないということである。労働は職業選択の社会的特質を示しているのである。例えば，上級経営管理者が社会の狭い分野から採用されることがあるが，このことは現実には〈最高の頭脳〉に対して開放的だとはいえない。
- 職業集団の社会的意義に関して熟知しておくことは有益なことである。すなわち，①彼らがどこから雇用されるのか，②集団の成員の彼らは何を望んでいるのか，③彼らは何を信じているのか，④彼らの職業は彼らにどのようにして〈一体感〉や〈所属感〉を与えているのか，などである。
- ここで学習した事柄を通じて，管理者は職業的イデオロギー，すなわち，仕事の遂行に役立つが，場合によっては現実を歪めるような〈信念〉を認識できるようになっている。例えば，〈科学的管理〉のイデオロギーや専門的職業従事者が最も知っていなければならない〈信念〉などである。

- 異なった職業の社会関係に対する下記のような考え方は管理者に対して多くの労働の（ルーティン的な筋肉労働と非筋肉的労働の双方）疎外的特質を提示している。この問題については，第5章・6章で，さらに検討が加えられている。一部の労働には，賃金水準は高いが，種々の面で快適でないような労働があるけれども，それでも，労働に対する〈手段的志向性〉によって人々をこのような労働に引きつけている。このように，職務充実の試みは望ましいものにせよ，これらの集団が本当に関心をもっていることではないことがある。彼らは賃金条件が満足するものであれば疎外感に耐えるばかりでなく，一生懸命に働くのである。その一つの例として，石油掘削に従事している労働者があげられる。もし，労使関係の協議，あるいは，労働における自由が制度として導入されるようになれば，その他の疎外された集団（労働者）も相対的に少なくなってくるだろう。

批　評

上記の結論，特に，最後の結論についての批評である。経営者が労働者に対して，高い賃金を支払って彼らの疎外感を取り除くような行動にでることは適切な措置だろうか。一部の人たちは次のように反論するかもしれない。労働者は経営者から統制力を除去することで，疎外感に対応するように励まされるべきである。あなたはどちらの意見を選択するだろうか。また，その理由は何だろうか。

〔**アドバイス**〕〈産業関係〉を主題としている第5章では，このような問題についていくつかの異なった見解を紹介している。ある節では，「産業的民主主義は可能だろうか」という問題について議論している。

▶▶ 基本課題 ◀◀

—自己点検用の設問—

次にあげる項目について，その意味を説明しなさい。

- 労働の社会的特質
- プロフェッション
- 中産階級化
- プロレタリア化
- イデオロギー
- 専門的職業のイデオロギー

- 伝統的な労働者階級
- 恭順的な労働者
- 労働のプロセス
- 虚偽意識
- 専門的職業化
- 経営管理的イデオロギー
- 温情主義
- 〈科学的管理〉とは何か

〈論文／議論用の設問〉

(1) 次の内容について批評し，議論すること。

(a) 労働とは，課業を遂行することである。

(b) 職業構造は開放的なものである。問題は自分に適合する職業を選択し，仕事で成功するように一生懸命働くことである。

(c) プロフェッションのような地位の高い職業は社会的地位よりも応募者の業績に基づいて，選抜される。

(d) 工場労働者は自分の仕事を忠実に遂行しているばかりでなく，公正な賃金に対しては公正な労働を行うべきである。

(e) 筋肉労働的な活動は別として，筋肉労働は今日の事務的労働に類似していないことはない。

(f) 〈職業選択〉という用語は多くの若者（中産階級，あるいは，労働者階級出身）にとって選択の余地がないということからいっても，誤称といえるかもしれない。

〔アドバイス―1〕 W・M・ウィリアムス，P・ウィルズの著作（W. M. Williams (ed.), *Occupational Choice*, Allen and Unwin, London, 1974 ; P. Willis, *Learning to Labour*, Saxon House, Farnborough, 1977），を参考にすること。

(2) 「技術的変化は事務的職業従事者をホワイトカラー的プロレタリアートに変えてしまった」。あなたは事務的職業従事者の社会階級的位置に対するこのような評価についてどのように考えるだろうか。

(3) 図表３-４を参考にしながら，経営者としての会長のうちの何人かについて職業的経歴の発展過程をチャート化すること。この作業は図書館等にある『紳士録』を参照すれば容易にできるもので，それほど時間はかからないものである。

〈研究課題―1〉

管理者のためのコースとして次のような基本的考え方を提示しているので，参考にすること。管理的イデオロギーについてであるが，このことがわれわれにどのような意味をもたらすのだろうか。

人事担当の管理者に対する短期間コース：採用と選抜のプロセスについての理解

すぐれた組織（部署）を発見し，その組織に入っていくには，二つの方法がある。すぐれた組織の一つの指標は，その組織が職員層（最も貴重な資源）をどのように引きつけ，選抜し，確保し，開発していくか，ということである。組織の潜在的に隠れている人材候補者にとって，組織が適切な人材を採用し，選抜していくメカニズムを理解しておくことは有益なことといえる。ここでは，採用と選抜に対するアプローチの簡単な概要を提示しているだけである。

(1) 採用と選抜のプロセスに関する目的

(a) 質・量の両側面において，適切な水準にいる職員層を獲得・確保していくこと。

(b) 適材適所の人材を確保すること。

(c) 次のことを効果的に行うこと。―①適切な候補者を広範な領域から集めておくこと，②判断ミスを回避し，適切な候補者を選抜するために，不適切な人材は除外しておくこと。

(d) 予算的制約内（対コスト効果法）で，上記(c)を達成するためには効果的に対応すること。

(e) 公平であること。―経営者はよいイメージと評判をもっていること。

(f) 組織の方針・手続き，さらに，法律によって課せられた制約条件に配慮しておくこと。

(2) 採用と選抜のプロセス

このプロセスは，組織／部署が適切な回答を見つけなければならないような質問の一環として，理解しやすい内容となっている。

(a) われわれは何を必要とし，求めているのだろうか。

まず最初に，要件を規定しなければならない。

(b) われわれはだれを求めているのだろうか。

次に，われわれは適切な候補者を集めなければならない。

(c) われわれを候補者をどのような方法で選んでいくのだろうか。

選抜方法（基準・重要度）を選定すること。次に，これらの要素を選抜に適用すること。

(d) われわれは次にどのようなことを行うのだろうか。

配置・教育・訓練等が必要となってくる。

(e) われわれは上記の事柄をどのようにして把握していくのだろうか。

これは，成果モニターのための作業や評価によって可能となるものである。

(3) 要件の規定：以下の質問に答えること

(a)　これらは人的資源計画に関してすでに合意されたプログラムの一部なのだろうか。

(b)　スタッフに対する要求は，①正当化されているのか／適切なのか，②適切な手続きを経て行われているのか，③承認されているのか。

(c)　職務規定は正確なのか，常に見直しされているのか，それとも，適切なのか。

(d)　雇用規定・雇用条件は適切に記載されているのか，それとも，合意されているのか。

(4)　採用と選抜のメカニズム

Ａ〔職務規定〕

下記の事項は必要不可欠なものであり，基本的な情報源となるものである。

(a)　職務の目的

(b)　組織構造における職位

(c)　重要な義務・責任（重要な成果領域）

(d)　特定の課業の概要

(e)　職務における作業関係に対する説明

Ｂ〔人材（従業員）に関する必要項目〕

(a)　職務規定が職務の属性・業務内容を具体化しているのに対して，人材（従業員）に関する必要項目は，①知的水準，②知識，③技能，④経験，⑤職務，を成功に導くために必要とされる態度・行動，等である。

　これらは，〈理想的な〉職務経験者に必要とされるものを明記している。しかし，通常では次のような区別を行っている。

「必須なこと」―職務経験者がもっていなければならないこと。

「望ましいこと」―理想的な候補者にあること。

「あってはならないこと」―候補者がもってはいけないこと。

(b)　職務規定では，〈理想的な〉人材に必要とされる事柄，すなわち，「七つのポイント・プラン[(34)]」を記載している。しかし，次のような差異を区別していくのが一般的と考えられる。

(1)身体的特性（例―健康・体格・容貌・態度・話し方）

(2)能力（例―教育・訓練・経験・業績）

(3)一般的知識

(4)特殊才能（例―機械的・器用さ・数学的）

(5)精神性（例―知的・実践的・行動的・社会的）

(6)気質（例―受容性・影響力・着実性・自力本願）

(7)本人の事情（例―地理的移動性）

設　問

①このプログラムの中で，もしいずれかを選択するとすれば，どのような管理的イデオロギーを認めますか。
②能力・個性・動機づけ・性格・精神的能力は測定可能ですか。
③あなたはどのような要因が候補者の選抜に影響を与えると思いますか。

〔アドバイス〕

- 大半の職業・専門的職業はイデオロギーをもっていると社会学者は信じている。このようなイデオロギーを探し出すこと！
- 「能力」関連のテストでは，大半の候補者が経営者が聞きたいと考えていることに対して，候補者がどう答えたらよいかを見つけ出すことはさほど難しいことではない。例えば，このようなことに懐疑的な人は何のために，〈精神的なテスト〉をするのかということを聞く者もいるかもしれない。大半の人は自分に関心のあることは非常によく知っているが，いわゆる一般的な常識テストではこのようなことは出てこない。したがって，テスト結果自体は効果的ではない（能力はいずれかの方法で測定できると仮定しても）。
- 偏見を未然に防ぐことがいかに困難なことであるかを提示すること（第７章の「性的差別」や「人種的差別」の項を参照すると参考になる）。

〈研究課題—2〉

明らかに不合理なストライキと考えられるニュースの中でも事例として取り上げることのできるものもいくつかある。例えば，休憩時間・清掃時間を規定時間よりも長く取るようなストライキなどである。次の文章を読んで，下記の質問に答えること。

ある経営者は事前に新工場に関する計画を立案した上で，そこへ何千人もの従業員を移転させ始めた。計画化・具体化は労働者側とは一切協議することなく，実行された。経営者側の正式な立場は，①移転は地理的には部分的なものであること，②労働者側に対する事前協議は労働条件の改善ということだけでよいのだから，従業員側の反対も起こらないだろう，という考えであった。しかし，この計画は予め経営者側の意図していたものであることに従業員側が気づくにつれて，従業員側の抵抗も大きくなってきた。不満は，①新しい移転先へのバス料金の負担の増大，②窓のない工場で働く場合の健康への脅威，③従業員側にとって最も大切なことを経営者側が勝手に決めるという経営者の傲慢さ，④同じ屋根の下ですべての従業員が配置されていることによって，従来守られていた一定の職務能力による区別が次第に緩和されていくことへの不安，等であった。ここでの検討対象としてあらわれてきた主要な問題，さらに，ストライキ行為が発生しそうな項目とは，従来の現場にあった紅茶用設備の使用を不当とし，新たに購入した従業員のための紅茶・コーヒー用の自動販売機を従業員に会社側が利用させようとすることであった。

経営者側はこの紅茶用設備問題を労働現場における不合理な問題として最初は考えていたが，労働者側はストライキに突入してしまった。この労使間の問題について，マスコミが記事としてどのように扱ったかは読者の皆さんも容易に想像できよう（この問題について，マスコミは類似の事例を参考にして記事にしているようである）。しかし，労働者側はすでに定着化していた伝統的なティータイムの習慣に介入することは自分たちの自律性を非常に侵害するものとして捉えていたのであった。私の言葉で表現するならば，これまで労使間で遵守されていた暗黙の了解事項が経営者側による労働者の行動範囲への支配の増大化という意図によって，重大な脅威にさらされるということであろう。多くの労働者がはっきりといっていたように，この問題は〈労使間の原則の問題〉であった。

最終的には，この問題は経営者側の譲歩という形となったが，今回のような労働環境の変更を行う場合には労働組合との事前の協力のもとに労使交渉の過程の中で，さまざまな譲歩が行われることになったのである。労働者側の全体的な戦略は自分たちの暗黙の契約事項を防衛するために，分別的・合理的・問題提起的なアプローチを基本としたことであった。しかし，周囲の多くの傍観者，特に，経営者側の立場にいる人々にとっては，この問題は合理性という側面からみると全くすっきりとしていないものであった[(35)]。

①本文は本章で触れた〈管理的イデオロギー〉的な問題を例証しているのだろうか。あなたはどのイデオロギーを見つけることができるだろうか。

②本文の下線の部分についてコメントを書くこと。

③これまであなたが学習の過程で獲得したさまざまな視点を活用しながら，最近，報道されている〈無意味なストライキ〉のうちの一，二の例を取り上げて分析しなさい。

〈研究課題—3〉

本文を読んで，下記の質問に答えること。

企業内において，科学的管理法を最もドラマティックに適用したのは，事務的職業従事者に対してであった。最も大規模で単一の非筋肉的職業に従事している人たちが対象であった（1971年では，英国全体の労働力のうちの14%，1970年では，米国全体の労働力のうち18%であった）。〈合理化〉を通じて明らかにされたのは，高度な自由裁量権をもつ多機能的職務を筋肉的，かつ，反復的な業務に分解し，さらに，標準化された作業の方法・作業時間に基づいた「時間・動作」に関する研究を導入し，作業に関する計画を事務的職業従事者から，オフィスの管理者に移管させること，等を採用したことであった。事実，過去20年の間，経営コンサルタントは，①〈普遍的なプロセス〉(universal process) という概念を確立し，さらに，②労働現場と同じような作業分析ルールを事務的職場に適用することによって筋肉労働者と事務的職業従事者との区別を解消してきたのである。

〈オフィス内の合理化〉は，作業プロセス・作業努力における管理者側の指揮権を増大化させるような事務的作業の機械化・自動化と一致するものであった。課業を簡素化し，ルーティン化するような事務用機器を導入することは，一層，容易に職員の標準的な尺度に従わせることになるという意味をもっているのである。このように，管理者は労働者の成果を質・量の両側面から今まで以上に能率的に記録・統制しやすくなったのである。

コンピュータの出現はこのような合理化に一層の衝撃を与えたのであった。というのも，コンピュータの適用は組織全体の構造的変化を進展させることにしばしば貢献したのである。企業のコンピュータ化に関する議論の中で，ワイアー (Weir) は特定の製品，地理的範囲との関連性の中で，「多機能的な職務」を維持している部門よりもむしろ，機能別に組織化される方向で再構築されていくことを示している。

このような部門はデータ準備・成果問題を専門とする組織として出現してくる。そして，このような専門化を通じて，課業の細分化が推進されてくるのである。多くの中間的な職務がコンピュータによって省力化されるようになるために，職階数が減少してくるのである。銀行や保険会社は，こうしたプロセスの最も代表的な例として知られているし，多くの事例もある。さらに，コンピュータ化は経営方針に関連した職務を行っている「上級管理者」とコンピュータ用にデータを収集し，顧客に関する問題を扱っている「事務的職業従事者」との二層構造的問題への解決にも関連性をもってくる (コンピュータは上級の事務的職業従事者や中間管理者によって行われていた取引のチェック・業務の管理を引受ける機能をもっている)。オフィス内における作業活動に関するあらゆる情報が集中化されるために，上級管理者は以前に比べて，これらの活動を徹底的に指示・調整する知識をもつことができるとともに，幅広い課題に取り組むことができるようになる。

コンピュータ化されたオフィスでは，低レベルの職務は一層ルーティン化するとともに，技能・裁量を必要とするレベルの職務は減少してくる。一方，レベルの高い職務は興味深いものに，そして，より責任のあるものになってくる。コンピュータには，仕事を満足に達成するための情報がすべて含まれているし，コンピュータ自身で決定させることもできる。これは作業のプロセスの調整が人間の介入なしにコンピュータ内部で実行することができるからである。

その結果，コンピュータ化されたオフィス内では，事務的労働は情報をコンピュータにフィードバックしたり，コンピュータの指示で次の作業を行うことが主とした業務となる。情報の収集さえも非常にルーティン化されてくる。というのも，事務的労働者は決められた形式でデータを準備するために，コンピュータによって指示された厳しい手続きに従わなければならないからである。高レベル化された業務の利点は次のようである。コンピュータはオフィス・システムの設計者・上級管理者にオフィス内で達成されるべき活動に影響を与えるような意思決定・権力執行のための範囲を提供してくれるのである。

このように合理化された経営管理の技術はその他の職場環境，特に，技術的労働に対してもさまざまな実験が行われてきた。工学的な設計作業は伝統的に熟練的職業であったし，設計者は最小限度の規制の中で自由に自分の仕事をすることができた。この理由は，経営者が組織の職業原理を受け入れることに概ね満足してきたからである。

しかし，管理的な統制を増やすことを目的に設計作業を合理化しようとして数多くの設計者を抱えている企業の場合などが，いくつかの事例として報告されている。1970年代の初期，英国のロールス・ロイス社は設計スタッフに対する作業測定技術を導入し，設計作業を基本的な要素に分解しようと考えていた。この理由は当時，作業努力を管理するために用いられている〈標準時間〉をつくり上げていくことを目的としていたからである。この計画を実施しようとしていたロールス・ロイス社に対して労働組合は阻止活動を展開した。米国企業は設計作業を各要素に分解し，これらの要素を各人に配分し，エンジニア担当管理者にこの作業プロセスを調整・統合させようと試みてきた。このような試みは普及はしなかったが，オフィス内で実行される活動すべてについて管理者がどのようにして調整することに関心をもっているかについて米国企業は示そうとしていたものといえよう(36)。

①企業の合理化・自動化を一層推進していく場合には，どのような効果があるだろうか。

②コンピュータの導入は技能レベル，あるいは，オフィス内の作業に対する裁量の強弱に影響を与えるのだろうか。

③商工業界におけるコンピュータ化の影響について，一つ以上の事例をあげて説明しなさい。

④上記の本文を読んだ後で，〈科学的管理〉の適用，並びに，本章で議論された〈労

働のプロセス〉を何らかの方法を用いて説明しなさい。

参考文献

下記の文献リストの中で，重要な著作については＊を付けている。

＊P. Armstrong, *White Collar Workers, Trade Unions and Class* (Croom Helm, London, 1986).

＊H. Braverman, *Labor and Monopoly Capital* (Monthly Review Press, New York, 1974).

J. Child and B. Partridge, *Lost Managers : Supervision in Industry and Society* (Cambridge University Press, Cambridge, 1982).

R. Compton and G. Jones, *White Collar Proletariatim* (Macmillan, London, 1984).

R. Crompton and J. Gubbay, *Economy and Class Structures* (Macmillan, London, 1979).

G. Deem and G. Salaman (eds), *Work, Culture and Society* (Open University Press, Milton Keynes, 1985).

S. Dex, *The Sexual Division of Work* (Wheatsheaf, Brighton, 1985).

＊R. Dingwall, *The Sociology of the Professions* (Macmillan, London, 1983).

P. Elliott, *The Sociology of the Professions* (Macmillan, London, 1972).

E. Freidson, *Professional Powers : A Study of the Institutionalization of Formal Knowledge* (Chicago, Chicago University Press, 1986).

＊J. H. Goldthorpe, D. Lockwood, F. Bechofer and J. Platt, *The Affluent Worker : Industrial Attitudes and Behaviour* (Cambridge University Press, Cambridge, 1969).

S. Hill, *Competition and Control at Work* (Heinemann, London, 1981).

M. Holbok-Jones, *The Supremacy and Subordination of Labour* (Heinemann, London, 1982).

R. Hyman and R. Price (eds), *The New Working Class: White Collar Workers and their Organisations* (Macmillan, London, 1983).

I. Illich, *Disabling Professions* (Boyars, London, 1977).

T. J. Johnson, *Professions and Power* (Macmillan, London, 1972).

C. R. Littler, *The Experience of Work* (Gower, Aldershot, 1985).

D. Lockwood, *The Black Coated Worker* (Allen and Unwin, London, 1958).

C. W. Mills, *White Collar* (Oxford University Press, New York, 1956).

H. Newby, *The Deferential Worker* (Allen Lane, London, 1977).

*S. R. Parker, R. K. Brown, J. Child and M. A. Smith, *The Sociology of Industry* (Allen and Unwin, London, 1981).

S. R. Parker, *The Sociology of Leisure* (Allen and Unwin, London, 1981).

R. Penn, *Skilled Workers in the Class Structure* (Cambridge University Press, Cambridge, 1985).

K. Prandy, A. Stewart and R. M. Blackburn, *White Collar Work* (Macmillan, London, 1982).

J. Storey, *Managerial Prerogative and the Question of Control* (Routledge and Kegan Paul, London, 1983).

P. Thompson, *The Nature of Work* (Macmillan, London, 1983).

W. M. Williams (ed.), *Occupational Choice* (Allen and Unwin, London, 1974).

P. Willis, *Learning to Labour* (Saxon House, Farnborough, 1977).

注

(1) J. H. Goldthorpe, D. Lockwood, F. Bechofer and J. Platt, *The Affluent Worker in the Class Structure* (Cambridge University Press, Cambridge, 1969).

(2) A. M. Carr-Saunders and P. A. Wilson, *The Professions* (Cass, London, 1964); G. Millerson, *The Qualifying Associations* (Routledge and Kegan Paul, London, 1964).

(3) I. Kennedy, *The Unmasking of Medicine* (Allen and Unwin, London, 1981), pp. 28 ff.

(4) J. and J. Parry, *The Rise of the Medical Profession* (Croom Helm, London, 1976), p. 247.

(5) W. J. Reader, *Professional Men* (Weidenfeld and Nicolson, London, 1966).

(6) D. Bell, *The Coming of Post-Industrial Society* (Heinemann, London, 1974). =〔邦訳〕内田忠夫他訳（1975）『脱工業社会の到来——社会予測の一つの試み（上・下）』ダイヤモンド社。

(7) E. Freidson, *Professional Powers* (Chicago University Press, Chicago, 1986), p. 225.

(8) I. Illich, *Disabling Professions* (Boyars, London, 1977), pp. 12-13.

(9) A. Sampson, *The Changing Anatomy of Britain* (Hodder and Stoughton, London, 1982), p. 274.

(10) F. W. Taylor, *Scientific Management* (Harper and Row, London, 1947).

(11) H. Fayol, *General and Industrial Management* (Pitman, London, 1949). =〔邦訳〕佐々木恒男（1972）『産業ならびに一般の管理』未來社。

(12) P. Willman and G. Winch, *Innovation and Management Control* (Cambridge University Press, Cambridge, 1985).

(13) S. A. Marglin, "What Bosses Do," in A. Gorz (ed.), *The Division of Labour* (Harvester Press, Hassocks, 1976); E. P. Thompson, "Time, Work-discipline and Industrial Capitalism", Past and Present, 36 (1967), pp. 56-97.

(14) J. Fidler, *The British Business Elite* (Routledge and Kegan Paul, London, 1981), pp. 264-5.

(15) J. Child and B. Partridge, *Lost Managers* (Cambridge University Press, Cambridge, 1982).

(16) T. J. Watson, *The Personnel Managers* (Routledge and Kegan Paul, London, 1977).

(17) C. Wright Mills, *White Collar* (Oxford University Press, Oxford, 1956). =〔邦訳〕杉政孝訳（1957）『ホワイトカラー――中流階級の生活探究』東京創元社。

(18) R. Hyman and P. Price (eds), *The New Working Class: White Collar Workers and their Organizations* (Macmillan, London, 1982), p. 6.

(19) Ibid., p. 8.

(20) Ibid., p. 151.

(21) Mills, *White Collar*.

(22) D. Lockwood, *The Black Coated Workers* (Allen and Unwin, London, 1958). =〔邦訳〕壽里茂訳（1964）『現代の新中間層――イギリスのサラリーマン』ダイヤモンド社。

(23) C. Jenkins and B. Sherman, *The Collapse of Work* (Eyre Methuen, London, 1979).

(24) Bensman and Lillienfeld, "Craft and Craft Consciousness," in G. Esland, G. Salaman and M. Speakman (eds), *People and Work* (Open University Press, Milton Keynes, 1975).

(25) P. Gleeson and G. Mardale, *Further Education Training* (Routledge and Kegan Paul, London, 1980).

(26) R. Penn, *Skilled Workers in the Class Structure* (Cambridge University Press, Cambridge, 1985), p. 190.

(27) J. Goldthorpe et al., *Affluent Worker*.

(28) I. Crewe, *Guardian*, 15 and 16 June 1987.

(29) こうした連帯性に関して最も知られている研究の一つは，M. Young and P. Willmott, *Family and Kinship in East London* (Penguin, London, 1957). である。

(30) H. Newby, *The Deferential Worker* (Allen Lane, London, 1977).

(31) Goldthorpe et al., *Affluent Worker*.

(32) D. Silverman, *The Theory of Organisations* (Heinemann, London, 1970).

(33) R. Martin and R. H. Fryer, *Redundancy in Paternalist Capitalism* (Allen and Unwin, London, 1973).

(34) Equal Opportunities Commission, *Fair and Efficient Selection* (HMSO, London, 1986), p. 14.

(35) T. J. Watson, *Sociology, Work and Industry* (Routledge and Kegan Paul, London, 1980), pp. 253-4.

(36) S. Hill, *Competition and Control at Work* (Heinemann, London, 1981), pp. 37-9.

第4章

組織の社会学的洞察

1 はじめに

〈組織〉(Organizations) はわれわれすべての人間にとって基本的に重要なものである。われわれはすべて組織に所属しているか，組織を活用しているか，のいずれかである。例えば，会社・工場・大学，社交クラブ・労働組合・政党・病院・地方自治体・公的機関・教会・公共輸送機関等が具体的な例としてあげられる。組織に関するすぐれた研究者のアミタイ・エティオーニ (Amitai Etzioni) は組織について次のように述べている。

> われわれは組織の中で生まれ，組織によって教育される。そして，われわれの大半はその人生を組織のために働くことに費やしている。われわれは自分の娯楽時間の大半を組織の中で金を使ったり，遊んだり，祈ったりして費やしている。われわれの多くの者は一つの組織の中で死んでいく。さらに，葬式の時間がやってくると，すべての中で最大の組織である〈国家〉は，埋葬に関する公的認可を出さなければならないのである。(1)

組織に関する問題点は，①われわれの多くが組織に関してすべて知っていると思っていることであり，②組織に関する問題が漠然として焦点がよくわからない，理論的すぎる，明白すぎる，として捉えられていることである。例えば，大学という組織を考えてみるとよい。大学に関してはっきりしていることは，大学が教育の場であり，学生が学習しなければならない場所でもあるということである。しかし，社会学者はもっと多くのことを知りたがっている。例えば，だれが大学を実際に運営しているのだろうか。大学はどのように運営されているのだろうか。何が大学を動かしているのだろうか。権力の座はどこにあるのだろうか。だれが教育カリキュラムを決定するのだろうか。だれが便益を得るのだろうか。大学で学んでいる人と大学で学んでいない人を選別する場合，どのような影響があるのだろうか。このような選別はこれからも増えていくのだろうか，また，このような選別は社会における階級や地位の分裂を生み出すことになるのだろうか。大学内に存在する異集団の信念・イデオロギーとは，一体，何だろうか，等である。これらの問題は本章でその解決方策を探究していかなければならないものばかりである。

本章では，まず最初に，組織理論の比較から始めることにしている。組織における社会学的関心，並びに，このような研究の便益性に関するいくつかの理由を考えてみることにする。組織に関する重要な概念として，〈権力〉（Power）・〈権威〉（Authority）・〈コミュニケーション〉（Communications）・〈意思決定〉（Decision-Making）の考え方を紹介することにしよう。本章ではまた，〈組織のイデオロギー〉をいくつか紹介し，これらの思想がどのようにしてわれわれの判断を曇らせるかについても提示していきたい。このような考え方はすべて，二つの現実的な組織を参考することで説明可能なものである。

組織に関する社会学的調査の中でも重要な人物はドイツの著名な社会学者である，マックス・ウェーバー（Max Weber：1864-1920）である。彼は〈権力〉と〈権威〉を組織の重要な側面として確認するとともに，最も効率的な組織として〈官僚制〉（Bureaucracy）という彼独自の概念を提示した。まず最初に，〈権力〉（Power）と〈権威〉（Authority）について考えることにしよう。

1　組織における権力（Power）について

〈権力〉（Power）とは，自分以外の人々との合意の成否にかかわらず，自分が望むことを自分以外の人々に行為させる能力のことである。これは一つの〈関係〉（Relationship）であって，通常，組織のような集合体で実行されるものである。権力には，一個人，あるいは，一集団の依存という，〈依存〉（Dependence）の概念を包摂することがよくある。依存は組織を構成している階層制（ヒエラルキー）の中に存在している。高い地位にいる人たちは他の人たちと比べてすぐれた資源をもち，雇用・昇進・解雇への対応能力を有しているが，これとは別に，彼らは権力の大きな源泉となるような〈知識〉をもっていることである

（適切な知識がなければ，あなたは効果的に行動することはできない）。このような事実は組織設計の場合に重要なものである。組織の各レベルは，職務遂行に必要な知識・情報をもっているべきである。情報を制することは権力を制することである（本章では，この後で議論されるように，このような事実は組織内における強迫的なまでの神秘主義を招くことになる可能性がある）。

必ずしもすべての権力がというわけではないが，権力は公的なものであり，形式的，あるいは，厳密な意味で階層的(ヒエラルキー)なものである。したがって，組織内において権力的に劣位にいる成員が権力を増大化しようとすることも時々ある。このような事例の一つとして，ある作業集団が自分自身の作業方法を発展させようとして，自分たちの作業ペースで労働行為を行おうとすることがある。荷重な学習要求にぶつかった米国の医学部の学生に関するある研究では，「学生たちが集団として，一体，教授たちは本当のところ何を知るべきだと考えているのか」を微妙に見つけ出すに至った経緯を示している(2)。非常に荷重な作業によるストレスに対する集団的反応には三つの段階がある。まず最初としては，すべてのことを学習しようとすることである。第二としては，「全然ダメだ」という認識である。第三には，より計算された集団反応に至ったものである。つまり，一体，彼ら教授陣は現実に何を望んでいるのだろうか。労働組合は〈対抗的権力〉（Countervailing Power）の一つの事例である（第5章を参照のこと）。他の事例の場合，階層的(ヒエラルキー)に低い人々でも情報，並びに，企業の経営者に接近している人々は権力を行使することができるのである。

2　権威（Authority）

〈権威〉（Authority）は権力の特別な段階として考えられている。権力的に劣位にある人々は自分たちの権力を〈正当なもの〉（Legitimate）として受け入れるために，権力的に優位にある集団を受け入れる場合のような考え方を示している。ウェーバーが関心をもった問題は，「権力はどのようにして権威になるのだろうか」ということである。

ウェーバーは権威を三つの型（タイプ）に分類した。まず第一の型は，指導者の資質に基づいたものである。彼は〈カリスマ〉（Charisma）というギリシア語を用いた。この言葉は指導者と一般の人々を選別させる個人的資質に関するものである。カリスマ的指導者の事例としては，政治的指導者・宗教的予言者・成功した企業の創業者等があげられる。カリスマ的指導者は動乱時には先頭に立って活躍することがしばしばある。ヒトラー（Hitler）はその一つの例である。カリスマ的指導者は既存の秩序に拘束されないという意味で革命的な要素をもっている。例えば，「規則に従うな！　俺についてこい！」といったように。(3)

権威の第二の型は，〈伝統的な〉（Traditional）ものである。伝統的な権威は行動規則としての不可侵の規範に対する確信が強いような場合に生じている。伝統的組織における権威基盤となるのは先例的で慣習的な要素である。指導者の権威は歴史的に受け継いだ地位や慣習である。西欧における封建主義システムは伝統的権威の一例として考えられている。現在では，王制が伝統的権威の一つの形態とされているが，〈慣習〉は一定の行動様式に対して十分な正当性を与えるものである。

ウェーバーによれば，権威の第三の型は〈依法的〉（Rational-Legal）なものである。ウェーバーはこの型を西欧社会における支配的な形態とみなしている。この型の権威はまた，手段が特定の目的（例―利益を達成する）に対応していくという理由から，〈合理的な〉（Rational）要素と呼ばれている。さらに，組織内の権威は規定された規則・手続きに従って行使される（例―企業・病院・学校の規則）という理由から，〈合法的〉（Legal）な要素と呼ばれることもある。このような考え方から，ウェーバーは〈理念型としての〉（Ideal Types）官僚制という概念を発展させたのである。(4)

2　マックス・ウェーバーの〈理念型としての官僚制〉（'Ideal Type' Bureaucracy）について

組織を研究する場合，大半の社会学者はマックス・ウェーバーの重要な業績，並びに，彼の〈官僚制〉の概念の研究から出発していくのが通例である。彼は四つの重要な概念――①権力（Power），②権威（Authority），③理念型（Ideal Types），④官僚制（Bureaucracy），を用いた。これまで，権力・権威に関するウェーバーの考え方を概観してきたが，ここでは〈理念型〉に関する彼の概念を検討していくことにしたい。これらの概念を検討していく目的は組織がどのように現実に機能しているかについてより明確に理解していくためである。

〈理念型〉は行動に関する一定の側面を重視していくものであるが，この行動とはあなたが観察している組織にとって〈典型的な〉（Typical）なものである。〈理念的〉（Ideal）という言葉は評価という概念とは全く無関係のものである。この理念的という概念が使われる目的は研究対象である現象の典型的な特性について，一つの像をつくり出すことである。分析的な目的から，人によっては宗教的指導者と同じように〈売春〉について理念型を構築しているかもしれない。理念型という概念は現象に関して〈典型的な〉こと，さらに〈非典型的な〉こと，もしくは，〈異常な要素〉の双方の区別を判断することで，われわれの現象に関する理解を助けてくれるものである[(5)]。おそらく，ウェーバーの〈官僚制〉という概念の用法はこのことを理解するのに役立つものであろう。この〈官僚制〉という考え方は，非能率的・役所的形式主義といったような日常的な理解と混同されるべきではない。ウェーバーにとって，官僚制的組織とは，組織の中でも考え得る最も効率的な形態である。この背景要因としては，一つには，手段（組織構造）は組織目的を達成するために設定されていること，二つには，組織がカリスマ的指導者の気まぐれによって崩壊させられないこと，さらに，組織が組織目的に役立たないような伝統的な手続きによって自制すること，等があげられる。

〈理念型官僚制〉には，次のような特性がみられる。

①スタッフは個人的には自由であり，職場での非人格な職務のみを遂行している。

②官職には明確な階層（ヒエラルキー）的制度が存在している。

③官職は明確に特定化されている。

④公務員は契約に基づいて任用されている。

⑤公務員は試験を通じて得られた資格によって支持される〈専門的資格制度〉に基づいて選抜されている。

⑥公務員は金銭的報酬を得るとともに，一般的に年金も給付されている。報酬は階層（ヒエラルキー）的制度の地位に応じて段階化されている。公務員はいつでもその地位から去ることができるし，状況によっては，地位に留まることを停止されることもある。

⑦公務員の地位こそが彼らの唯一の主たる職業となる。

⑧官僚社会には，キャリア的構造（役職による経歴）があり，昇格は〈年功〉・〈業績〉・〈上司の判断〉等によって決定される。

⑨公務員はいかなる地位も財も自分の専有物とすることはできない（自己の利益を目的とした譲渡の禁止）。

⑩公務員は統制的な規則や規律システムによって管理されている。

この次の項目を学習する前に，ウェーバーの〈理念型としての官僚制(6)〉に対する批判について幅広く学んだ方がよいだろう。この作業を終了させてから，次の段階へと進むようにすること。

1 ウェーバーの官僚制に対する若干の検討

- ウェーバーの理念型は，特に，「目標の転移」（Goal Displacement）——手段が目標に徐々に転移していくという考え方で，たとえていえば，職務を行うことよりも，記録を保持する方がより重要であるということ——を含む官僚制の弱点（あるいは，逆機能）を無視している。
- ウェーバーの理念型としての官僚制は〈闘争〉（Conflict）を過小評価しているように思われる。例えば，彼は人々は自分の規定された役割に満足しているという前提のもとに，組織内に存在している野望に基づく〈闘争〉の存在を見逃していたのである。
- ウェーバーは作業集団のような非公式的（インフォーマル）な組織を無視していた。これらの組織は価値を生み出す重要な源泉，例えば，職務において何が〈正常〉（Normal）なのかということに対する考え方（第6章を参照のこと），になるかもしれないのである。
- ウェーバーにおける理念型としての官僚制のモデルは多くの組織には適用不可能である（一つのモデルとしても不可能）。このモデルは企業組織よりも，協議会・全体主義的制度のような公的セクターの組織の方が適用可能なものである。

設　問

ウェーバーの〈理念型としての官僚制〉が公的セクター型の組織に適用しやすいという点について，あなたはどのように考えるだろうか。

- 合理的な官僚制的な組織内でさえも，組織を若返らせるためにカリスマ的な人物が時々，現れることがある。例えば，米国の著名な大学の場合，創設者が死亡すると大学が衰退期に入ることはこれまでよく知られていることであるが，これらの大学の多くはその後，カリスマ的指導者によって生き返ったのである（このようなことが企業活動の場合にはどのように適用されるか，ということについて章末の〈基本課題〉の事例研究を参考にすること）。
- 組織はその性格を変えることがある。――平和時の軍はウェーバー的用法でいえば，官僚制そのものであるかもしれないが，戦争時においては規則は無視され，個人的リーダーシップが重要な役割をもってくる（軍の首脳陣だけではなく，その他の部分においてもそうである）。いいかえれば，組織は環境に適応するのである。

要するに，ウェーバーの考え方はすべての組織に影響を与えている〈人間的特性〉を無視しているのである。一見，合理的にみえることでも，詳しく調べてみると実際上は，一般的な組織概念と具体的な企業組織とは全く異なっているということである。しかし，ウェーバーは一つの理念型，つまり，現実に存在している組織というよりも公平にいえば，〈純粋〉な組織（あるいは，〈官僚制的〉）の理念的特性に焦点をあてている組織モデルを提唱していたのである。

3　組織における服従関係について

米国の社会学者，アミタイ・エティオーニは組織についていくつかの基本的な問題点を提示したことがある[7]。なぜ，組織は存続し続けるのだろうか。なぜ，組織の成員は同調するのだろうか。どのようにして，社会統制は行われるのだろうか。これらの疑問に答える場合，エティオーニは〈服従〉（compliance）という用語を用いている。〈服従〉とは，「組織内の成員（もしくは，行為者）が他の成員の願望（wishes）に応じて行動すること」を意味している。

エティオーニによれば，組織は成員からの服従を必要としているのである。この服従はまず第一に，組織が成員を支配している〈権力〉(Power）によって，第二に組織内の成員の〈関与〉(Involvement）――すなわち，組織への態度，によってそれぞれ達成されるものである。彼はその場合，権力に関して三つの型を用いて，その概念を区別している。

〈強制的〉(Coercive)――成員は強制によって労働を行う。

〈報酬的〉(Remunerative)――成員は報酬を必要とし，その欲求に基づいて働かなければならない。

〈規範的〉(Normative)――成員は組織としての目標に対する信頼があるために組織を支持する。

次に，組織内には三つの型の〈関与〉(Involvement）が存在している。

〈疎外的〉(Alienative)――組織からの分離の徴候を示している（例―囚人・奴隷等)。

〈打算的〉(Calculative)――成員が報酬のような巧利的，その他の理由で組織に関与している。

〈道徳的〉(Moral)――成員は組織の目的を支持しているために，組織に関与している（例―教会・慈善団体の職員等)。

このような三つの型の権力・三つの型の関与からは図表4-1にみられるような〈服従に関する九つの型〉が生じてくる。(1)・(5)，および，(9)の型は〈適合的服従構造〉(Congruent Compliant Structure）と呼ばれているものである（例―刑務所・奴隷制度等)。具体的には，(1)は「企業組織」や職業コースを中心としている大学が支配的な組織である。(5)は宗派，自発的な組織，政党などである。(9)のような事例の場合，組織の頂点にいる人々による権力の型と組織の底辺にいる人々の関与とが相互に調和している組織であり，相対的に安定した組織をつくり出している。

〈服従構造〉をもっている他の型の組織（〈非適合的服従構造〉）は本質的に不安定であり，このような組織は〈適合的服従構造〉に対して自然に逆戻りしていく傾向がみられる。

図表4－1　服従関係の類型について

〈権力の種類〉	〈関与の種類〉「疎外的」	「打算的」	「道徳的」
「強制的」	1	2	3
「報酬的」	4	5	6
「規範的」	7	8	9

設　問　(1)

次にあげる組織はなぜ，〈適合的服従構造〉ではないのだろうか。

非適合構造の組織を数多く指摘することは容易である。例えば，処罰を広範に活用している学校，外国人傭兵の軍隊，社会復帰を目的とした（目的としているが失敗している）刑務所，若い犯罪者に対して保護施設で〈短期間に厳しいショック〉を与えるような考え方，教会のために専門的に基金を調達することを目的として働いている企業組織などがそうである。

設　問　(2)

エティオーニの〈組織の類型〉に関して役に立つことは何だろうか。この考えはあなたが成員となっている組織にどの程度まで適用できるだろうか。

〔アドバイス〕　図表4－2はこれらの設問に答えるのに多少，役に立つかもしれない。

エティオーニの類型は多様な状況における類型・差異を提示することを通じて，広範な組織に適用できるものである。このような考え方はわれわれが組織に関して抱いている誤った仮説（例えば，図表4－2における経営組織に関する類型）に対する警告として有益なものであるばかりでなく，組織は効率的に機能するために，最終的には〈適合的服従構造〉に回帰していく傾向があることを提示するのに役立つものである。

大半の組織には，三つの型すべての要素が含まれていることを強調しておかなければならない。例えば，従業員の給与は低いが，労働の楽しさを通じて従業員の会社への忠誠を本質的に保持している企業などがそうである。一般に，管理者とその部下とがよい関係であっても，当該分野の仕事がないためにその

図表4-2　組織における服従に関する事例について

[状　況]	[組織の成員に対する影響]	[コメント]
• ある病人用の車を製造しているメーカーはすべてのライン労働者に対して，生産能率を上げるために一層の努力をするように一通の通告を出している。	• 工場の責任者が1日の作業シフトの終わりの際に更衣室に行ってみると労働者は通告を無視して，通告の紙をダートにして，部屋中にそのダートを飛ばしている。	• 図表4-1によれば，これは〈適合的服従構造〉ではない。これはむしろ，(8)の範疇に属しているようである。ライン労働者の関与はおそらく打算的なものであろう。彼らは金銭にだけは興味をもっているが，企業に対する忠誠への訴求は企業の倒産という事態に直面し，他に仕事がないという事態に直面しなければ，ほとんど効果がない。この場合，労働者の関与は依然として打算的であるが，状況は(2)の強制的状況である。
• ある一流のコンピュータ・ソフト企業は転職してより高い地位を求めている若手の経営管理者を引き止めることができない。その上司の言葉によれば，「この会社に留まれば，すばらしい将来が約束される。会社に忠誠を誓ってくれ」といったそうである。	• 若手の反抗的な経営管理者は常に自分のキャリアのことを考えている。彼らは若いうちにトップにかけ上がっていかなければならないのである。	• これは以前の事例とよく似ている。忠誠心に訴えることはある意味では馬の耳に念仏になりかねない。(8)はこうした状況を伝え，(5)への移行だけが問題解決につながる。ライン労働者が報酬にこだわっているのに対して，上昇志向性をもっている経営管理者はキャリアとしての将来を重視している。――このいずれの関与も打算的であるといえよう。
• 英国では，英国の健康サービスに関するグリフィス・レポートが健康の重要性を報告した。	• 医療スタッフは業務上の効率性よりも，職業上の倫理を重視した。この二つの要素は相いれないようにみえるけれども，その根幹は同じである。	• (9)はここでは，〈適合的服従構造〉に該当すると思われるかもしれない。しかし，状況は現在は(3)か，(6)のようである。あなたはこれに同意するだろうか。
• このような機関の当局者は主として産業界から抜擢された経営者によって運営されるべきである。		• 時間の経過につれて，この問題は(9)に戻ってくるように思われる。

出所：Nichon Kokusei Zue 1982, p. 326.　Reprinted in T. Fukutake, *The Japanese Social Structure.*

企業組織は強制的にならざるを得ない。特定の集団に属する従業員，もしくは，個人でも時間的次元が異なれば，企業とも疎外的・打算的・道徳的関係をもつこともあり得る。例えば，遅くまで働かされている秘書は疎外的かもしれない。しかし，同じ人間が次の日には昇給（打算的）のために幸福な状態になることもある。さらに，自分が大変尊敬している新しい上司のところへ異動することがあるかもしれないが，その場合には自分の仕事を大変価値のあるもの（道徳的）と考えるので，その秘書はよく働くかもしれない。

4　組織内でだれが利益を得るのだろうか

P・M・ブラウ（P. M. Blau）と W・R・スコット（W. R. Scott）は組織分類に取り組んできたが，彼らが数多くの方法を通じて行ってきた成果はコミュニケーション型と管理的統制型による組織分類であった。彼らの分類でおそらく，最も有効なものは「だれが組織内で利益を得ているのか」という課題に答えていることであろう[(8)]。図表４－３はこの問題についてまとめたものである。

ブラウとスコットはまた，〈能率〉（Efficiency）に関心をもっている。彼らはこの〈能率〉を他の組織との競争の中で生き残り，成長していくために最小のコストで最大の成果を達成する要素として規定している。能率は企業組織にとって重要な要素であるが，相互利益の団体のような他の型の組織では，能率は組織の目的を民主的に決定するために，組織の成員の能力に干渉しないようにという意味で使用されている概念である（〈能率〉については，本章の第10節でさらに議論されている）。

ブラウとスコットの考え方についてはこれまでいろいろと批判を受けている[(9)]。まず第一は，〈能率〉に関する問題である。われわれは「だれのための能率なのか」ということを問題としたい。次に，理論が単純であるということである。加えて「だれが利益を得るか」という問題について，彼らは「だれが利益を得ないのだろうか」，あるいは，「だれが統制しているのだろうか」ということを問題としている。これらの質問に答えることは組織の隠された機能を明らかにするのに役立つかもしれない。

労働組合，もしくは，図表４－３の例のいずれかとの関連で，これらの質問

図表4－3　組織の型（タイプ）：だれが便益を得るのだろうか

組織の型	事　例	主要な受益者
• 相互利益組織	• 労働組合	• 組合員
• 企業組織	• 企　業	• 所有者
• サービス組織	• 学校・病院	• 顧　客
• 国家的公共機関	• 監獄・警察・消防署	• 一般大衆

出所：P. M. Blau and W. R. Scott, *Formal Organizations* (Routledge and Kegan Paul, London, 1963).

に答えていくことは興味深いことであるかもしれない。

クレッグ（Clegg）やダンカーレー（Dunkerley）が行っているもう一つの批判とは次のようなものである。すなわち，ここで提示されている組織モデルは静態的で，変化の動きを説明することは不可能である。しかし，組織の受益者が同じ状態で留まっていると考える理由は何もないのである。このように，受益者の型の変化が組織の特性の変化をもたらすこともある。例えば，友好的な社会組織が大規模な保険会社になっていることもある。

最後に，利益がある個人，もしくは，その利益が集団にもたらされるかを実際に決定するのは組織の統制者であり，このことが組織内の紛争，特に，資源の分配に対しての紛争を生み出すことになる。さらに，このことは「だれが真に組織を統制しているのだろうか」（これは受益者であるとは限らない）という問題が引き続き存在していることを意味している。したがって，次の問題を考えてみることはこの問題に対処するのに参考になるだろう。

設　問

- なぜ，学校は生徒の潜在的能力を伸ばしてやることができないのだろうか。
- なぜ，福祉の充実を求めている人たちは完全な福祉権を得ることができないのだろうか。
- なぜ，労働組合の一般組合員の多くは組合のリーダーシップに満足していないのだろうか。
- ある組織は特定のスタッフの利益のために運営されているように思われるという仮説に対して検討を加えること。具体的な事例を用いて，説明すること。

5　だれが組織の規則をつくるのだろうか

アルヴィン・W・グールドナー（Alvin W. Gouldner）もまた，組織に関心をもっているすぐれた社会学者である。彼の研究はウェーバーの官僚制に関する概念のもつ関連性について，その中のいくつかの概念を検証することであった。[10] ウェーバーによれば，官僚制は国家的規則の行使によって支配されるのであった。しかし，これらの規則は最初はどのようにして出現したのであろうか？われわれは規則制定の〈プロセス〉（過程）について研究しなければならない。これらの問題に答えるために，グールドナーは米国における石膏工場のストライキについて調べ，労働者側の反対にもかかわらず，新しい官僚制的な組織を導入しようとしている経営者側がどのような影響を受けているかに関して説明を行った（訳注：A. W. Gouldner, *Patterns of Industrial Bureaucracy*（Free Press, Glencoe, 1954). =〔邦訳〕岡本秀昭他訳（1963）『産業における官僚制』ダイヤモンド社，を参照のこと）。

従来の経営管理体制のもとでは，経営者側の規則はしばしば無視されてきており，労働者側も経営者側に対して好意的態度をもっていたのである。しかし，この場合，新しい管理者が着任し，規則を完全に強制しようと試みたのである。その結果，労働者のモラール（勤労意欲）は低下し，経営者側と労働者側との間に今まで以上の大きな紛争が発生したのである。そうして，グールドナーが「山猫スト」（wildcat strike）と呼ぶような新しい事態をもたらしたのである（訳注：A. W. Gouldner, *Wildcat strike*（Antioch Press, 1954）を参照のこと）。

このような状況を分析する場合，グールドナーは官僚制に関する三つの型の区別を行ったのである。第一の型は〈模疑官僚制〉（Mock bureaucracy）と呼ばれるもので，規則が外部の力によって強制される型である。第二の型は〈代表官僚制〉（Representative bureaucracy）といわれるもので，規則の制定が専門家の手によって行われ，経営者側と労働者側の合意によって承認される型の組織様式である。第三の型は〈懲罰型官僚制〉（Punishment-centered bureaucracy）で，当事者の一方の集団の圧力によって他方の集団が制定される型のものである。この型については，図表４－４を参照すること。

図表４－４　グールドナーにおける官僚制の三つの型

［模疑官僚制］	［代表官僚制］	［懲罰型官僚制］
1.　一般的に，だれが規則を制定するのだろうか		
＊規則は外部の力によって決められる。例えば，「禁煙」という規則は保険会社によって始められたものである。経営者側・労働者側のいずれも規則を制定することはできない。	＊労働者側・経営者側の双方が合意して規則を制定する（例一安全規則）。	＊一方が強制的に規則を制定する。例えば，時間厳守規則は経営者側によって決められ，さらに，労働組合側が制定した解雇・制限的行動規則によって，最終的には強制化される。
2.　だれの価値観によって，規則は正当化されるのだろうか		
＊双方とも関係なし。 • 規則は経営者側からも強制されないし，労働者側も従う必要はない。 • この組織様式では，二者間にはほとんど紛争はない。 • 規則に対する共同の侵犯・侵害は当事者の非公式的（インフォーマル）な感情によって支持される。	＊双方によって。 • 規則は経営者側から強制されるとともに，労働者側もこれに従う。 • この組織様式では，わずかな緊張は発生するが，紛争にまではほとんど至らない。 • 規則に対する共同的支持は相互の当事者によって行われる。	＊どちらかの一方。 • 規則は経営者側，労働者側のいずれか一方が強制し，侵害もする。 • この組織様式は比較的大きな緊張と紛争を発生させる。 • 規則は懲罰，あるいは，雇用上の不安，といった形で強制される。
3.　要　約		
＊権威は専門的意見に基づくものである。	＊権威は相互の合意に基づくものである。	＊権威は双方の立場に基づくものである。

一般的に，規則は徹底した監督体制を回避する（だれもが規則を知っている）という点で，有益なものであるし，このことが逆に紛争を回避することにもなる。

組織に関するグールドナー理論は規則制定を〈一つのプロセス〉としてみなしているという点で有効性をもっているといえよう。すなわち，官僚制化（組織内の諸状況を支配するために，合理的な規則を制定すること），並びに，官僚制化への意図が受け入れられるか，拒否されるか，といった理由がこのプロセスに求められる。彼の考え方は「組織の文化」（もしくは，イデオロギー）を分析することにもなるのである。「組織の文化」とは，何が適切・公平・正当で，さらに，個人・集団がどのようにして行動しているか，といった考え方が大切にされていることである。このように，グールドナーの研究成果に照らし合わせてみると，無視・強制の対象となっている規則について，さらに，規則がどのように強制されているかについて，それぞれ具体的な事例を検討することは興味深いことであるかもしれない。それでは，「あなた自身が目にしている官僚制とは，どんなものなのか」という設問に答えるように努力すること[11]。

設　問

あなたの知っている組織で，どのような種類の官僚制が機能しているのだろうか。だれの価値観がその組織の規則を正当化しているのだろうか。

6 イノベーションの経営管理

社会学者のT・バーンズ（T. Burns）と心理学者のC・W・ストーカー（C. W. Stalker）は経営にイノベーション（革新的要素）を導入する場合になぜ，他の企業よりもその企業の方がすぐれているのかということを明らかにすることを望んでいた。そして，彼らはスコットランドにある数多くのエレクトロニクス関係の企業を調査した。彼らは次のような問題を解決しようと考えていたのである。「これらの企業が需要と技術の変化に対応しにくい理由は何か」，「なぜ，このような問題で企業間に格差が出てくるのだろうか」など[12]。

バーンズとストーカーはこうした問題を解明するために，調査対象の企業を〈理念型の組織〉と比較検討した。一方の極の事例（企業）の場合，いわゆる〈機械的（Mechanic）な型の組織〉で労働と責任の厳密な区分や命令による明確な序列，並びに，厳格性の境界が敷かれていたのである。このような組織はウェーバーの理念型としての官僚制に適応した組織として考えられたものであるといえよう。他方の極の事例は，〈有機的（Organic）な型の組織〉（もしくは，有機体的）で，このような組織の場合にはスタッフが容易に役割を変更できるように「組織構造に緩やかさ」があるとともに，「境界に明確さがない」ことが組織的特徴としてあげられるのである。ここで，〈機械的な型の組織〉と〈有機的な型の組織〉に関するいくつかの差異を取り上げておくことにする。

[機械的な型の組織]	[有機的な型の組織]
＊「機械的な型」の経営管理システムは安定した状態にある場合には，適切なものである。	＊「有機的な型」の経営管理システムは組織的な階統の中で体系的に配分不可能な行動要件が突然，発生した場合には適切なものである。
＊この組織様式は次のような特性をもっている。	＊この組織様式は次のような特性をもっている。
• 課業の専門化。	• 共通の課業に対して特別な知識が貢献するような属性をもつ。
• それぞれの課業内容が抽象的である。	• それぞれの課業内容は現実的である。
• 課業業績に対する階層的(ヒエラルキー)な評価を行う。	• 相互作用を通じて，課業の継続的な再規定を行う。
• 権利・義務に関して正確な規定がある。	• 権利・義務に関して不正確な規定がある。したがって，責任を転嫁することが困難である。
• それぞれの役割に責任が伴う。	• 役割を越える献身がみられる。
• コミュニケーションと統制に対して階層的(ヒエラルキー)なシステムが存在する。	• 特別な知識が存在している。
• 垂直的な相互作用（経営者側—労働者側）。	• 水平的なコミュニケーション（労働者間）。命令よりも協議を重視。
• 指示。	• 助言。
• 忠誠と服従。	• 組織に関する全体的な課業の委任。
• 知識と威信の性質は，限定的な組織を基礎として存在している。	• 組織外にでも知識は有効である。

このリストは組織がどのようにうまく変化に適応するかについて評価しようとする場合に役に立つものである。バーンズとストーカーによれば，どんな組織でも三つの社会システムが連鎖しているそうである。まず最初は，**公式的な組織**（Formal Organization）で，特定の領域の意思決定に対してだれが責任をもつかということを示している組織図によって具体的に例示されている。第二に，**職業経歴構造的な組織**（Career Structure of an Organization）が存在してい

ることである。組織の成員の行う意思決定は成員のキャリア目標によって左右されるものである。例えば，「この意思決定がどのようにして自分のキャリアを上昇させることになるのだろうか？」といったことである。第三には，組織の成員が権力を求めて競争するような政治的なシステム（Political System）の存在である。

このように，左記のリストが組織の適応性について説明しているのに対して，ここで取り上げている三つの社会システムはなぜ，組織に適応性がないのかという問題点をより明確に示すものといえよう。

設　問

あなたは今，最近の事例を取り上げることができるだろうか。

7　組織成員のニーズについて[13]

これまで紹介された研究の大半が主として社会学的視点から取り上げられているのに対して，クリス・アージリス（Chris Argyris）は組織内の個々の成員のニーズを重視する〈心理学的方法〉を用いた[14]（社会学者は一般に〈ニーズ〉という概念は用いない。ニーズの属性については，第６章で，さらに深く議論されているので参照されたい）。

簡単にいえば，アージリスによれば，われわれは成熟するにつれて，従属の状態から，独立の状態へと移行していくということである。しかし，多くの組織は組織的構造――技術と経営者側によって支配される量――によって，個人を抑制している。組織的拘束は経営幹部よりも，組織内の地位の低い人間の方が強く影響を受ける。統制が強く，従属度が高くなるほど，アパシー（無関心）をもたらすことになる。図表４－５は〈過剰統制の悪循環〉（the vicious circle of over-control）について説明を行っている。

アージリスは，〈XYZ 工場〉で自分の研究を引用している。この工場では，筋肉労働者の採用は人事部によって慎重に実施されているとともに，問題を起こす可能性のある人間は排除されている。採用された人材の一部は高度に熟練された労働に配置され，その他の人間は不熟練労働に回されている。これらの

図表4－5　過剰統制の悪循環

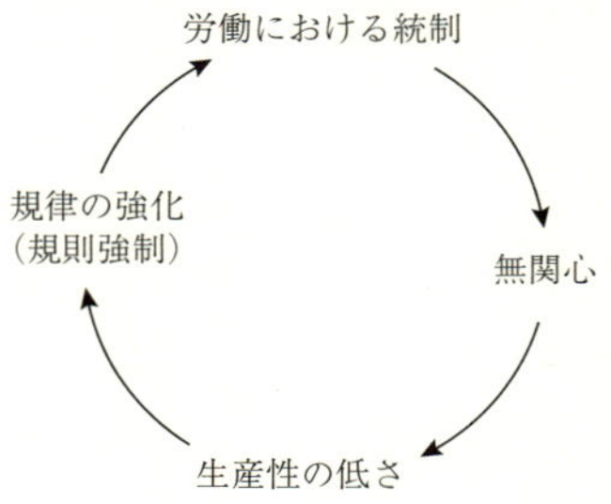

労働者の質問を試みたのであるが，その結果によると，熟練労働に従事している労働者は自分の労働・労働の質に関心をもっているし，自分に対して高い評価をもっている。しかし，自分の労働にほとんど満足感をもっていない集団では，労働者は監督者の権限を侵害するような職場集団を形成していたのである。これに対して，経営者側は労働者側の状況をもっと厳しく監督するように監督者にプレッシャーをかけたにもかかわらず，監督者側はこれに反発していたのである。もっとも，労働者側はこのように注目されることを愉快に思っていた。アージリスは自分の結論を次のようにまとめている。

①個人のニーズと一部の公式的（フォーマル）な組織の要求との間には（相互の）適合性（congruence）が欠如していること。

②こうした事態は不満と紛争を招くことになる。

③この不満は，次のような段階を経るにつれて増大化してくる。

(a)命令的系統の流れを下向させるにつれて

(b)支配的なリーダーシップが増大化するにつれて

(c)経営者側の統制が増大化するにつれて

(d)職務が専門化するにつれて

④公式的（フォーマル）な組織の属性は敵対心をつくり出す。

⑤従業員の適合的な行動は公式的（フォーマル）な組織による統合化を妨害することになる。このように，従業員の組織に対する依存度が増加してくると，無関心を生み出すような適応性をもたらすことになる。

社会学者は心理学者に共通である人間的なニーズ（human needs）の重視に対してこれまで批判的であった。というのも，人間的なニーズは一般的な社会，同輩集団，両親から文化的に学習し・獲得したというよりも，人間として誕生してからその個人に先天的に備わっているというような考え方を心理学者はもっているからである。組織上の心理学的方法に対して，ある学者は次のような問題を提起している。

- われわれはどのような方法でニーズの存在を確認できるのだろうか。
- それらは抽象的，並びに，心理学的な概念なのだろうか。
- ニーズは実際に行動を説明できるのだろうか。
- ニーズは組織によって満足されなければならないのだろうか。

彼の考え方によれば，われわれは従業員を〈ニーズをもっている孤立した個人〉としてみるのではなく，組織の仲間と相互作用をもち，〈組織から満足を得る個人〉として捉えるべきである。組織の個々の成員は社会の成員が社会の価値に社会化されるのと同じ方法で，一定の価値で社会化されるのである。社会学者の役割とは組織の価値とは何なのかを明確にすることである。

8　社会学者はなぜ，組織を研究し，理論化するのだろうか

心理学者や経営学者もそれなりに貢献はしているけれども，組織に関する業績の多くは社会学者からのものである。社会学者がなぜ，組織を研究するのかについてあなたが理解できるならば，組織や組織関係の問題に対応していく場合に彼らの研究がどのくらい，経営者や企業関係者に役に立つかわかるはずである。ここでは，いくつかの問題について問題を提起しながら，その解決策を考えていくという方法をとっている。

①すでに述べたように，社会学者は〈権力〉・〈権威〉・〈価値〉・〈信念〉・〈社会統制〉・〈イデオロギー〉などの問題に関心をもっている。なぜ，人々はイデオロギーを信じるのだろうか。なぜ，彼らは支配者や監督者に服従するのだろうか。なぜ，権威的立場にいる人間は統制を維持するのだろうか。これらの概念や疑問は，全体としての社会を社会学的に分析するために分離させることはむずかしいけれども，組織内には明確に存在しているものである。

②〈アパシー〉（無関心）のような組織的な問題は民間企業，病院，軍隊，労働組合等の広範な組織に及んで発生してくる問題である。組織を社会学的に分析することは，われわれがこのような問題を理解する場合に有益なものである。例えば，〈アパシー〉は〈過剰熱狂型の統制〉（over-zealous control）にたびたび連鎖していることがこれまで証明されてきた。

③組織の〈規則文書〉(正式な経営管理指示書)は社会学的研究には大変興味深いことである。社会学者は規則を規則としてのみ捉えるのではなく，次のような問題提起を行っている。すなわち，「これらの規則は一体，どんな意味があるのだろうか」，「経営者側と経営される側によって交わされる基本的な了解事項とは何だろうか」，「だれが規則によって得をするのだろうか。これらの規則はイデオロギーに反映されるのだろうか。だれが損をするのだろうか」等である。社会学者が行うこの種の質問は経営者側には不人気なものであるが，現実に起こっていることを理解していくプロセスとしては重要な役割をもっている。

④理論とは，真実により近づこうとする試みである。理論とは，常にある意味で，近似値であるが(社会学者は人々が個人的な性格・反応をもっていること)，理論は状況に対するわれわれの理解を促進するのに役立つものである。社会学研究者とその他の研究者との討議を通じて，理論は精密化されたり，捨象されたり，置換されたりするのである。

⑤組織理論に対する経営管理的アプローチでは，組織上の能率を増加させるために組織の成員がどのように行動すべきか，あるいは，行動するように誘因されるのか，といった点を重視する傾向がある(これは第6章で特に，検討されている)。これとは対照的に，社会学者は人間を研究する場合に，人間の自然的な背景の存在(家族のいる家庭，同僚との労働，同級生との学習等)に焦点をあてる。これは社会学者が用いる方法の一つであるが，社会学者は研究活動においては，客観的，かつ，〈価値自由〉的(Value-Freedom)な視点から研究を行うのである。

⑥これまでのところ，社会学者が組織に関心をもつにあたっては多様な理由があることを提示してきた。特に，〈権力〉・〈権威〉・〈イデオロギー〉という概念は個別組織を分析する場合によく用いられるということを述べてきた。しかし，すでに指摘しているように，組織は社会から分離されているわけではない。組織はむしろ，社会の再生産として考えられるかもしれない。すなわち，社会における社会階級部門を再生産しているということである。このようなことから，上位の社会階級の成員は自分と同じ階級の成員が重要な組織において，地位の高いポストに採用される場合には影響

を与えることができる，といった主張をしている人もいる（このような〈自己本位型の採用〉〔self-recruitment〕は組織におけるあらゆるレベルで適用可能なものである[15]）。現在では，伝統的な資産・遺産に基づく主張優位の権利は適切な資格要件としての教育・技術的卓越性によって補完されている。より高い階級の人間が社会的に高い地位を獲得する場合に，成功する理由の一つには教育を金銭で買う〈富〉，一つには〈妥当性のある社会的経歴〉が存在しているからである。さらに，このことは社会的に高い役職に就いている人々は一般に〈適切な〉態度・価値・イデオロギーを付与されているということからも確認されよう[16]。経営者や上級経営幹部は類似した価値を共有しているばかりではなく，相当数の企業群を自己所有しているのである。

〈価値自由的アプローチ〉

社会学における〈価値自由〉（Value-Freedom）とは，研究者が自分の研究している信念によって影響されるべきではないということである。したがって，彼らは事実のみを生産していくような〈科学的〉・〈客観的〉な方法で，信念を研究すべきなのである。彼らはこれらの信念に対して，自分自身の判断を下すべきではないし，特定の信念・価値・イデオロギーを主張してはならないのである。社会学を批判している人々の多くは，社会学に関して次のような考え方をもっている。

すなわち，社会学は科学的ではあり得ない。というのも，社会学がしばしば用いている信念や概念は測定することができないからである。われわれ自身の価値が侵入してくるために，〈価値自由の社会学〉（Value-Free Sociology）を維持していくことは大変困難なことである。例えば，低賃金の労働者に関して研究している社会学者は労働者に対して同情的な感情をもつことは構わないが，この感情を自分の成果に移入することは許されないのである。現実には難しいことだけれども，社会学者は自分の価値を自分の仕事に移入しないように努力するか，あるいは，自分の仕事においては自分の価値を明らかにするように努力するか，のいずれかの対応をしなければならないのである。

9 組織理論に対する経営管理的アプローチ

これまで援用されてきた組織理論は大部分，社会学的なものである。組織に潜むさまざまな仮説をより明確にしていくためには，組織に関する経営管理理論をいくつか検討していくことは興味深いことである。経営管理理論すべてを検討することは不可能であるばかりでなく，不必要でさえある[17]。もし，読者の方が独力でさまざまな理論を社会学的に分析することができるのであれば，著者の考え方を〈学習する〉必要は全くないであろう。それよりも，ほとんどすべての組織に関する二つの中心的な問題，すなわち，組織，コミュニケーション，意思決定に関する経営管理理論の大半において特徴づけられている問題に取り組むとともに，経営管理の理論家がそうした問題について何を述べるべきなのか，について考察することの方が有益だろう。

1 組織におけるすぐれたコミュニケーションとは何か

すぐれたコミュニケーションは，組織において意思決定を行う場合に重要とされる要素である。これはまた，組織における従業員の参加にとっても，あるいは，少なくとも労使間の真摯な協議にとっても重要なことである。理想的には，双方向的な（two-way）協議が円滑に行われなければならない。すなわち，組織における，①トップ・ダウン型の方式と，②ボトム・アップ型の方式，である。これらの二つの方式のコミュニケーションを妨げている問題とは，一体，何だろうか。

トップ・ダウン型のコミュニケーションに対する障害の一つは，すでに触れたように情報に関与しているリーダーや監督者の過度の秘密主義である。英国政府の行政部局は過度の秘密主義で悪名高いが，多くの企業組織でも同様のようである。なぜ，このようなことになるのだろうか。以前に指摘されていることに対して，考えられる説明としては，情報と権力との間に密接な関係が存在しているということである。情報の統制は，意思決定を実行に移す場合に必要とされている〈権力の動員〉にとって，非常に重要な要素であるといった議論もありうる。すべての報告が保護管理的な階層制（ヒエラルキー）を通じて行われる〈刑務所〉

に関する事例研究によれば，このような階層制（ヒエラルキー）があったとしている。情報の流れを統制する役目を担っているような組織内の成員はいわば，情報の〈門番〉といわれている。このような〈門番〉は権力を発揮できる地位（例えば，刑務所内の主任刑務官）に就いていることが多いばかりでなく，彼らは自分で流す情報（全く流さないこともある）をしばしば歪めることがある[18]。

このような観点からすると次のようなことが考えられよう。情報の譲渡は権力の譲渡に関係してくる可能性があるとともに，知識を自分自身が保有することは，その人間が支配している知識の使用を依存している他人を自分自身に依存させることになるのである。したがって，秘密主義は経営者としての地位を強化することになるのである。これまで余剰人員とされてきたことのある人材が，自分は経営者側からまだ警告されていないということを何度，文句を言ったことがあるだろうか。もし彼らがすでに警告されたことがあるとすれば，彼らは問題を解決するための代替案を提案したかもしれない。

もちろん，この問題とは，経営者側による余剰人員削減の問題のことである。地位の低い従業員の方が情報を信用できないという感情をもっているかもしれないし，彼らは情報を誤って解釈するかもしれないのである。つまり，〈誤解〉の原因となるようなリスクを負うよりも，一切，何もいわない方がよいということを示しているのかもしれない。

多くの組織構造に内在的なトップ・ダウン型のコミュニケーションには，まだ他にも障害がある。その一つはコミュニケーションには時間がかかるということである。管理者の大半は重い作業上の責任を背負っているばかりでなく，コミュニケーションをもつことになっている部下の優先リストの一番上にいる人間とコミュニケーションをもつことさえも教えられていなかったのである（というのも，コミュニケーションの効果は成果という形で正確に測定することはほとんど不可能だからである）。これに関連しているもう一つの問題は，管理者がコミュニケーション技能に関する訓練経験をほとんどもっていない，ということである。

それでは，次にボトム・アップ型のコミュニケーションの問題点を検討してみることにしよう。地位の低い従業員の場合，何かが誤っていることを真っ先に知っていることがよくある。一般的に，彼らは問題解決に際して，意思決定のできる立場の人間ではない。例えば，工場で働いている筋肉労働者は製品の欠陥を見つける最初の人間の一人かもしれない。一般のセールスマンはなぜ，その製品の売行が悪いのかを知っている人間の一人であるかもしれない。役員の秘書は企業上の諸手続きの欠陥を知っているかもしれない。外来患者を扱っている医院（クリニック）の職員はコンサルタントに無視されても，その医院（クリニック）の医療事務システムの欠陥の多くを熟知しているかもしれない。なぜ，このような情報が意思決定者に伝わっていないのだろうか。経営者，管理者（ないし，経営管理者），労働者は好ましくない情報が意思決定者に届かないように，情報に対する〈門番〉としての役割を果たすからである。特に，好ましくない情報が自分たちの組織や機械に対して影響を及ぼす恐れがある場合には，彼らはこうした情報の最初の伝達者にはなりたくないのである。

ボトム・アップ型の方式のもう一つの問題は，経営者側と非経営者側とが全く異なった見方をもっている場合である。場合によっては，両者の間に文化的な差異が存在することもある。コミュニケーションは経営者と労働者という上下関係よりも，労働者内の方がずっと円滑である。部下はミスを恐れて，上司に相談しないようにすることがよくある[19]。部下は上司から判断されることを嫌がっているのである。もちろん，情報の相互間の流れに関して，経営者側の間にも利害についての派閥の問題や争いがある。

コミュニケーションの改善に際して，経営者側が行わなければならないことは一体，何だろうか。経営理論によれば，可能な限り，経営者は情報の自由な流れを多角的に捉えるべきであるとしている。明確に設定された目標をもつことは，明確なコミュニケーションづくりには有益なものである。この理由は以下のことからである。

- 明確に設定された目標は誤解を減らすことになる。
- 明確に設定された目標はどこで争いが発生しているかを発見するのに役に立つ（争いを解決する場合の最初のステップである）。
- 将来に向けての目標の設定はどこで，将来の敗北がいつ生じるのかを予測するのに役に立つ[20]。

企業組織において，明確な目標を達成する方法の一つは〈目標による管理〉(Management By Objectives—MBO）である。この方法によれば，経営者側の目標は組織内の各人に対する個別の目標に具体化されるのである。[21]

コミュニケーションを改善するもう一つの方法は，経営者と非経営者間相互の利害に関する問題を解決する方策として，両者の共同委員会を設置することが必要かもしれない。この例としては，第二次世界大戦中に英国で設置された「生産性共同委員会」(the Joint Productivity Committees) があげられよう。このような委員会を設置すれば，「意思決定を行わなければならない」，あるいは，「これらの意思決定に対して責任を負わなければならない」という事実を曖昧にするという反論が出てくるかもしれない。この点では，委員会が数多くありすぎることは組織を弱体化することになりかねない。一つの委員会組織というものは昇進，規律上の問題，特定の問題に対する不一致，のような一時的な問題への対応には役立つかもしれないが，その問題が委員会において処理された後で，解決されるべきことであろう。

一方，「共同委員会」は長期的な問題や長期的な計画を検討する場合には有効性があるかもしれない。一つ指摘しておきたい重要なことは，これらの委員会の効果は経営者側の委員会に対する認識如何によって左右されるということである。いいかえれば，経営者側が委員会を企業内の正当なメカニズムとしてみなしているかどうかということである。これまた，労働者側にもいえることである。労働者が自分たちの〈代表〉を尊敬し，かつ，自分たちの利害が適切に配慮されているだろうか，と感じているかどうかに依存しているのである。

コミュニケーションの改善は個人のコミュニケーション技術（特に，管理者）を改善することによって達成されるのである。例えば，レポートの作成，書類の速読，経営管理，助言／相談，等に関する教育・訓練体制である。これに対して，次のような考え方も出されている。人々は仕事を通じて最良のことを学ぶものであるという考え方である。比較的経験年齢の高い労働者はこのような考え方をひどく嫌がる傾向がある（十分に教育・訓練を受けた管理者層でもこういうことはなくはない）。しかし，コミュニケーション技能は企業の一般社員や経営管理層の社会人学生には確かに教えるべきものではある。

〈企業内のミーティングの目的とは何か：経営者側の見方について〉

実際，全く無駄と思われる類のミーティングでも通常はそのミーティングに参加している人たちの心の健康を維持していくのと同じように，広い意味での企業目的に役立つものなのである。このことがコミュニケーション・ネットワークの構築，並びに，維持に貢献するのである。さらに，参加者に安心感を与えるし，地位や準領域（訳注：縄張りに類するもの）を分類することにも役に立つのである。また，参加者の組織に対するアイデンティティや帰属感を再確認することにもつながるのである。

もし，企業のだれもが自分の私的な職場に自分の車で自宅から通勤し，一日中だれにも会わないで，夕方には帰宅するようなことにでもなれば，どんな企業でも企業としての体を成しているとはいえないだろう。数週間でも一定のポストにいたことのある企業人であれば，自分が解任されるまでどのくらい勤務歴がもてるかを考えることになるだろう。工場労働での操業中の雑音や作業目標が労働者を孤独に追い込むことになれば，かなりの数の工場労働がこのような状態になってくるであろう。もし，企業が従業員に定期的ミーティングのための機会をつくらないとしたら，従業員は組合を通じて，何らかの集まりを結成するだろうが，これはごく当たり前のことである。

しかし，より高度で快適な職場環境づくりをめざしている企業の場合，このような集まりに対して従業員がもっている欲求を有益で生産的な目的に切り換えていく方法を見つけている。事実，ミーティングの効果や価値がはっきりしてくればくるほど，ミーティングは企業の人々に社会的，かつ，治療的な欲求を与えてくれることになる。[22]

2 劣ったコミュニケーションに対する社会学的評価について

社会学者はここで検討されているコミュニケーションの問題に対する〈解決法〉に対して，若干異議を唱えるかもしれない。多くの組織では，人々は自分の集団に固執し，外部集団の人々に対して話しかけようともしないという考え方が一つの真理のようになっているようである。企業によっては，経営者用と従業員用に分けて〈売店〉・〈駐車場〉・〈トイレ〉を設置しているところもある。自分の組織（企業）について自分でこのようなことについて検証してみることである。

このように，もし，あなたが学生であれば，自分の大学の食堂を見わたしてみることである。大学の先生が自分たち用の特別の食堂をもっているだろうか。学生用の食堂の中では，学生は自分と同じような存在として認め合い，自由に交流しているように思われる。しかし，あなたが周囲を少しじっくりと見れば，こうした学生は自分自身と同じ集団にいるのだということにおそらく気がつくだろう。すなわち，経営研究コースの学生は同じコースの学生に話しかけるだろうし，会計研究コースの学生は同僚の学生に話しかけたりすることになる。

このように，一つの組織の中では，人々は自分自身の下位集団（sub-group），例えば，職業集団のような職場，あるいは，作業集団，に固執する傾向が強いのである。秘書たちは一つの集団を形成し，コンピュータのプログラマーもまた，自分たちの集団を形成するといったようにである。このような集団ルールはいわば，「類は友を呼ぶ」といったことなのである。

したがって，経営管理者層が他の組織成員と交流もしないで，コミュニケーションもあまりしないということはさほど驚くべきことではない。さらに，これまで検討されてきたように，〈文化的格差〉（Cultural Divide）が存在するのである。さらに，〈階級差〉（Class Difference）も存在する。第3章でみてきたように，経営管理者（および，専門的職業従事者）は職業経歴（キャリア）をもっている。これに対して，大半の従業員は仕事（ないし，職務）をもっているのである。キャリアは経営管理者層に対して，よりすぐれた知識・情報・権力を与えてくれるのである。さらに，このようなことは組織内のコミュニケーション・システムにも反映されるのである。

また，キャリアについて下記のような意味が含意されている。

- 昇進を通じてより高い地位をめざして生涯，前進していくこと。さらに，こうしたより高い地位を求めて競争していくことで前進していくことでもある。
- 課業への献身
- 雇用組織（経営者組織）への献身

このようなことが他の従業員にも適用されるかもしれないが，しかし〈仕事〉とは通常，次のような意味が含意されている。すなわち，「賃金こそが第一要件である」と。普通の仕事をもっている人々とキャリアをもっている人々の間には〈社会的格差〉（Social Divide）が存在しているように思われる。経営理論に関する全体的な問題は経営者側が現実の紛争を無視することにある。いいかえれば，彼らの考えでは，もし，自分たちが部下と十分なコミュニケーションさえできるならば，部下は経営者側の意思決定を喜んで受け入れるだろう，ということである。しかし，実際には部下が意思決定に関与することはあまりないのが現状である（本章の第3節を参照のこと）。

このように経営者と他の人々との間で接触やコミュニケーションが欠如している，もう一つの理由は相互の信頼が欠けていることである。この二つの集団は相互信頼が全くないことも時にはある。ある経営者は，労働者側は常に監視されなければならないし，基本的な情報のみを彼らに伝達すればよい，と考えている向きがある。

実際には，すぐれたコミュニケーションと意思決定という二つの要素は本質的には，連鎖（リンク）しているのである。あなたの場合でも，どちらか一方の要素が欠ければ，他方の要素をもつことは不可能なのである。意思決定がどんなに〈円滑に〉伝達されたとしても，意思決定が悪ければ企業内に調和・能率をもたらすことができないのである。

3 組織内の意思決定

意思決定に関して，組織が直面している基本的な問題とは，次のようなものである。①どのような目標を追求すべきか，②どのような手段が活用されるべきか，③どのような技術が利用できるか，④どのような人材を使うことができるか，等である。種々の戦略については，以下のようなものである。[23]

	〈予測成果に対する選択度〉〈確実性〉		〈不確実性〉
「原因と結果」の関係に関する〈信念〉	〈確　実〉 〈不確実〉	計算 判断	妥協 インスピレーション

すぐれた意思決定とは，不確実な要素を減少させるとともに，可能な限りこのようなことをルーティン化させるとともに計算化させていくことを意味している。このような目的を達成していくためには，次のような課題が考えられる。

- 本章で指摘したように，すぐれたコミュニケーション関係を維持すること。
- 誤った推測を行わないこと（「言うは行うより易し」）。劣ったコミュニケーションによく陥るケースは，特に，人事管理・産業関係において誤った推測を下した結果の時である。次の項目はこれらの誤った推測の特質を示したものである。

- この項目の目的はコミュニケーションがよくなればなるほど，誤った推測の可能性が減少していき，その結果，劣ったコミュニケーションもなくなってくるということであった。おそらく，現実の障害は次のようなものであろう。異なったグループは異なった価値観をもち，このことが実際に生起していることに対して偏向した見方をもつことになるのである（すなわち，それぞれのグループは自分の見たいことだけを見るのである）。各グループは無意識のうちにお互いを受け入れたくないという理由から，相手を見ることも，相手の意見を聞くことも，相手を理解することも，一切しないのである。

このような事例の一つとして，1984年5月に発生した鉱山労働者のストライキがあげられる。このストライキはイアン・マクレガー（Ian McGregor）が政府の英国石炭庁（The National Coal Board）の長官在任中に起こったもので，彼はこの事件の出来事を本として出版した。この本のタイトルは『内なる敵』（*The Enemies Within*）という名前であった[24]。このような出版活動がすぐれたコミュニケーションを生み出すような言語的表現となるのであろうか。

- このような活動はおそらく，「正しい意思決定を行う」ことを減少させる一方，「意思決定を正しくさせる」ことを増加させることにもなるのであろう。このことは相手に適応していくこと，相手の意見を聞き入れること（命令することを止め，協力することを開始させる）が示唆されているのである。次節では，なぜ，「言うは行うより易し」なのかを示そうとしている。おそらく，経営者は意思決定に対するニーズを強調しすぎているのであろう。もし，労働の場において，本当の協議や関与があるとすれば（自律性を多くし，管理を減らす），経営者側の意思決定に対するニーズも減少してくるであろう。

設　問

労働現場における〈自律性の増大化〉と〈統制の減少化〉に対する障害とは一体，何だろうか。

10　組織はどのように合理的なのだろうか（社会学的見方）

社会に存在する組織や個人は社会的制度の産物であるとともに，社会において一般化している価値の産物でもある。個人や社会が信念・価値・イデオロギーなどをもっているように，組織も同じようにこのようなイデオロギー的要素を有している。これらのイデオロギー的な要素を純粋に合理的な用語で説明することは不可能である。いいかえれば，これらのイデオロギー的な要素は信念・希望・恐怖に基づいて構築されているからである。それにもかかわらず，これらのイデオロギー的な要素は一般に合理的と考えられている〈組織的な意思決定〉に影響を与えている。組織における意思決定を理解するために，これらのイデオロギー的要素の特質を把握していくことは重要なことである。イデオロギー的な要素の多くは社会の中で権力層に都合のよいものとして考えられている〈信念〉のことである（この場合，より高度な経営管理があてはまる。第1章の「イデオロギーの定義」の項を参照のこと）。

組織の価値や目標は変化していくけれども，そこには共通の組織的なイデオロギーが存在している。第3章で検討された〈科学的管理〉という管理的イデオロギーはその一つである。これはいくつかの要素を包摂している。組織的なイデオロギーの共通の要素はこれまで，〈構造主義〉（Structualism）・〈心理学主義〉（Psychologism）・〈合意形成主義〉（Consensualism）・〈福祉主義〉（Welfare-ism）・〈遵法主義〉（Legalism）という形でさまざまに呼ばれてきた。これらの概念については，次に説明することにしよう[25]。

1　構造主義

「構造主義では，組織を構造化する方法については選択の余地がない」ということである。すなわち，組織の構造は各集団間における紛争という局面において中立であることであり，組織の構造は合理的な科学原理の適用に基づいて構築されているということである。このような考え方は経営管理者の間でよく聞かれるフレーズ，すなわち，「選択の方法がない」ということに基づいている。組織の成員は合理的基準に従って，組織内の地位の配分が行われていると考えられている。組織の頂点にいる人々はその「専門的素養」(Expertise) ゆえにその地位にとどまっているのである。この「専門的素養」という言葉はそれ自身，組織内の若年の成員を排除するような〈特殊な言葉〉を所有することで，神秘化されている傾向がある。

構造主義には〈達成のイデオロギー〉も含まれている。〈階層制（ヒエラルキー）〉や〈権力の行使〉は不可避のものであり，かつ，自然なものであると考えられている。この逆の考え方が〈無秩序性〉であり，〈混沌〉である。組織内において低い地位にいる人々は業務上における失敗，あるいは，能力の欠如によってその地位に置かれているのである。これらのすべての事柄は事態を変化させる可能性があるというよりもむしろ，必然的なものとして考えられている。

2　心理学主義

組織を通じての進歩は組織の成員の能力や態度という形で示される。構造主義の項でみてきたように，組織の構造とは所与のものとして捉えることができる。すなわち，もし，変化が望ましいものとした場合，変化しなければならないのは〈組織〉ではなく，〈個人〉なのである。したがって，「事態が悪化した場合においては，経営者側が問題となるのは，組織の構造や経営者の意思決定ではなくて，従業員個人にあると考えるのは自然なことなのである」。人材は合理的な測定・活用・変更を受け入れるような〈対象物〉や〈資源〉として捉えられているのである。そのために，経営者や大学の経営学者は心理学や社会学という用語よりも，〈行動科学〉(Behavioural *Science*) という概念を好んで使用するのである。その理由はこの概念には，行動は測定され，かつ，修正されるという意味合いが含まれているからである。

組織の成員を教育し，かつ，訓練する場合には，成員は自分自身を〈すぐれた企業人〉としてみるように啓発される。例えば，組織にもっと関与しているとか，企業の将来とともに自分の将来を考えていくといったようにである。このように組織と個人の一体性を達成することは〈企業内教育・訓練コース〉や〈企業協議会〉の目的なのである。

3 合意形成主義

合意形成主義では，組織内のすべての成員は同じ目標をもつことを前提としている。組織内に亀裂が生じた場合には，個人の何らかの誤り，あるいは，コミュニケーション上の欠陥があった，とされるのである。この考え方では，組織の成員は組織を生き残らせるためにある程度，同じ目的を基本的にもつことになっている。しかし，合意形成主義に傾きすぎると，望ましい目的を達成するための方法はいくつもあるという事実が隠されることになってしまうのである。

このように，合意形成主義では，組織のすべての成員の組織目標に同意することを前提としているのである。実際には，個々の成員は権力不足で意思決定に影響を与えることはできない。

4 福祉主義

福祉主義とは，経営者が従業員に対して，①権限の委譲，②職務内容の充実，③経営参加，等を通じて従業員に経営への参画に関与させせようとする企図であるといえよう。このような行動が効果的な経営管理を維持していくための作戦として位置づけられている場合を除いて，こうした考え方は従業員にとって十分に妥当性のあるものと考えられよう。民主的なリーダーシップ方式が採用されているような組織でも，組織の成員の本当の福祉を考えているということよりも，生産性の方を評価基準としているところがある。どんな場合でも，経営管理は最終的には維持されているようである。

5 遵法主義

「遵法主義は経営者と従業員の間に自由な契約関係が存在している」という考え方に基づいているものである。この考え方によれば，従業員は経営者に対して自分の労働を売り，組織に従うことを契約しているのである。このことはまた，経営者側が所有者の立場から従業員を管理していく〈権利〉，さらに，従業員側が経営者側の指示に従う〈義務〉が存在していることを前提としている。

これらの前提条件に反するということはまず第一に，その契約が自由で平等ではないことを示している，といえよう。従業員に対する権利という意味では，経営者側の方が権力的には優勢であるし，賃金に対しては従業員側の欲求が強い。第二に，従業員側は法的前提条件の存在にもかかわらず，経営者側の指示に服従することに〈自由〉に同意しているとはいえないが，むしろ自分たちで報酬・労働条件に対して何らかの統制をしようと結合することになる。そこで，従業員側がストライキ行為にでる場合には，経営者側は相互の契約を破棄することが予想される（この考え方は英国では，1983年の「産業関係法」〔the Industrial Relations Act〕によって，一定の状況のもとでの支持という形で示されている)。一方，経営者側が労働慣行を変更することは経営者側の管理権の一部と考えられている。従業員側が〈契約上〉のこのような変更に抵抗していくことは，従業員側が事態の変更をしようとする気持と同じものとはみなされていない。

設　問

あなたの身近にある組織（例えば，自分の大学・企業・ニュースに登場している組織，等）のうち一つを取り上げて，構造主義・心理学主義・合意形成主義・福祉主義・遵法主義の事例として考察すること。もし，あなたが具体的な事例として取り上げることができない場合には，仮説的な事例として取り上げても構わない。

ここでは，一般的な状況を最終的に概観することで本質的な問題を捉えていきたい。組織の階層制（ヒエラルキー）構造は社会における階級的価値観の反映である。組織の階層制（ヒエラルキー）的特質は必要な関係をというよりも当然とされる前提条件の存在の結果の方なのである。

われわれは〈能率〉ということが何を意味するのかということを常に自問しなければならない。だれのための，何のための〈能率〉なのだろうか。このような観点からすれば，鉱山経営者が利益確保の視点から経済的能率性の低い作業場を閉鎖することは能率的といえるかもしれない。しかし，失業・社会資本の損失（例—放棄された住宅・学校・道路・病気等〔このことが健康サービスのコストを増加させることになる〕）という視点からみると，上記のようなことは能率的とはいえない。

企業の経理担当者にとっては，他の従業員に対して課している時間管理にみられるように，自分の時間がどのように費やされているかについて記録しないようにすることの方が能率的なのである。もし，経理担当者が時間管理に一切，時間をかけていないとすれば，その人は今以上に〈働く〉ことができるはずである。しかし，会社側にとっては，このようなことは大変，非能率的なことなのである。労使双方ではこのような紛争が日常茶飯事で起きている。

設　問

〈能率〉のもつ意味について，事例を通じて多面的に捉えること（だれのための能率性なのか，といったように）。

〔アドバイス〕　あなたはさまざまな企業，例えば，現在閉鎖中の企業，従業員をレイ・オフ（一時帰休）している企業，事業が急速に拡大している企業などを事例として取り上げることができるだろう。企業の管理職・社員・共同体（コミュニティ）にとって〈能率〉とは一体，どんな意味をもっているのだろうか。

〈中央集権化〉・〈階層制（ヒエラルキー）〉ということは，組織にとって本当に本質的なものなのだろうか。いいかえれば，だれがこのようなことを主張しているのだろうか。他の方法は可能なのだろうか（ある社会学者は組織の非中央集権化の可能性を考えている[26]）。これについては数多くの多様な事例が存在している。例えば，小規模企業・農場・協同組合・キブツ（訳注：300人～500人規模のイスラエルの農業共同体（コミュニティ）〔集団〕のこと）などである。

経営管理の目的（個人の目的，あるいは，集団の目的）は社会的空白の中には存在しない。どのような目的でも他の目的と分離した形で研究されることはありえない。目的は価値や利害によって決定されるものである。経営者と従業員は全く異質の利害をもっているし，それぞれがすぐれたコミュニケーション，経営参加の増大化に対する計画をもっていても，このこと自体が現実を変えていくことにはならないだろう。

このような状態に対して最も明確な説明を行った研究者の一人として，『人間の間違ったマネジメント』（*Man Mismanagement*）の著者である，A・フォックス（A. Fox）をあげることができる。この著作の中で，彼は「われわれは組織というチームの一員であり，協力して働いていくことができる」という考え方を時として強調する〈経営者側の見方〉と「自分＝従業員に影響を与えるような意思決定に関して実際には経営者側から相談を受けたことがないし，組織の一員としての感情もないし，経営者のための労働が重荷にさえなっている」という考え方をもっている〈低地位にある組織の成員の見方〉を対照的に示している。組織の見方について経営者側と非経営者側にこのような大きな相違がみられるが，この問題については第5章で検討されている。第5章では，産業関係に対する社会学的分析を試みている。[27]

11　企業組織に関する社会学的分析の方法：二つの事例

組織理論，特に，社会学的な組織理論は大規模な企業組織内で生起している事象を理解するのにどのように役立つだろうか。ここでは，二つの事例を取り上げている。一つはマークス＆スペンサー社（Marks and Spencer）に関する事例であり，もう一つはインペリアル・ケミカル・インダストリーズ社（Imperial Chemical Industries）に関する事例である。しかし，まず最初に，企業調査を実施する場合のガイドライン（基準）がいくつかあるので，これらを紹介しておこう。

1　組織プロジェクトに関する若干の一般的なアドバイスについて

一つの組織を調査する場合には，次のような事柄からチェックしていくことが必要と考えられる。

①次にあげる項目の一つ以上について，その規模を具体的に記述すること。

- 企業（組織）の売上高，もしくは，資金回転率
- 土地・建物
- ブランド名
- 製品の市場における占有率
- 国際市場における位置づけ
- 価値（例―株式市場における価値）
- 従業員数

②組織図を明示するとともに，組織の責任者についても提示すること。もし，あなたが組織に対する改善が必要と考えるのであれば（例えば，組織の階層制を緩和させるとか，命令系統のレベルをいくつか整理するとか，など），その改善点を示すこと。

③下記にあげる項目の一つ，もしくは，二つを含めて，組織の人事／産業関係に関する方針を示すようにすること。

- 労働組合に関する方針
- 雇用・教育／訓練・昇格に関する方針
- 女性・人種的マイノリティに対する方針

④組織内に何らかのイデオロギー的な要素が存在しているとあなたは感じるだろうか。

- 科学的
- 経営管理

（第3章の定義を参照のこと）

- 温情主義

（本節の定義を参照のこと）

- 構造主義
- 心理学主義
- 合意形成主義
- 福祉主義
- 遵法主義

（前節の記述を参照のこと）

⑤その企業は従業員・顧客に親しまれているだろうか。独占企業だろうか。

⑥企業のオーナーはだれだろうか。だれが企業の経営を担当しているのだろうか。オーナーと経営者は同一なのだろうか。その企業における権力はどこにあるのか確認すること（例―役員会，その他＝株主企業など）。役員会の構成メンバーと彼らの社会的経歴について調べること。

⑦過去数年間，企業が抱えている主要な問題について調査すること。

読者の皆さんは下記のような有益なデータを利用するとよいかもしれない（大体の大きな図書館にはある）。

Annual company reports, *Directory of Directors, Extel Cards, Keesing's Record of World Events, Kelly's Business Link, Key British Enterprises, Kompass, Stock Exchange Year Book, Stubb's Directory, The Times*

One Thousand, UK Trade Names, Who Owns Whom, Who's Who.

英国や米国の大企業の多くは少なくとも自分の会社の社史をもっているはずである。企業の歴史・企業に関する記述については企業として正式に認められたものであり，そこには企業のトップである会長の考えも集約されているはずである。したがって，これらの情報は企業の概観をほぼ把握することができるだろう。下記は〈経営革命〉（Managerial Revolution）に関する課題を簡単にまとめたものなので，自分の課題を適切に探し出せばこの研究課題に役に立つはずである。

〈経営革命に関する課題〉

社会学者，並びに，その他の学者たちは大企業を実際に所有しているのはだれなのか，ということを明らかにしようと努めてきた。以下はその形跡である。

- J・バーナム（J. Burnham）は1941年，だれが大企業を支配しているのか，について問うたことがある。オーナー（所有者）だろうか，それとも，経営者だろうか。[a]
- バーナム，バーリ（Burle），ミーンズ（Means）の三人[b]は次のような問題を提起した。すなわち，所有権は株主の間ですでに分散化されてきているとともに，大企業の支配権は徐々に専門的経営者の手に委ねられるようになってきている，と。これこそが〈経営革命の課題〉に関する基本的なポイントなのである。
- バラン（Baran）とスウィージー（Sweezy）は[c]，「経営者と所有者の間に離反はない」という反論を行った。企業内においても，経営者は今なお，最大の所有者の中で存在しているのである。
- つい最近のことであるが，スコット（Scott）たち[d]は次のように指摘している。すなわち，イノベーションの進展（特に，情報技術の発展）とともに，経営管理は段々と専門的職業化，技術化されてくるとともに，所有権から分離されつつある。
- 経営管理は技術的でも，曖昧でもない。経営者は基本的には利益に関心をもっているのである。
- 最近の傾向として，大手の金融機関（銀行や保険会社）は大企業を支配下に置きつつある。あなたの研究課題は，だれが大企業を実際に所

有・支配しているのかを明らかにするのに役に立つはずである。[e]

（注）(a) J. Burnham. *The Managerial Revolution* (Penguin, Harmondsworth, 1945). =〔邦訳〕武山泰雄訳（1965）『経営者革命』東洋経済新報社。

(b) M. Berle and G. Means, *The Modern Corporation and Private Property* (Macmillan, New York, 1947). =〔邦訳〕森杲（2014）『現代株式会社と私有財産』北海道大学出版会。

(c) P. A. Baran and P. M. Sweezy, *Monopoly Capital* (Penguin, Harmondsworth, 1968).

(d) J. Scott, *Corporations, Classes and Capitalism* (Hutchinson, London, 1985).

(e) E. Herman, *Corporate Control Corporate Power* (Cambridge University Press, Cambridge, 1981), for USA.

下記の資料は，英国・米国の代表的企業に関してさまざまな論点から述べている著作である。

A. M. Pettigrew, *The Awakening Giant: Continuity and Change in ICI* (Basil Blackwell, Oxford, 1985).

C. Kennedy, *ICI: The Company That Changed Our Lives* (Hutchinson, London, 1986).

J. P. Wright, *On a Clear Day You Can See General Motors* (Sidgewick and Jackson, London, 1979).

A. P. Sloan, Jnr, *My Years with General Motors* (Anchor Books, New York, 1972).

M. Edwardes, *Back from the Brink* (Rover) (Collins, London, 1983).

I. M. McGregor, *The Enemies Within* (British Coal) (Fontana Collins, London, 1987) (to a large extent an account of the miners' strike 1984–5).

D. A. Simmons, *Schweppes: The First 200 Years* (Springwood Books, London, 1983).

T. Oliver, *The Real Coke: The Real Story* (Elm Tree Books, London, 1986).

A. Sampson, *The Seven Sisters: The Great Oil Companies and the World they have Made* (Hodder and Stoughton, London, 1975) (Although old, this is a good exposé of how some transnational corporations behaved in the past, and probably still do.).

H. Abromeit, *British Steel* (Berg, Leamington Spa, 1986).

B. Phillips, *Conran and the Habitat Story* (Weidenfeld and Nicolson, London, 1984).

P. Kleinman, *The Saatchi and Saatchi Storey* (Weidenfeld and Nicolson, London, 1987).

K. K. Tse, *Marks and Spencer: Anatomy of Britain's Most Efficiently Managed Company* (Pergamon, Oxford, 1985).

G. Wagner, *The Chocolate Conscience* (Cadbury's, Fry's and Rowntree's) (Chatto, London, 1987).

もし，あなたが企業経営の数字に対する理解の手助けになるのであれば，次の本が役立つであろう。C. Hird, *Challenging the Figures: A Guide to Company Finance and Accounts* (Pluto, Coudou, 1983).

アドバイス

1 冊の本を読んだだけでは，この研究問題に関する設問すべてに答えることはできないだろう。しかし，大企業がどのように機能しているか，については概要を理解することが可能である。新聞・雑誌・企業のレポート等を含めて，あらゆる資料を活用すること。

〈研究課題─1〉　マークス＆スペンサー社（Marks and Spencer─M&S 社）の場合

この会社は英国で最も利益率の高い企業の一つである。この会社がどのように活動しているのか，さらに，この会社から得られた教訓が他の組織に生かされ，活用されることは大変意味のあることである[28]。このマークス＆スペンサー社はどのような形態の企業なのか──組織，あるいは，この会社が会社のスタッフをどのように扱っているか──について説明し，分析することがここでの狙いなのである。本研究課題と次の研究課題である ICI 社（インペリアル・ケミカル・インダストリーズ）に関する課題の研究を通じて，このような研究課題において期待されている作業基準が提示されているので参考にされたい。

【マークス＆スペンサー社の概要について】

○規　模

- M&S 社は，英国最大の小売業者である。1400万人以上の顧客が毎週，この会社の店で買物をしている。
- 同社は英国で260店舗を所有しているとともに，総売場面積は60万平方メートルに及んでいる。
- 同社は英国最大の企業の一つであり，25万人余の株主を保有している。

○ブランド

- M&S 社は〈セント・マイケル〉(St. Michael) という名称のブランドのみを販売している。このブランドは英国では，品質と価値の象徴として広く認められている。
- この〈セント・マイケル〉ブランドには次のような数多くの商品が含まれている。例えば，衣服・食品・ワイン，履物・アクセサリー商品，家庭用家具用品，家庭用商品，化粧品類，書籍，室内用の植木・草花類等多くの品目がある。
- 〈セント・マイケル〉ブランド商品の90％以上が英国産である。

○市場占有率

- M&S 社は英国の国内衣料品市場では，15％の市場占有率をもっている。この数字は英国の衣料品生産額の約５分の１に相当している。
- 英国の全市場の中で，M＆S社の商品はそれぞれ，次のような市場占有率を保有している。例えば，靴下やズボンの販売額では全体の約４分の１，下着・パジャマ・ブラジャー・寝巻き等の販売額では全体の約３分の１，女性用のスリップの販売額では全体の約２分の１，といった具合である。
- 〈セント・マイケル〉ブランドの食品は英国では一流のブランドである。英国企業全体の販売額の37％をこのブランドが占めている。このブランドは英国最大の魚屋でもある。また，このブランドは毎週，100万羽のチキンを販売しているのである。

○供給者

- 800社以上の企業がM＆S社独占の商標の付いた〈セント・マイケル〉ブランドの商品を市場に供給している。
- 約150社の企業が25年以上も〈セント・マイケル〉ブランドの商品を生産していた。これらの企業のうち50社は M&S 社と40年以上も提携していた。
- 約20万人の従業員が〈セント・マイケル〉ブランドの商品の生産・流通・販売に従事している。

○海外活動

- 海外には，フランス・ベルギー・アイルランド共和国に７店の M&S ストアーが

図表4－6 「マークス＆スペンサー社」の機能別組織構造の簡略図（1982年度）

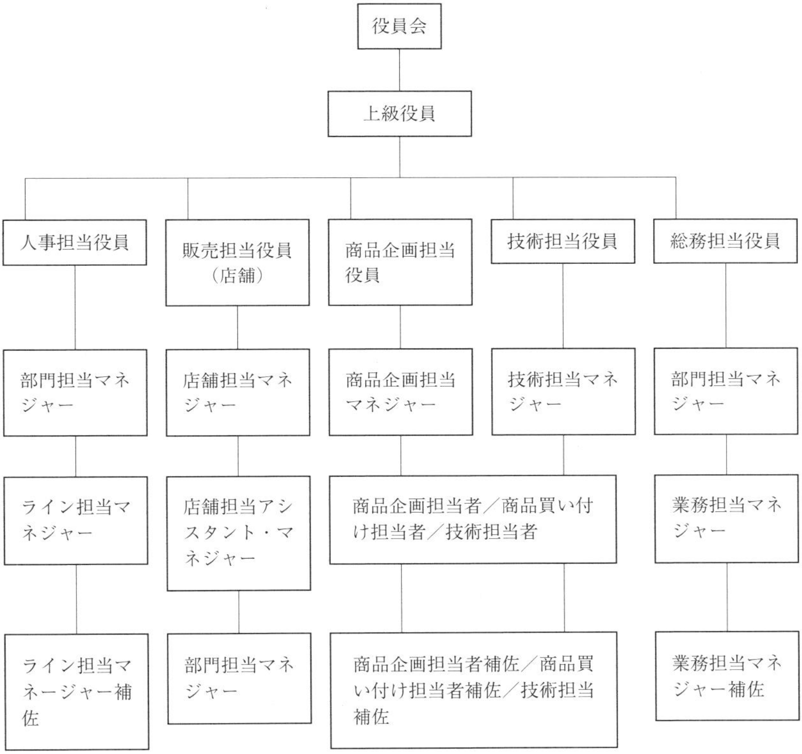

出所：Training Department, Marks and Spencer.

営業活動を行っている。

- M&S 社本部はカナダでは，200以上の店舗に有力株主として参加している。
- 〈セント・マイケル〉ブランドの商品は日本・香港を含む，世界30ヶ国で販売されている。
- M&S 社は英国のどの他の小売業者よりも多く，輸出活動を行っている。同社はまた，衣料品の分野では英国最大の輸出業者である。

【マークス＆スペンサー社の組織について】

同社の公式（フォーマル）的な組織構造については，図表4－6に示されているので，参考にしてもらいたい。

マークス＆スペンサー社の従業員はさまざまな形での便益を与えられている。この企業は〈温情主義的〉（従業員がよく働けば，働きに対応して便益を与えているようなやり方を採用している）企業構造をもっているといえよう。

> **〈温情主義〉**
>
> ここでいう〈温情主義〉（Paternalism）とは，支配者（経営者）が従属者（従業員）を支配している〈ルール〉（規則）のことである。従業員が経営者に「忠誠」を誓うのに対して，経営者は従業員の福祉に対して温情的（慈父的）利益を与えるのである。このようにして，〈温情主義〉は雇用契約の一部として，さらに，企業の組織の一部として，制度化されているのである。このことは就業時間を終えた後も従業員に対して影響を与えることになる。例えば，従業員が経営者の提供する建物に依存して生活していくこと，企業の別荘や企業の研修所，などがそうである。
>
> 〈温情主義〉は従業員に対する健康診断の実施，助成金付の休暇制度などにみられるように，従業員にとっては便益があるように思われるかもしれない。しかし，〈温情主義〉は〈従業員が経営者に依存する〉，さらに，「経営者が従業員に対して権力を行使する」ことを正当化するための一つのイデオロギーとして考えられるのである。このことは経営者ー従業員の関係的状況に関わってくる問題なのである。

前述の参考文献にあるマークス＆スペンサー社に関する著作の概要を簡単に摑んだ後で，読者のみなさんは次のような質問を考えてみるとよいだろう。

①マークス＆スペンサー社の方法はどの程度，効率的なのだろうか。

②この会社と他の会社とをどのように比較することができるのだろうか。

③あなたはどのような方法で測定するのだろうか。

④〈温情主義〉とはどのような意味なのだろうか。あなたの見方からして，この考え方はこの会社に適用できるのだろうか。

⑤双方向のコミュニケーションはどのように維持されているだろうか。

⑥この会社のスタッフはどの程度まで，意思決定に参加しているのだろうか。

⑦初期の精緻な組織理論からみて，あなたはこの会社をどのように評価するだろうか。もし，この会社に経営管理的イデオロギーがあるとすれば，それは一体，どんなものだろうか。このイデオロギーはどのような組織構造を生み出しているのだろうか。どのような〈規則〉が運用されているのだろうか。あなたがこの会社を評価する場合には，さまざまな理論に基づいて他の問題点を考え出すようにすること。

情報を収集した後で，その情報からどのような質問を提示できるかということを明らかにすれば，あなたも現在，自分が抱えている研究課題と同じような課題に取り組むことができるかもしれない。研究成果や情報をまず，集め，その上でこれらの質問の一部でも活用することである。質問に対する回答を考える場合，あまりわかりやすい内容にしようと配慮しないことである。質問に答えていくためには，組織の中に入って質問していく習慣を身につけるようにすることである（本書では，これまで何回か指摘していることである）。いいかえれば，「ここでは（企業），実際に何が起こっているのだろうか？」ということを確認していくことである。

K・K・ツェ（K. K. Tse）はこの会社に関する研究を行ってきたが，彼によれば，マークス＆スペンサー社には〈温情主義〉はあてはまらないそうである。その代わり，この企業の経営方針は次のような事柄を基本にしているようである。

- 仕事場においては，個人を尊敬すること。
- 従業員のすべての問題に関心をもつこと。
- 努力を認めること。
- 継続的な教育・訓練活動と能力開発活動の実施。

従業員が企業に関与していく方法の一つは〈品質管理グループ〉（Quality Circles）を活用していくことである。〈品質管理グループ〉とは，定期的に製品の品質だけではなく，生産性・労働条件・安全性・コストの削減等をチェックしていく〈従業員の集団〉のことである。このような〈品質管理グループ〉は日本ではすでに長年にわたって実施され，定着化しているが，英国の場合には，ジャガー自動車の場合が最も有名な事例である。この〈品質管理グループ〉は経営者と従業員側との双方向のコミュニケーションを円滑にするために活用する手段として考えられている。

〈研究課題—2〉　インペリアル・ケミカル・インダストリーズ社（ICI 社）の場合

【成長と変革について】

ICI 社（Imperial Chemical Industries）は英国で最も成功した製造業の一つである。図表４-７をみれば，この会社がどの程度の規模の企業かわかるはずである。同社は成功した企業であるにもかかわらず，重要な問題，すなわち，「どのように変革すべきか」という問題を抱えている。同社は競合他社の手による新しい発明，さらに，新しい市場に対応していかなければならない。いいかえれば，①企業自身を変化に必要な形に再構築しなければならないこと，②自分の企業がこれまで行ってきた発明の中から最高のものを引き出すために新しい経営方針を採用すること，③適材を企業のトップに据えること，などである。

図表4－7 「ICI グループ」の財務実績の概要

	1986 £m
総売上高（グループ以外の顧客への販売実績）	
化学製品――英国	2,338
――海外	7,400
石　油	398
総　計	10,136
営業利益	1,049
税引前利益	1,016
親会社への純利益（臨時項目以外）	600
収益（臨時項目以外）対ポンド当たり株	92p
対ポンド当たり配当金	36p

注：ICI とその子会社グループの平均。
出所：Company Statement, 1986.

ここでは，「企業における変革の問題」について若干触れるとともに，社会学者が組織変革に関連した問題についてどのように考えているかについて明らかにしていきたいと考えている。

インペリアル・ケミカル・インダストリーズ社は英国では二番目に大きい企業である。1980年代，同社は過剰人員問題に対処するために，組織と人的資源に対して数多くの変革を行ってきた。利益率の悪化している工場を閉鎖するとともに，英国内の従業員を1979年時の８万4000人から，1983年には６万2000人へと減らした。

企業の首脳陣に対しても再組織化が行われた。1970年代，主要な役員構成は「会長」「11人の執行役員」「６人の非執行役員」となっていた。図表４－８，図表４－９の役員構成と組織図から明らかにされることは，「生産」「機能」（人事・財務等），「市場」に重点が置かれていることであった。

アンドリュー・ペティグリュー（Andrew Pettigrew）の著した「この企業」に関する著作（『目を覚した巨人――ICI における継続と変化』〔*The Awakening Giant: Continuity and Change in ICI*, Basil Blackwell, Oxford, 1995.〕を参照のこと）では，ICI における「安定性と変革」に関してチャート化を行っている。彼は同社に〈保守主義的要因〉がいくつかみられることを指摘しているが，国際競争のような〈変革的要因〉の存在を述べている。このように，彼の企業特性に関するリストには次のような点が含まれている。

- ICI では，経営首脳陣に保守主義の傾向が本質的にみられること。
- 主要な役員会では，意思決定については〈合意形成主義〉を採用していること。

- 最高経営責任者以外の役員の在職保証期間が短いこと。
- 主要役員会が戦略を策定する場合の時間の限定。
- 本社中枢組織における細分化された，かつ，知的な文化の存在。
- 財務的成果の継続に対する期待。
- ICI は多国籍企業である。1981年では，英国内の顧客に対する販売実績は全体の39%にすぎない。

ペティグリューの考えによれば，変革がうまくいくための鍵は，①変革を待ち望んでいる企業の首脳陣と，②変革を実行に移す現場の経営管理者，との間の経営管理上の効率的な連鎖(リンク)関係の構築である。不確定な時代のもとでは，ここでいう〈すぐれたリーダーシップ〉が大変重要になってくる。

ICI が直面している主要な問題の一つは，①変革をどのように安定させるか，②報酬・コミュニケーション・権力が〈新しく出現する段階〉をどのように支えていくか，ということである，と彼は考えている。企業のトップ・マネジメントの後継者が選択すべきことは新しい状況を維持し，自分たちの手で変革を適切に着手させるような人材に出会うことなのである。

キャロル・ケネディ（Carol Kennedy）は ICI に関する著作の中で，「企業の特質とは人間の身体のそれと同じようなものである——古い細胞は新しい細胞が生まれて入れ代わった後死んでいくのが常である。——」とコメントしている。多くの市場で多様な製品を販売しているような大企業は，どのようにして短期的目標と長期的目標との乖離を調整することができるのだろうか。いいかえれば，大規模な官僚制的組織はどのようにすれば〈継続性〉と〈成長性〉を獲得できるのだろうか，ということと同じなのである。ケネディは ICI の第10代の会長である，サー・ハーベイ・ジョーンズ（Sir Harvey Jones）の業績を調査した。ここで，彼の目標のいくつかを紹介しておこう[(29)]。

- 全体的な業務を削減する。
- 経営管理者層の余剰人員を除去する。
- ICI の各部門が競争相手に優位に立てるように自由な経営活動をさせる。
- 新しい市場を的確に見つけるとともに，すべての多様な技術から必要な要素を取り出し，それらの要素を一体化させるように慎重に調整させる。
- 周到な将来計画を立てること（1937年に医薬品業務を開始したが，1962年まで利益にはならなかった。しかし，現在では，ICI の最もうまくいった企業活動の一つとなっている[(30)]）。

ICI のもう一つの経営方針は，たとえ市場自体が相対的に小規模であっても，一つの発明によって貢献できるような市場の数を最大限に増やしていくことである。このよう

図表４－８　ICI 役員組織

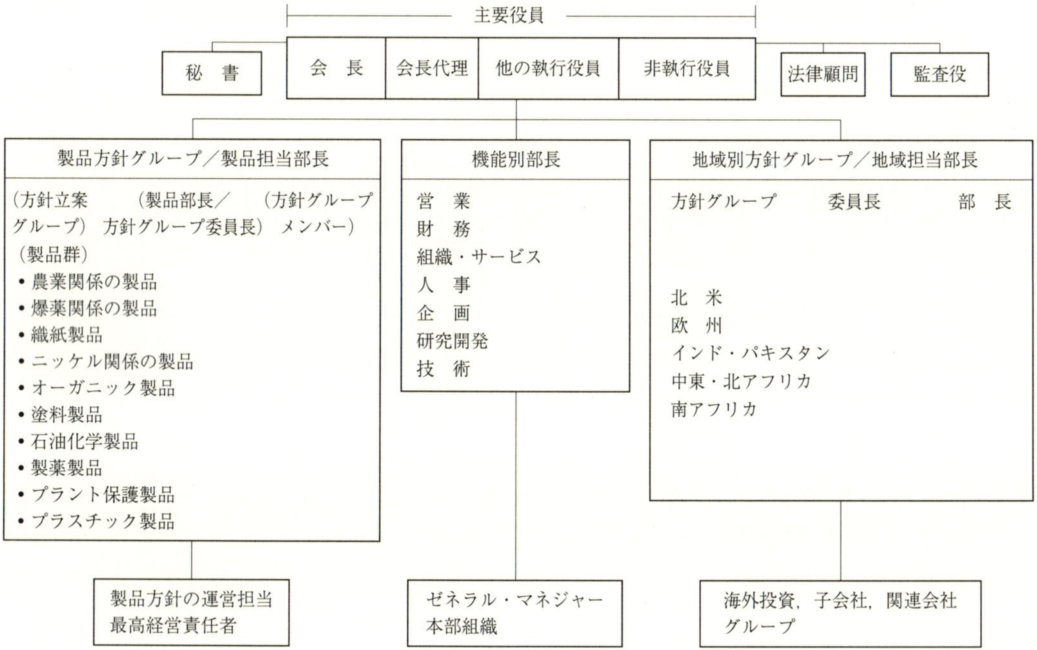

図表4－9　ICI本社組織

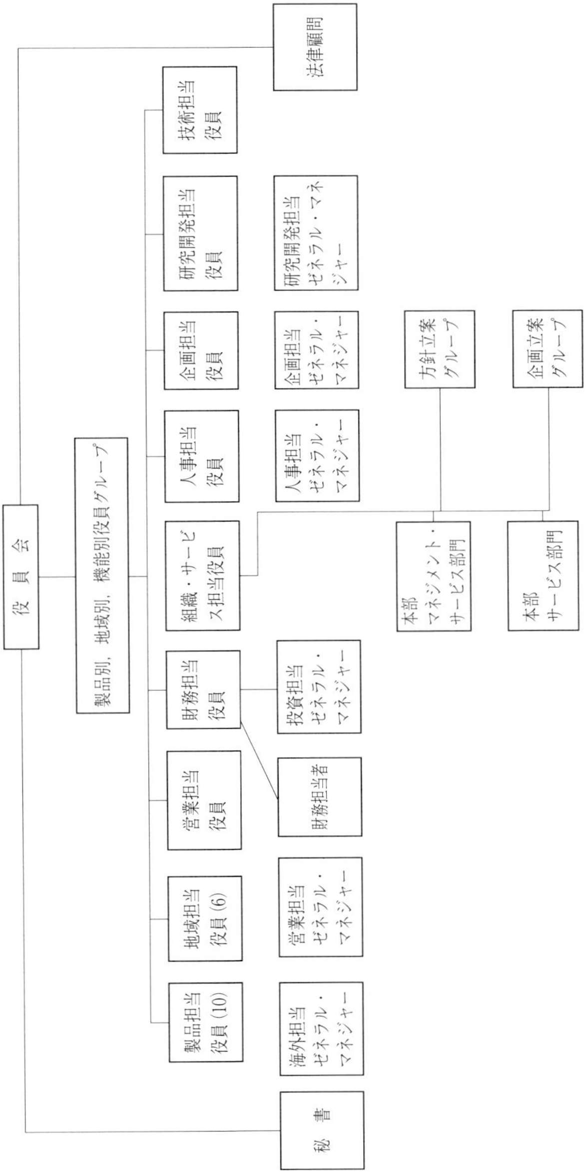

な活動の事例の一つとして，ICI の手による〈ポリウレタン〉の開発がある。現在では，2000種のポリウレタンがあり，それぞれ，非常に小規模ではあるが，経営活動に貢献している市場を形成している。例えば，ポリウレタンを使用している特殊な用途向けの靴の販売がある。これらの特殊で小さな市場の蓄積が現在では，大きな市場をつくり出しているのである。

【ICI――企業に対する社会学的考察】

われわれは，社会学者として，支配・権力・権威・組織文化を調べている。その場合，まず第一に，役員に目を向けることは興味深いことである。図表 4－10 では，1987年度の執行担当役員の職業経歴，並びに，社会的背景を提示している。彼らの背景が非常に類似していることは注目すべきことである。例えば，彼らの出身校がパブリック・スクールであったり，グラマー・スクール（訳注：元来，創設時〔16世紀〕には，ラテン語文法を教える学校であった。1944年以降，学力上位の生徒が大学進学するための準備教育機関となった，中等学校のことを英国では意味している）であったりする。さらに，大学においてもほとんどが〈レッド・ブリック〉(red brick)（訳注：19世紀，ないし，20世紀初頭頃の英国の大学のこと。建物が赤レンガ造りだったので，赤レンガ大学ともいわれる）という近代に創設された大学出身者である（２名がオックスフォード大学とケンブリッジ大学の出身であった)。彼らの職業経歴も類似している。多くの人は他の主要企業の役員経験者，もしくは，現在役員に就いている。さらに，われわれは次のようなことも推論できよう。すなわち，大企業の役員は支配社会，あるいは，エリート社会の出身者であり，少なくとも類似の価値観をもった集団に帰属している人々であるということである。彼らの多くは仕事においても，レジャーにおいても頻繁に付き合いをしているのである（第３章では，「企業のトップ・マネジメント陣の社会的背景」について議論をしているので，参考にされたい)。第３章からいえることは，保険会社のような金融機関の会長は ICI のような英国の大メーカーの役員よりも高い社会的地位に所属しているように思われることである。

設　問

あなたはこの考え方に賛同するだろうか。このことを通じて示唆していることは何だろうか。

だれが ICI を支配しているかという問題に関して，次のようなことが参考になる。ICI の創始者である，サー・アルフレッド・モンド（Sir Alfred Mond）は労働者が自分の企業の株主になるという考え方を推進した，最初の産業家の

図表４－10　ICI 役員の職業経歴

執行役員名	職業経歴	社会的地位 （出身校別）
Denys Henderson	A Director since 1980 and Chairman since April 1987. He has particular responsibility for group planning and group public affairs. He also has overview responsibility for group identity and marketing. Also a non-executive director of Barclays Bank PLC.	Aberdeen Grammar School and Aberdeen University.
David Barnes	A Director since August 1986. Currently Business Director for the agrochemicals, seeds and plant-breeding, colours and pharmaceuticals businesses. Also a non-executive director of Thorn-EMI PLC.	
Alan Clements	A Director since 1979. Currently Finance Director, a Director of ICI Chemicals and Polymers Group and Territorial Director for Africa, the Middle East and Pakistan. Also a non-executive director of Cable and Wireless PLC and of Trafalgar House PLC, and a lay member of the Stock Exchange Council.	Culford School and Oxford University.
Ronnie Hampel	A Director since 1985. Currently Business Director for the advanced materials, paints, polyurethanes and speciality chemicals businesses and Territorial Director for the Americas. Also a non-executive director of the Commercial Union Assurance Co. PLC and of Powell Duffryn PLC.	
Tom Hutchison	A Director since 1985. Currently Business Director for the electronics, explosives and films businesses and Territorial Director for Continental Europe and for the Pacific and Far East. Also a non-executive director of Cadbury Schweppes plc, of the Bank of Scotland and of Enterprise Oil Plc.	Hawick High School and St Andrews University.
Sir Robin Ibbs	A Director since 1976, apart from two years' secondment to the Cabinet Office. He assists the Chairman on planning and public affairs and is a Director of ICI Chemicals and Polymers Group. He holds the part-time appointment of Prime Minister's Adviser for Efficiency and Effectiveness in Government, and is also a non-executive director of Lloyds Bank plc.	Universities of Toronto and Cambridge.
Charles Reece	A Director since 1979. Currently Technology Director and Management Services Director, and Territorial Director for India. He is also a non-executive Director of APV Holdings plc.	Pocklington School and Leeds University.
Frank Whiteley	A Director since 1979. Currently Personnel Director, and Chairman of ICI Chemicals and Polymers Group.	

出所：Company Reports, 1986 and 1987, and *Who's Who*, 1987.

一人であったということである。しかし，株主になるということは協同組合的な労働者と異なって，経営者の支配から逃れることにはならない。さらに，この考え方は労働者を資本家にさせることで，社会主義に対応していくものとして宣伝されていったのである。モンドの考え方は今では，英国政府の私有化政策の基礎となったのである。[31]

社会学者は管理の問題についてさらに踏み込んだ調査をしなければならない。〈科学的管理法〉という考え方はこの問題に適用されているのだろうか。これについての位置づけを明確にするためにもさらに調査が必要となるのである。

組織イデオロギーの問題に関しては，問題を解く鍵は組織内に保守的傾向が一部に存在するにもかかわらず，〈変革〉に焦点が移っていることである。〈変革〉は ICI のような競争の厳しい業界では必然的なものといえるが，現象を誇張しすぎているきらいもあるかもしれない。変革に力点を置くことは経営方針を明らかにしていることになるのか，それとも，独占的な経営方針を示していることになるのだろうか。変革に対する信念はそれ自体，イデオロギーなのだろうか。若手の意欲のある役員は変革へ参画していることを示す必要があるのだろうか。下記の文章は1986年，会長が書いた報告書の概要である。

「われわれは建設的な変革への流れを緩めないという強い決意のもとに，1986年，変革をより一層進展させるための方策として五つの主要な行動を採った。まず最初に，われわれは ICI を世界で最大規模の塗料供給メーカーにすることを目的として，米国の代表的な塗料メーカーである，グリデン社（Glidden）を買収した。1年も経てば，同社は消費財・専門製品分野の販売では5億ポンドの売上高を計上することになるはずである。第二番目として，われわれは自社の欧州西部地域向け産業用化学事業部門の根本的再組織化の一環として，ICI／化学・ポリマーグループの創設を発表した。これは新事業部門が上記の製品を欧州において最も効率的で，低コストの製品供給メーカーになることを狙ったものである。このことはわれわれがこれらの事業分野において利益を確保し続けていこうとする決意をはっきりと示したことに他ならない。第三番目として，われわれの石油・ガス部門とエンタープライズ・オイル社（Enterprise Oil）（北海で操業している独立系の石油会社大手の一つ）とを合併させたことであった。われわれは企業の拡大化はこの重要な事業分野で ICI の地位を確保していく強みをもっていると考えている。第四番目には，このことについて私が昨年，皆さんにも伝えておいたが,「エニケム・エス・ピー・エー」(EniChem SpA) とのジョイント・ベンチャーが「ヨーロピアン・ビニール・コーポレーション」(European Vinyls Corporation) という形で発足しつつあるということである。二つの企業の中の〈ビニール・クロライド・モノマー〉(Vinyl Chloride Monomer) と〈ポリビニール・クロライド〉(Polyvinyl Chloride) の両方の事業分野についてその市場性を改善しようというのがこの新しい事業の目的であるが, 順調なスタートを切っていたようである。最後には, われわれは借入限度額を増やして, 組織的な成長を促進し, 将来の企業買収に備えようとしたことである」。

さて, 今度は自分自身の手で他の大組織を分析してみよう。

12　結　論

企業の経営管理者に対して, 組織の世界では当然とされている事柄を確認させるとともに, 新しい視点を提供しようというのが, 以下の要点である。

[組織に対する一般人の見方]	[若干の社会学的意見]
• 組織目標は明確なようである。企業は利益を得ようとしている。労働組合は組合員の利益を守っている。学校は生徒を教える。病院は患者を治療していることなど。	• 組織目標は時として歪められる。例えば, 労働組合幹部は一般組合員との接触を怠る傾向があるかもしれない。学校は若い人たちを労働市場から排除するような, 潜在的な機能 (latent function) をもっているかもしれない。いいかえれば, 社会的地位を求めるために生徒を社会化していくような機能 (独立した学校では, 高い地位のための社会化を, スラム地域の総合制中学校では低い地位のための社会化を教育している。つまり, 労働者階級の子供たちを社会化して終生, 筋肉労働に従事させるのである)。たとえ企業のように目標

が明確であるような所でも（大半の企業の目標が利益の創出であるように），この目標が歪められることがある。その意図は企業の非営利性を強調することによって企業を社会的に貢献しているように見せかけるためである（第２章の「医薬品会社」「多国籍企業」の事例を参照のこと）。

- 組織目的がたとえ歪められたとしても，目的を達成する手段は明確，かつ，合理的である。このように，企業の場合，大半の企業がだれが何のために責任を負っているのかを示すための組織図をもっているのである。このような組織構造は目的を達成するための合理的な方法として登場してくるのである。

- 本章におけるウェーバーの官僚制に対する批判は次のようなことを提示しているのである。一見，合理的にみえるような組織でも，逆機能（dysfunction）――（目標の転移，内的競争，派閥等）――を数多くもっているのである。公式的（フォーマル）な組織図，公式的（フォーマル）な規則書があったとしても，それには限界がある。例えば，これらが存在しているとしても，リーダーシップやモラールの質，さらには，非公式的（インフォーマル）な作業集団がどのように活動しているかについては何も答えてくれないのである（これらの集団は経営者側の目標を妨害することもある）。

- たとえ目標を達成するための目的や手段が歪められているとしても，組織の成員は成員相互に与えられた課業に対応していく場合には，合理的に行動する。

- ここでの議論は次のようなことを提示している。組織は現実に生起している事象を歪めるようなイデオロギーに傾く傾向がある。これらのイデオロギーは組織の成員によって，無意識のうちに採用されている。イデオロギーは彼らの日常世界の一部となっているのであ

	る。イデオロギーは認知されてさえいなくて，批判の対象となるだけなのである。構造主義・心理学主義・合意形成主義・福祉主義・遵法主義はここではすでに検討されている。しかし，このリストは今後も拡大されていくことになる。
• たとえ組織内の現実を歪めるような組織イデオロギーが存在しているとしても，すぐれたコミュニケーションによって現実に生起している事象を明確に提示すればこの問題を解決するのに役立つ。	• すぐれたコミュニケーションは，①人々に相談したり，②現実に生起している事象を伝えたり，などするよりも多くの成果をもっている。すぐれたコミュニケーションは実際には，類似の目標や価値観を共有することから出発する。このようなことが生起しない場合には，どんなに多くのコミュニケーション活動を行っても，異質な集団，もしくは，組織の成員と考え方が一致することはないだろう。
• 経営者側が意思決定の質を改善することになれば，ここで述べている諸問題の大半を解決するのに役立つだろう。これらの問題点を解決していくことが確かに，経営者の仕事の一部であろう。	• おそらく，組織内で生起している実際の問題は経営者側に過剰に統制されているばかりでなく，成員に対する疎外化をもたらしていることである。多分，社会学的な視点から情報を付与された経営者は組織内で生起している事象に対してより明確な見方をもつことになるだろうし，こうしたことがよりすぐれた意思決定をもたらすことになるだろう。

▶▶ 基本課題 ◀◀

〈論文／議論用の設問〉

(1) 組織内の次の事柄に関して，事例をあげなさい（自分自身の経験から，事例をあげることが望ましい）。

• 権力（Power） • 権威（Authority） • リーダーシップ（Leadership） • 服従（Compliance） • すぐれた／劣ったコミュニケーション（Good/Bad communications） • 構造主義（Structuralism） • 心理学主義（Psychologism） • 合意形成主義（Consensualism） • 福祉主義（Welfareism） • 模擬官僚制（Mock Bereaucracy） • 代表官僚制（Representative Bureaucracy） • 懲罰型官僚制（Punishment-centred Bureaucracy） • 機械的な組織（Mechanic Organization） • 有機的な組織（Organic Organization） • ニーズ（Needs） • 温情主義（Paternalism） • 遵法主義（Legalism）

(2) 組織に対して社会学的アプローチを用いる場合には，たとえ組織問題に関する常識的な概念の方が使いやすく，わかりやすいとしても，それらを利用してはいけない（『作業組織』〔*Work Organization*〕G・サラマン〔G. Salaman〕より）。この課題について，討論すること。

(3) 組織内における権力の行使を理解する場合に，組織社会学はどのような方法で活用できるのだろうか。

(4) 〈統制〉という概念は，①経営者側自身が日常的な主要課題として，②組織システムの批判者が経営管理上の実践における最大の課題として，選び出してきたものである。事実，多くの人々は組織デザインの主たる貢献は従業員の行動を統制するための手段にあるとしていることである（J. Child, *Organisation : A Guide to Problems and Practice* (Harper and Row, London, 1977) p. 177）。経営管理者の一部，並びに，その他の人々はこのような見方をなぜ，採用するのだろうか。

(5) 〈組織内において自明的な思考〉（経営管理者と社会学専攻学生との対話）

学生：「私はこの組織の企業文化に関して，あなたに尋ねたい。」

部長：「私たちはそのようなどうでもよいことに時間を浪費したくない。はっきりしているのは私たちはここでは，フォーク・リフトをつくっていることだ。」

学生：「最初から，はっきりと意見をいっていただいてありがとうございます。あなたのいっている意味はフォーク・リフトをつくって，売っているということではないのですか。」

部長：「すみません。あなたがわれわれと同じ意味で『つくる』といっている場合，われわれはフォーク・リフトを『売っている』という意味も含めているのです。」

学生：「その点について，貴社のセールスマンはどのように考えているのですか。」

部長：「彼らは考えるために給料を貰っているのではない。彼らは多くの顧客が望んでいるものを見つけるために，顧客の方を向いて仕事をしているし，そのことで手一杯なのだ。」

学生：「この会社は製造志向型の企業なのでしょう。」

部長：「設計と生産です。よい製品をつくるのと同じようによい製品を設計しているのです。」

学生：「あなたのいっている意味はこういうことですか。あなたの会社では，すぐれた設計思想をもっている若い学生をたくさん採用するということですね。」

部長：「う～ん。あなたのいっている意味がよくわかりません。実践的な設計はわが社が得意としている所です。あなたはわが社の設計部長になりたいのですか。あなたはまず，工場の見習いからスタートしてはどうですか。」

学生：「貴社の役員の方はそうした見解をもっているのですか。」

部長：「これは役員も認めていることですよ。15歳の時，工場の仕事からスタートします。役員の大半は見習い従業員の出身者です。この会社には，学生はだれもいません。われわれはすべて，段階を踏んで地位を登ってきているのです。」

学生：「共同の意思決定に関して企業としての経営方針は何かあるのですか？　貴社に工場委員会のようなものはあるのですか。」

部長：「そのようなものはありません。わが社では，従業員に何かを伝える時には，ベテランの従業員がラインにいる人たちに指示を出します。逆に彼らの方から私たちに何か伝えることがある場合には，私たちは金曜日の夜，従業員と一緒にやるボーリング大会で意見を取り上げます。」

学生：「この会社でそのようなセレモニーが開催されているようには思えません。」

部長：「何をいっているのですか。昨年もクリスマスの昼食会にはわが社の役員が出席したのですよ。〈ジョーズ・ハンバーガー・サロン〉で……。わが社のベテラン従業員はかつて何年もミネアポリスへ商売のために出張をしてきているので，いいハンバーグを好んでいたのです。」

学生：「それでは，あまりお時間を取らせてはご迷惑になりますので失礼いたします。」

部長：「いえいえ，とんでもありません。あなたが最初におっしゃったことで私も全く知らないこともあって失礼しました。」

(R. Lee and P. Lawrence, *Organisational Behaviour* (Huchinson, London, 1985) p. 106, より)

さて，ここでは何が自明的なこととして考えられているだろうか。

下記のアドバイスを読む前にこの質問に答えるように務めること。その場合，アドバイスから出てくるアイデアと自分自身のアイデアとの比較を行うこと。あなたも自明的なこととして捉えているために，イデオロギー的な要素を見失ってはいないだろうか。

〔アドバイス〕

下記の課題について，自分の考えを巡らすようにすると大変興味深くなるだろう（下記の括弧の中はイデオロギー的な要素を示している)。

- 企業における階層制（ヒエラルキー）が自明的なものとして捉えられている（**構造主義的視点**)。
- 人々（従業員）は上司に指示された通りに行動している（**テイラー主義的視点**)。
- 目標は明確である（**合意形成主義的視点**)。
- 経営者は管理する権利をもっている（**テイラー主義的視点**)。
- 実践性に非常に重点を置いているように思われる。この会社では，このことはイデオロギーとして捉えられているだろうか。さらに，**〈実践主義〉（Practicalism）** として呼ばれているのだろうか。あなたはこのことについて賛成するだろうか。

あなたの職場，大学，家族等の組織の中でこのようなタイプの分析を行うように努力すること。組織の中で「自明の理とされていること」を探し出すこと。いいかえれば，組織の中の隠れたイデオロギーを見つけ出すことである。社会学専攻の学生（非常に感度の鋭い学生）が上手なやり方で，最初の問題（明確に公式的（フォーマル）な問題）を情報として探し出すことに，どのようにして成功したかについて留意しておくこと。

〈事例研究—1〉

次の文章を読んで，下記の質問に答えること。

何世紀もの間，経営者は〈トップ・ダウン型のコミュニケーション〉の浸透を試みてきた。この方法はどんなに強力に，どんなに知的に企図していても，有効には機能できないのである。なぜ，機能できないのかという理由の第一は経営者が一方的に自分のいいたいことに重点を置くからである。いいかえれば，実際のコミュニケーションが受け手の行為となっている場合には，コミュニケーションの発信者が〈コミュニケート〉（伝達する）ことを前提としているからである。つまり，情報の発信者なり，経営者なり，管理者なり，命令者なりが自分が〈よりよきコミュニケーター〉になれるようにするために，自分自身にコミュニケーションの焦点をあてるからである。しかし，部下に対して，情報を伝達していくことのできる方法は唯一，命令，すなわち，事前に準備された信号なのである。このことは理解ということとは何の関係もない。動機づけだけが部下に対してコミュニケーションを可能にするのである。管理者は〈ボトム・アップ型のコミュニケーション〉を必要とするのである。つまり，信号を認知する存在から，認知的理解に到達させようと望む存在へのコミュニケーションが必要である（P. Drucker, *Drucker On Management*（Management Publications Ltd. London, 1970）p. 121）。

①ドラッカーが達成しようとしていることは何なのだろうか。

②彼の目標達成に障害となるものは何なのだろうか。

③あなたの知っている組織を一つ取り上げて，すぐれたコミュニケーションの障害となるものを分析すること。

〈事例研究―2：研究課題〉

ジャック・ロス（Jack Roth）は自分の家の窓から，会社の屋上，会社の工場街を眺めていた。彼の会社はこの国では，600名の従業員を有している〈事務機器〉の大手メーカーである流通業者の一つである。彼は数年前までは，ロンドンの東の端で自分が独立して毛皮の商売をしていた時のことを思い出していた。彼が最初に半永久的な仕事として，選択した職業はタイプライターのリボンやカーボン紙を手数料を貰って売るというもので，その仕事はといえば，会社から会社へと営業活動をし，そこで何時間も待たされ，さまざまなさげすみの言葉を投げかけられていた類の仕事であった。彼は一生懸命働いて，従業員を雇える「小売店」をもてるようになった。事業が拡大した時，彼は自分の義兄であるルーク（Luke）を自分の会社のパートナーとしたのであった。ジャックは常に楽観的で仕事を大きくしようという考えをもっていた。彼は仕事上でいろいろな問題点があっても，それらを克服していこうとするチャレンジ精神をもっていた。彼は事態の変化への対応方法，さらに，それらを他の人々に転化させる方法を知っていた。彼は高級家具師であったルークを説得して，顧客の注文に対応した業務用家具をつくるための工場を建てた。ルークは自分の長年の知人である職業別組合の友人を何人か，新しい工場に採用した。

業務の拡大とともに，一般顧客を対象としたオフィス用家具を作ることを決めた。このために，今まで以上のセールスマンを採用し，どのような製品を開発すべきか否かを決定できるコンサルタント（マーケティング・広告を活用できる）を雇ったのである。ジャックは世の中の景気が悪くても，こうした事業の拡大はうまくいくという天性の着想の持ち主であった。彼は工場を各地に建て，販売チャネルを増やすことを好んで行ったし，自分の息子のベン（Ben）がこうした仕事にかかわってくれることを望んでいた。しかし，ベンはアカデミックな職業に就くことを希望しているように思われた。一方，ロスは常にジャックの支えとなって働いてくれた。特に，彼は部下の面倒見がよく，多くの部下と友だち同然の付き合いをしていた。ジャックの妻，ロージー（Rosie）はジャックの秘書，人事関係の仕事で会社の大きな力となっていた。

これらの構想のすべてはジャックの思い通りに動いていた。彼は現在まで事業を順調に伸ばしてきたが，彼にとって残念だったことは自分の息子が事業に興味をもっているように思えなかったことである。さらに，ロスは大きな事業を動かしていくにはあまりにも年老いていて，これも心配の種となっていた。

あなたがこの会社のコンサルタントとして，今後，この会社は何をなすべきかについてジャックにレポートを書くこと。特に，次のような点に留意してレポートを作成すること。

- ①問題点の明記，さらに，②このレポートの中でその問題点にあなたがどのように対応していくのかという具体的な提案の二点に留意して，説得力のある序論を作成すること。
- ①主要な要点，②具体的な改善方策，等に留意して納得のいく結論をまとめること。
- 事業活動が組織の各部門にどのように配分されるかを具体的に示すために，組織図を作成すること。
- 組織図を通じて提示できること，提示できないことの双方についてコメントを加えること（例えば，リーダーシップ・権威・コミュニケーションの特質についてなど）。

それから，次の質問に答えること。

①〈カリスマ的権威〉とは一体，どのような意味なのだろうか（ジャックはどの程度まで，〈カリスマ性〉をもっているのだろうか）。

②〈温情主義〉とは，どのような意味なのだろうか（この考え方はこの会社にどの程度まで適用されるのだろうか）。

③会社の従業員は会社で起こっている事象についてどのように情報が与えられているのだろうか。

④大規模な家族経営型の企業における販売活動（あるいは，一般顧客の動向）について具体的事例をあげて，説明すること。これらの事例を通じて，どのようなことが起こっているのかをコメントすること。

〈事例研究—3：組織機能が悪化している場合の例〉

次の文章は1987年，南部ロンドンの高齢者向けの老人ホームである〈ニィ・ベーヴァン・ロッジ〉(Nye Bevan Lodge) にまつわるスキャンダルとして発表されたものである。

高齢者に対する残酷さや虐待を一般大衆に喚起させるような，もう一つのスキャンダルが発生し，だれもが事態の異常さに息を呑んだ。一体，その事態とは恐ろしいほどのことなのだろうか。この事件はどのようにして起こったのだろうか。しかし，数ヶ月もすると，再び，高齢者に関するトピックが子供の家で話題にのぼることになる。

必ずしもすべての子供の家庭が〈愛童症志向〉(Paedophile) で営まれるわけではないし，必ずしもすべての高齢者の家庭が〈老人憎悪症志向〉(Geriatric-Hater) で営まれているわけではない。しかし，現実の恐ろしい出来事が制度的な生活の一要素を開示することになるのである。例えば，こうした家庭が発生するような〈残虐性〉，あるいは，家庭の〈無視〉といった行為が調査の対象となっているのである。

私はこれまで，子供たちの家庭，高齢者の家庭，さまざまな教育施設などで働いてきた。こうした施設（組織）で働いている人々に私が共通していると考えている基本的な態度は〈顧客〉（患者・収容者・居住者）が円滑，効率的・秩序的に運営している施設に対して大きな問題を発生させていること，さらに，経営者がいつも非公式的（インフォーマル）に，かつ，時として不法に楽しんでいる自由・楽しみに対して潜在的な脅威を生み出していること，などに対する〈苛立ち〉なのである。

組織の成員はだれでも自分自身の仕事に集中して働くことそれ自体を目的としていて，組織の存在理由にとって障害となるものは排除し，組織の存在理由に無関係なものは関与しないようにしているのである。このように，例えていえば，掃除夫などは自分の仕事の中で毎日やってしまう仕事上のミスを取り繕おうとしているし，テレビを置いてある娯楽室に老人を閉じ込めて，楽しい生活を送らせないようにしているのである。さらに，自分たちが彼らの部屋を掃除している最中は彼らを部屋に入れないようにしているのである。料理についていえば，①最低限度，これだけの料理を提供していれば栄養補給になるという考え，さらに，②最大限，そのようにしても何も起こらないし，労力を最も必要としないという考え，などに示されているように〈節約と経済性〉を基準として毎日のメニューづくりを行っているのである。

〈介護スタッフ〉は親切で，よく気がついて，誠意のあることが多いが，一般的には権力もなく，地位も低く，給料も安い上に，パートタイマーなのである。これらの介護スタッフは頑ななまでに自分の地位にしがみついている常勤の従業員たち（彼らの声や影響力さえも無視されている）との間にあって，大変厳しい状況に置かれているのが実態なのである。

施設の上級スタッフや経営者側のグループは報告・勤務当番表づくり・注文／インボイス（商品の送り状）の作成・扶助料の帳簿づけ・請求書づくり等に自分たちの時間を費やしているのである。もちろん，施設の居住者からの苦情・文句等を最低限度に押さえるために，日に三，四度はドラッグ・ストアに出掛けていく。これらの施設の従業員にとって1日のうちで最もよい時間は青白い顔をし，無口な老人が自分の部屋や施設の部屋の中に消えていった時なのである。さらにいえば，契約で借りている長いカーペットが人間的な問題が原因となってあちこちに点在しているような状況が出てこないような時なのである。つまり，老人が施設の中で突然，叫んだり，泣いたり，床に倒れたり，床を濡らしたりするようなことがないような状況がなくなっている時なのである（N. Foster, *Guardian*, 19 August 1987）。

①これらの組織で悪い点はどこなのだろうか。
②上記の問題点を解決していく場合に，あなたはどのようなアドバイスを行うだろうか。

〔アドバイス〕

- 本章で説明した〈組織理論〉を参考にすること。あなたが分析能力をもっていること，さらに，一般的な人々よりもあなたの方がよりすぐれた分析を行うことができること，などを例証すること。
- イデオロギーに集中的に取り組むこと。〈高齢者差別〉（Ageism）のイデオロギーについて検討すること（高齢者を一般的な人間としての概念として捉えるよりも，高齢者の年齢に考え方を集中すること）。
- 組織の逆機能（例—強迫観念的な志向による掃除，料理，買物）を考えておくこと。だれの便益のために組織が運営されているか，を配慮しておくこと（顧客か，それとも，従業員か）。これらの組織では，目的よりも手段の方がより重要になっているのだろうか。
- 〈基本課題〉という形で，あなたが地方行政の一福祉担当主任としてこの問題について，「福祉委員会」（Welfare Committee）の委員長宛に報告を書くという考えで報告書を作成すること。
- 皆さんは次の有益な文献から得るものがあるかもしれない。（それは，本章の後掲の**参考文献**のリストを活用していただきたい）—E. McNally, “In Place of Fear,” *New Society*, 31 July ; C. Cousins, *Controlling Social Welfare : A Sociology of Social Welfare, Work Organisation* (Wheatsheaf, Bringhton, 1987).

参考文献

M. Albrow, *Bureaucracy* (Macmillan, London, 1970).

S. Clegg and D. Dunkerley, *Organisations, Class and Control* (Routledge and Kegan Paul, London, 1980).

L. Donaldson, *In Defence of Organisation Theory* (Cambridge University Press, Cambridge, 1985).

A. Etzioni, *Modern Organisations* (Prentice Hall, Englewood Cliffs, NJ, 1964). =〔邦訳〕渡瀬浩訳（1967）『現代組織論』至誠堂。

A. Etzioni, *A Comparative Analysis of Complex Organisations* (Collier Macmillan, London, 1975). =〔邦訳〕綿貫譲治監訳（1966）『組織の社会学的分析』培風館。

A. Fox, *Man Mismanagement* (Hutchinson, London, 1985).

H. H. Gerth and C. W. Mills, *From Max Weber* (Routledge and Kegan Paul, London, 1948). =〔邦訳〕山口和男・犬伏宣宏訳（1962）『マックス・ウェーバー——その人と業績』ミネルヴァ書房。

C. B. Handy, *Understanding Organisations* (Penguin, Harmondsworth, 1985).

D. S. Pugh et al., *Writers on Organisations* (Penguin, Harmondsworth, 1983).

D. S. Pugh (ed.), *Organisational Theory* (Penguin, Harmondsworth, 1984).

M. Rose, *Industrial Behaviour* (Penguin, Harmondsworth, 1985).

G. Salaman, *Work Organisations: Resistance and Control* (Longman, London, 1979).

G. Salaman, *Class and the Corporation* (Fontana, London, 1981).

G. Salaman and K. Thompson (eds), *Control and Ideology in Organisations* (Open University Press, Milton Keynes, 1980).

D. Silverman, *The Theory of Organisations* (Heinemann, London, 1970).

T. J. Watson, *Management Organisation and Employee Strategy* (Routledge and Kegan Paul, London, 1986).

注

(1) A. Etzioni, *Modern Organisations* (Prentice Hall, Englewood Cliffs, NJ, 1964), p. 1. =〔邦訳〕渡瀬浩（1967）『現代組織論』至誠堂。

(2) H. Becker et al., *Boys in White* (University of Chicago Press, Chicago, 1963).

(3) H. H. Gerth and C. W. Mills, *From Max Weber* (Routledge and Kegan Paul, London, 1948), p. 296.

(4) Ibid., p. 295.

(5) Ibid., p. 59.

(6) M. Albrow, *Bureaucracy* (Macmillan, London, 1970), p. 45.

(7) A. Etzioni, *A Comparative Analysis of Complex Organisations* (Collier, Macmillan, London, 1975). =〔邦訳〕綿貫譲治（1966）『組織の社会学的分析』培風館。

(8) P. M. Blau and W. R. Scott, *Formal Organisations* (Routledge and Kegan Paul, London, 1963). =〔邦訳〕橋本真・野崎治男（1966）『組織の理論と現実』ミネルヴァ書房。

(9) S. Clegg and D. Dunkerley, *Organisations, Class and Control* (Routledge and Kegan Paul, London, 1980), pp. 142–3.

(10) A. W. Gouldner, *Patterns of Industrial Bureaucracy* (Collier Macmillan, London, 1954). =〔邦訳〕岡本秀昭他訳（1963）『産業における官僚制』ダイヤモンド社；Clegg and Dunkerley, *Organizations*, pp. 158–61.

(11) G. Salaman and K. Thompson (eds), *Control and Ideology in Organisations* (Open University Press, Milton Keynes, 1980).

(12) T. Burns and G. W. Stalker, *The Management of Innovation* (Tavistock, London, 1966).

(13) D. Silverman, *The Theory of Organisations* (Heinemann, London, 1970), p. 102.

(14) C. Argyris, *Integrating the Individual and the Organisations* (Wiley, London, 1964). =〔邦訳〕三隅二不二・黒川正流訳（1969）『新しい管理社会の探究――組織における人間疎外の克服』産業能率短期大学出版部。

(15) J. Scott, *Corporations, Classes and Capitalism* (Hutchinson, London, 1985), pp. 266–8.

(16) G. Salaman, *Class and the Corporation* (Fontana, London, 1981).

(17) その他の組織理論については，D. S. Pugh et al. (eds), *Writers on Organizations* (Penguin, Harmondsworth, 1983), を参照のこと。

(18) A. M. Pettigrew, *The Politics of Organisational Decision-Making* (Tavistock, London, 1973), p. 28.

(19) P. M. Blau, *The Dynamics of Bureaucracy* (University of Chicago Press, Chicago, 1963), pp. 126–7.

(20) J. O'Shaughnessy, *Patterns of Business* (Allen and Unwin, London, 1966).

(21) J. W. Humble, *Improving Business Results* (McGraw Hill, Maidenhead, 1966).

(22) A. Jay, *The Corporation Man* (Jonathan Cape, London, 1972), pp. 201–2.

(23) J. D. Thompson, *Organization in Action* (McGraw-Hill, London, 1967), p. 134. を改変したものである。

(24) I. McGregor with R. Tyler, *The Enemies Within* (London, Fontana/Collins, 1986).

(25) 本項の大半は G. Salaman, *Work Organisations: Resistance and Control* (Long-

man, London, 1979), に依拠している。

(26) Burns and Stalker, *Management of Innovation.*

(27) A. Fox, *Man Mismanagement* (Hutchinson, London, 1985), p. 32.

(28) K. K. Tse, *Marks and Spencer : Anatomy of Britain's most efficiently managed company* (Pergamon, Oxford, 1985).

(29) A. M. Pettigrew, *The Awakening Giant : Continuity and Change in ICI* (Basil Blackwell, Oxford, 1985).

(30) C. Kennedy, *ICI : The Company That Changed Our Lives* (Hutchinson, London, 1986).

(31) W. Jones (ed), *Political Issues in Britain Today* (Manchester University Press, Manchester, 1987), p. 104.

第5章

産業関係（比較論的視点）

1 はじめに

〈産業関係〉（Industrial Relations）とは，雇用者と被雇用者との関係のことであり，この関係はもちろん，労働の場における報酬・条件に関する問題が中心となる。本章では，雇用者と被雇用者の関係に関する伝統的な考え方を簡単に概観した上で，このような考え方について現実社会で生起している事象，特に，現在，係争中の問題について考え方の相違を明確にすることを通じて，比較社会学的視点から〈産業関係〉に関する問題を扱っていくことにする。

社会学的視点としては，権力が組織の中でどのような方法を通じて行使されているのか，特に，経営者側の労働に対する〈統制〉，さらに，この〈統制〉がどのように行われているか，という問題を中心として考えていくことにしている。社会学的アプローチでは，労働における階級の重要性に焦点をあてるとともに，一般的な考え方と違って，経営者側の方が労働組合や職場委員側よりも力は強いことを提示していくつもりである。本章における事例を通じて，基本となっている問題意識は，「社会学という学問の知識はどのようにして経営者側の意思決定を改善できるだろうか」ということである。ただし，「社会学が偏見のない研究を行う上で，その統一性を失わない限りでのこと」ということである。よりすぐれた意思決定は，独立した分析条件を利用することからのみ可能である。これこそが社会学者が企図しようとしている分析なのである。

（訳注：〈産業関係〉は経営者―労働者の関係という観点から〈労使関係〉とも訳されるが，ここでは産業社会における労使関係をめぐる社会的諸関係ということから〈産業関係〉という訳語を用いている）。

2 〈産業関係〉に対する経営管理的アプローチ

〈産業関係〉(〈労使関係〉という言葉としても知られている）には，被雇用者側と経営者側との公式（フォーマル）的な労働条件が含まれている。こうした領域の主たる課題は，「従業員たちがよりよい報酬，労働条件をどのようにして獲得していくか」,「生産性をどのようにして高めるか」,「余剰人員はどのようにして処理すべきか」というような問題に対処していくことである。一般的には，〈産業関係〉は小規模な企業よりも，大規模な企業に適用されるものとして考えられているが，病院・商店・学校・行政機関・地方行政組織等の組織にも適用されることもある。

これまで多くの研究者は〈産業関係〉の分析を試みてきた。ある人の考えでは，〈公正性〉(Fairness) こそが，労働者の視点からみた重要なコンセプトとなっている。例えば，次のようなものである。

- 〈公正な〉賃金
- 〈公正な〉収入
- 〈公正な〉努力
- 〈公正な〉労働に対する〈公正な〉報酬
- 〈不公正な〉解雇(1)

問題なのは，「何が公正で，何が不公正か」ということに対していろいろな見方が存在していることである。実際的にいっても，〈公正性〉ということは事実の問題ではなく，むしろ，主観的な判断なのである。従業員が自分と同じような仕事をもっている人々と比較する場合，彼らが感じていることはこのようなことなのである。

従業員グループが「公正な賃金とは何か」ということについて強い信念や共通の信念をもっているかもしれないけれども，こうしたことは市場の力の作用とは全く相反することなのである。もし，製品に対して市場からの需要がなければ，あるいは，彼らの特殊な技能が時代遅れになっているとすれば，彼らは自分たちが公正と考えている賃金以下の賃金を受け入れなければならないだろう（あるいは，彼らは不公正な賃金を受け入れるよりも失業することを覚悟しているかもしれない)。

設　問
あなたはこのような事象について最近の事例をあげることができるだろうか？

長い目で見れば，〈公正性の感情〉（The Feeling of Fairness）というものは常に労使間の闘争の対象となるべきではあるけれども，それ自体重要なものである。

もし，〈公正性〉ということが労働組合の「目的」であるとすれば，この目的を達成するための手段とは，一体，何だろうか。ここでは，三つの方法をあげておくことにする。

①〈自主性〉（Voluntarism）とは，「賃金交渉の場において，法律による強制的な条件を設定することなしに，労使双方の立場において賃金交渉の完全な自主性を確保する」，という考え方である。このような自主性主義者の考え方によれば，国家は団体交渉の過程に介入すべきではない，ということになる。このように，労働組合はストライキ中いくつかのピケットを，工場の外で敷くべきである，というように規定を法律に盛り込むようなことに反対の立場を取るのである。

②〈団体交渉〉（Collective Bargaining）とは，「労使双方がそれぞれの立場を代表し，双方にとって受入れ可能な条件（賃金・労働条件）について一つの合意を形成するために，対等の立場で会合をもつ場のこと」，である。〈団体交渉〉は労働の場における紛争を調整するばかりでなく，賃金・労働条件に関して個々の従業員に一定の行使力と発言力を与えることにも役立つものなのである。

③一方，労働組合の立場では，〈連帯性〉（Solidarity）ということもしばしば強調される言葉である。労働力は労働組合の背後に存在している力である。個々の従業員では，強い経営者側に対しては力の弱い存在であるかもしれないが，個々の従業員が他の従業員と共同歩調をとれば，彼らの力は増大化することになる。したがって，労働組合主義者の言によれば，「団結こそ力である。1人がダメになれば，全員がダメになる」というルールがストライキ中にも貫かれているのである。

〈公正性〉を追求しているにもかかわらず，〈産業関係〉に関しては雇用者側と被雇用者側との間には異なった目的（〈公正性〉に対する異なった見解）が存在しているのである。次頁の表はそうした違いを示したものである。

[雇用者側の目的]	[被雇用者側の目的]
• 経常費用を抑制すること（最小のコストで質のよい労働力を確保する必要性）。	• 一定レベルの労働成果に対して最大限の賃金を獲得するため。
• 〈正当な〉賃金以上の報酬は支払わない。	• 公正な賃金を獲得することを目的としている。
• 雇用者側からみた〈公正性〉とは，他の雇用者が類似の労働に対して支払っている額に基づいている。	• 〈公正性〉とは，以下の三点に基づいている。(a)生計を維持するための賃金に対する個々人の要求，(b)類似の職業に関連して，正当と考えられるような金額，(c)公正性の内容に関する集団としての感情（個人的な感情というよりも）。
• 賃金は雇用者側が望んでいるタイプの人材を採用・持続させていく必要性に基づいている。	• 賃金は類似のタイプの労働に従事している人たちが得ている金額に関連している。すなわち，異なったタイプの労働間に存在している一定の差を維持していく必要性のことである。例えば，技能によっては適切な賃金の増加があってもよい，という考え方である。
• 雇用者側は労働条件を統制することを求めている。施設・生産・生産に関連したすべての物は経営者側によって統制されている（経営者側に帰属している）。	• 工場，もしくは，オフィスで働いている従業員は労働条件に対する一定の統制を求めている。このような労働条件は彼らの日常生活の重要な要素なのである。
• 一般に，理性的な雇用者側は労働をもっと楽しいものにしようと望んでいる（こうしたことが生産性を減らすことにはならないという条件のもとで）。	• 被雇用者側は仕事の充実の促進を求めていない。彼らの希望は，もっと多くの賃金（公正な報酬）や自分たちが受け入れられるような労働条件を求めているということである。[2]

3 〈産業関係〉に対する社会学的視点

〈産業関係〉に関する前述のアプローチはこれからみていくように，特に，賃金・労働条件に関する特定の協定，職務規定，公正性，経営者側と被雇用者側の目的の相違に関する調整についての合意を重視する。

社会学的視点とは，「〈産業関係〉という言葉を経営者側と従業員側との間にみられる恒常的な戦争状態を婉曲に表現したものである」，といい表すことができるかもしれない。多くの社会学者にとって，重要な概念となっているものは〈統制〉（Control）ということであろう。経営者側は労働状況全般を統制していくことを求めている。例えば，労働条件，賃金，時間，労働の迅速性などである。したがって，社会学者はこのような職務規定，あるいは，公正性の追求等には関心はもたないが，〈権力〉（Power）に強い関心をもっているのである。

〈権力〉とは，一般に少数者が多数者に対して優越的に行使する規則として考えられている。この規則はイデオロギーによって正当化されるのである（この場合は，管理的イデオロギーである）。このようなイデオロギーの中で最も重要なものは，第３章ですでに検討された〈「科学的管理法」というイデオロギー〉である。このことは簡単にいえば，経営者側には作業内容のみならず，作業方法まで統制する権利があると考える。いいかえれば，経営管理を管理上の特権をもつもの，経営者側こそ統制権を当然もつものとして考えているのである。経営者側，一部の被雇用者・労働組合は科学的管理イデオロギーを受け入れているばかりでなく，これは他のイデオロギーによっても支持されているのである。これまで取り上げていないイデオロギーの一つとして，企業に対する〈多元論者〉（Pluralist）の概念がある（この考え方は，第３章・第３節で示した，経営管理を〈利害の均衡〉として捉える考え方とよく似ている）。

企業に対する〈多元的な視点〉からすると，権力は分散化されるとともに，経営者側・従業員側は企業の継続的な繁栄，業績の向上等を含む，共通の目標をもっているように思われる。経営者側はすべての利害関係者（従業員・顧客・株主）に対して管理責任を負っているのである。

これとは反対に，種々の集団間に存在している権力の差異に焦点をあてることに関心をもっている社会学者はこれまで，〈急進的視点〉(Radical Perspective) をもっていた[(3)]。このアプローチによれば，経営者側の権力は一般に考えられている以上に大きいということを提示することを目的としている。組織の中でも非常に低い地位にいる従業員は組織に全面的に依存している。彼らはほとんど権力をもたないし，影響力ももたない。彼らは労働組合の中で仲間と行動をともにする時にのみ，実際の権力を得るのである。そのような場合でも，彼らは経営者側の権力にとってはほとんど脅威にはならないのである。というのも，労働組合の要求が企業を譲渡せよとか，役員の椅子を要求するとかいった過度の要求などではなく，一般的な形での賃金アップ，労働条件の改善等が主たる要求となっているからである。

経営者側の権力は企業内だけではなく，社会においても，管理的イデオロギーが受け入れられることからも生じてくるのである。例えば，ストライキが発生した場合，世論や政府の方針が経営者側を支持することがよくある。加えて，多くの労働者自身も自分たちの組合を支持しないようなことがある（したがって，経営者側は時として，労働組合を交渉相手とするよりも，労働者自身に直接，話し合いをすることを好む)。もちろん，経営者側は資産・技術・投資に関する所有権や統制権をもっている。下記の二つの事例は西欧の労働組合の活動状況を説明するのに役に立つものである。まず，第一にメディアはストライキを行う〈権利〉は支持するが，実際にストライキ行動を支持することはほとんどない。第二に，メディアは自分の国で組合の人間を叩いているのに対して，外国，例えば，ポーランドでは，労働組合を支持するのである。

設　問

前節の話はどの程度，真実なのだろうか。現在，あるいは，最近の論争を参考にしながら，それらの話を検証すること。

しかし，なぜ，経営者側と労働者側との間に紛争が生じなければならないのだろうか。最終的には両者は実際には同じ利害（例―企業の繁栄，より高い賃金，より高い利益，より高い生産性等）を共有していないのだろうか。現実には，このような仮説が経営者側による悪い意思決定の原因となっているのである。例えば，未熟練筋肉労働者，あるいは，１日中，コンピュータの前で常規的作業をしている事務的作業労働者の立場からみると，労働はほとんど興味の対象とはならないのである。労働の多くが常規的で単調なものであるという事実に加えて，将来の昇進の見込みのなさ，地位の低さを感じている人々が存在しているということである。

さらに，彼らは自分たちの日常的な作業に影響を与えるような意思決定に対しては，全くといってよいほど発言権をもっていないのである。彼らは，どんなに一生懸命働いても自分たちには何らの便益がないことを見通しているのである。このような人々が議論の中で非理性的な対応をしていくことは別に驚くにあたらないことである。彼らが労働に対してもっている主要な関心は給料袋なのである。経営者側が彼らに対して，どんなに理性，企業に対する忠誠心，一心同体を訴えても，彼らは聞く耳をもたないのである。経営者側のこのような弁解は管理者や将来の幹部候補生に何らかの影響を与えるかもしれないが，その場合でも管理者は他の人たちが自分と同じような考え方をもっているものと思わないことである。

設　問

労働者が自分の働いている組織が発展するということについて，最終的には自分たちの利害に関わるものとして捉えているのだろうか。

〔アドバイス〕現在の資本主義世界の秩序のもとで，労働者が組織へ関心をもつなど通常あり得ない，ということは理解しがたい。このような見方以外に他に考え方があるだろうか。例えば，自分たちの解雇予告に対処していこうとしている人々，あるいは，労働過剰・賃金未払いの状態にいる人々のことを考えること。本章の最後にあるフォード社の事例研究／役割演技に示されているような，〈非協力〉の例を参考にすること。なぜ，協力関係が壊れてしまうのだろうか。こうした事柄を説明するために，科学的管理法・疎外的関与・打算的関与等の概念を含めて，ここで説明されている概念を使用すること。あなたが本書を通じてさらに多くの成果を得た場合には，この問題に立ち戻る方がよい。これは基本的に重要な問題なので十分に注意してほしい。

4 〈産業関係〉の悪化の原因となるような〈階級差〉は存在するのだろうか

〈産業関係〉に対するマルクス主義的な見方では，①〈産業関係〉は現実に階級的関係に基づいていること，②経営者が商品を最低価格で買おうとするのと同じように，労働力は他の商品と同様に市場で買われ，売られるものである，ということである[(4)]（このような見方に対して，何らかの論証はあるのだろうか）。

英国の全所得の約半分を占めている人々の上位20％にみられるように，最上位階級と最下位階級との間には報酬・富の面できわめて大きな差が存在していることは明白である（図表5-1を参照のこと）。労働における報酬の差は社会全体を通じての階級による富，報酬の格差と密接な関係をもっている。最も高い報酬をもらっている人々は一般的に，①快適な労働条件，②有給による病気休暇期間の長さ，③年金計画の充実，④将来に対する昇進の可能性の高さ，等の有利な条件などをもっている。他方，相対的に低い報酬をもらっている人々は，①労働条件の悪さ，②雇用の不安定性，等がみられ，事故・病気にしばしばさらされているとともに，出勤時のタイムレコーダーへの記録，労働時間のシフト制を受け入れなければならないし，一般的に低い地位にも甘んじなければならないのである。再度，指摘しておきたいのは，最も低い報酬で，なおかつ，最も低い階級の職業には労働においても最も労働の自立性がないのである。図表5-3で示されているように，彼らは長時間，働いているのである。

他の企業との競争を理由に，景気後退期において，特に，利益を確保しようとするプレッシャーが民間企業の場合には強いし，常態的なのである。このようなことは企業が賃金を減少させたり，賃金をできるだけ低く抑えていこうとする原因となるのである。最も報酬の少ない者は最も力がないのと同じように，最も苦しむのである。そこで，企業は階級的関係が生じるような，大きな闘争の場をつくり出すのである[(5)]。したがって，次のような議論が出てくるのである。すなわち，階級的差異はイデオロギー的差異（権力的差異）とともに生まれてくるわけだから，〈産業関係〉の悪化を必ずもたらすことになる。このように，社会における〈敵対的な階級的差異〉は〈産業関係の脆弱化〉を生み出すことになるのである。

図表5－1　英国における世帯別所得分布（1976年と1986年の比較）

（単位：%）

年	下位	下位の中	中位	中位の上	上位	計
1976	0.8	9.4	18.8	26.6	44.4	100
1984	0.3	6.1	17.5	27.5	48.6	100

出所：*Social Trends*, 1989.

図表5－2　英国における社会階級別標準死亡率

	社会階級Ⅰ・Ⅱ	社会階級Ⅳ・Ⅴ
男　性	74	129
女　性	76	116

注：標準死亡率（SMR）は，健康と不健康との比較の場合に一般的に使用されている，平均死亡率の測定である。英国の平均は100として表記されている。社会階級と職業に基づいて表記されている。社会階級Ⅰは専門職層で，社会階級Ⅱは管理職層である。社会階級Ⅳは半熟練労働者で，Ⅴは未熟練労働者である。心臓病を含めたすべての一般的な疾病では，社会階級Ⅴの標準死亡率は社会階級Ⅰよりも相当高い。この理由には，労働現場における厳しい条件を含めたさまざまな理由が考えられる。

出所：R. M. Whitehead, *The Health Divide* (Health Education Council, London, 1987), table 4.

図表5－3　英国における常勤男性労働者の週当たり平均労働時間

（単位：%）

	男性単純労働者	男性非単純
40時間以下	51	82
40時間以上	59	18

出所：*Social Trends*, 1985.

アドバイス

本章の最後にある〈研究課題〉に関して作業を行う場合には，本節の最初の部分で示された質問を考えると役に立つはずである。「階級―職業―イデオロギー」の三者の関係は単純なものではない（第3章を参照のこと）。

5　経営管理はどの程度，強力なのだろうか

これまで，経営管理について次のようなことが示唆されたことがあった。すなわち，経営者側の管理する権利は数多くの管理的イデオロギー（最も有名なのは〈科学的管理法〉，もしくは，〈テイラー主義〉である）によって支えられてきているように思われる。このことから，経営管理は作業内容だけではなく，作業

内容の方法まで含めて管理しなければならないということである。しかし，経営者側や労働者側は実際にはどの程度まで管理的イデオロギーを信じているのだろうか。ここで，経営者側の管理が制度化されるための特定の方法についていくつか，簡単にまとめたリストがあるので紹介しておこう（制度化とは，〈適切である〉と考えて行われるものである）（第４章で検討されている〈管理的イデオロギー〉の要素も考えに入れておくこと）。

- 経営管理に関しては，法的に授与された法的権利や法的義務がいくつかある（例—安全規制等）。
- 雇用者と被雇用者との間には自由な契約が存在しているといわれている（第４章で議論されている遵法主義イデオロギーを参照のこと）（「もし，あなたがここで働くことを望まないならば，自由に他へ行ってもよい」と雇用者は不満を洩らしている被雇用者に述べている）。
- 管理者は自分の守備範囲内での経営管理上の権利を行使しているように思われる。例えば，ある管理者は〈自分の部署では〉というかもしれない。
- 部下のスタッフに話しかける管理者は時として，より高度なレベルの権限を発動することがある（すなわち，経営首脳陣は実際に起こっている事象を知ったならば，そのことで頭を悩ますことになる，といったことを部下に示唆しているのである）。
- 管理者は自分自身が専門的なエンジニア（技師）になるような生産活動のプロセスでは，現場の労働者よりも，すぐれた専門家の方に依存する。管理者だけが何が受入れ可能か，何が正しいか，を決定することができる。
- 管理者は自分の責任を強調することが可能である。彼らは意思決定のための権利をもっているために，さまざまなミスを批判することができる，と主張している[(6)]。

ここで，読者の皆さんはこのリストをどのくらい拡大できるかを検討した方がよいかもしれない。これまで皆さんが見聞した中で共通のフレーズがあれば，それらを探してみるとよい（「いつも，自分の幸運の度合をどこにでも試してみることができるように」といったように）。

設　問

あなたはどの程度まで，左記の議論を受け入れることができるだろうか。あなたはこれらの議論にどんな回答を与えることができるだろうか。

経営者側は次のような場合，弱い立場に立つことが時としてある。例えば，労働組合がストライキ中に，①不当と思われる賃上げを要求してくる場合，②労働組合が人員の削減を拒否したり，新しい技術の導入を拒否したりする場合，などである。上記で議論したように，マスメディアはストライキ中の労働者をしばしば非論理的なものとして捉えることがある。確かに，経営者側は管理をすべきである。しかし，そのような行為は許されるのだろうか。ストライキ・戦闘的な組合・組合の職場代表・政府の介入，といったすべての事象は経営者側による管理権の侵害のように思われる。

労働組合は表面上よりは実際は弱い存在である。組合は本質的には〈対応志向性〉なのである。組合は自分たちの考えを実行に移すよりも，経営者側の経営方針に対応していかなければならないのである。このようなことが彼らの役割を制限しているのである。

6　労働組合の特質

労働組合は組合員の賃金・労働条件を改善するために存在している。組合は相互扶助的な社会なのである。組合の主要な目的は組合員を援助することである。組合は厳しい状況の中でも経営者側を攻撃したり，また，政府の政策を援助するために組合員の賃金を下げたりすることはしない。しかし，これらの行動をとることが組合員の利害にならないという条件付きである。

次にあげる二つの概念，〈労働組合加入率〉（Density）・〈労働組合度〉（Unionateness）は労働組合の特質を伝えていくのに役立つものである。〈労働組合加入率〉は企業組織全体の中で実際に労働組合員がどのくらいいるかを測定する方法である（例―労働者の中でどのくらいの人たちが組合に加入しているのだろうか）。この測定方法はパーセンテージで示される。この概念はどのくらい有効性があるのだろうか。

なぜならば，〈労働組合加入率〉は特定の産業では組合の力に影響を与えるからである。図表5－4，図表5－5は労働組合の数，伝統的な労働者階級の職種とともに，組合員が最近，どのくらい減少してきているかを示したものである。

設　問

図表5－5では，どのような雇用パターンを示しているのだろうか。

〈労働組合度〉とは，別個の測定が必要となる概念である[(7)]。この概念では，個々の労働組合がどの程度まで，労働組合主義という一般的な原理に関与しているかを提示している。下記の質問に答えることで，その回答を引き出すことができるだろう。

- 組合は自分自身を労働組合と呼んでいるだろうか。
- 組合は労働組合として登録されているだろうか。
- 組合は〈労働組合会議〉（TUC）に加盟しているのだろうか。
- 組合は労使交渉の場では，経営者側から独立しているのだろうか。
- 経営者との団体交渉が主要な機能となっているのだろうか。
- 組合は戦闘的に戦う覚悟はできているだろうか。

このような事柄を説明していくのにわかりやすい例がいくつかあるので紹介しておこう。金融・生命保険会社では，いくつかの組合は現実には〈企業組合〉（Company Unions），もしくは，〈スタッフ部門員組織〉（Staff Associations）となっている。これらの組合は経営者側によって運営されている可能性がある。人によっては，これらの組合でも〈組合〉と呼ぶが，上記で指摘しているような属性がいくつか欠けている。例えば，「王立看護協会」（Royal College of Nursing）は労働組合だろうか，それとも，専門的職業組織だろうか。この協会が患者に損害を与えないように，この協会員は決してストライキはしないだろうといわれている（ついでながら，看護師は「王立看護協会」，もしくは，「保健サービス従業者連盟」（Confederation of Health Service Employees—COHSE）に加入しているのだろうか？　これらに加入していれば，〈労働組合度〉のすべての項目を満足していることになる）。それでは，「全英教員組合」（National Union of Teachers）につ

図表5－4　英国における労働組合加入数

（単位：千人）

年	労働組合数	全労働組合員数
1975	470	12,026
1979	453	13,289
1984	371	11,086

出所：*Social Trends*, 1987.

図表5－5　英国における産業別労働組合加入数

（単位：千人）

労働組合	1979年	1985年	変化（%）
輸送一般労働者組合	2,086	1,434	－31.2
政府・地方自治体官吏協会	753	752	－0.1
鉄鋼労働連盟	110	45	－56.4
健康サービス労働者連盟	213	13	0.0

出所：*Soial Trends*, 1987.

いてはどうだろうか。この組織はほとんどすべての項目を満足しているが，教員は自分たちを専門的職業従業者であると固く信じている。さらに，「全英学生組合」（National Union of Students），「民主的鉱業労働者組合」（Union of Democratic Mineworkers），「教員専門協会」（Professional Association of Teachers），「英国医学協会」（British Medical Association）などについてはどうだろうか。

〈組合員資格〉

職業別組合では，その会員資格を職人である人のみに限定している。例えば，「英国グラフィック協会」（National Graphic Association）などがそうである。

産業組合では，特定の産業で働いている人々すべてを組合員として加入させている。例えば，「英国鉄道従事者組合」（National Union of Railwaymen）など。

ホワイトカラーの組合は，種々の組織でホワイトカラー労働者として働く人たちを代表している。

労働組合の中には非常に大規模な組織をもっている組合もある。組合の中でも最もレベルの低い組織は労働の場所・事務所・鉱山所・工場を基盤としてつ

図表5-6　労働組合の組織構造

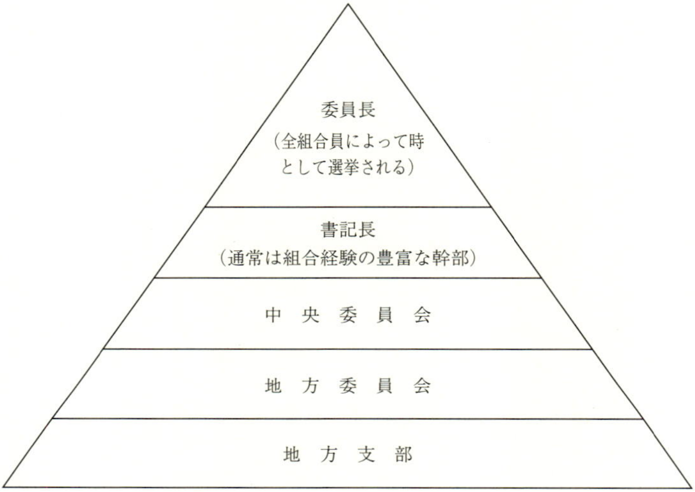

くられる支部組織である。例えば，鉱山労働者の間では，支部組織は〈ロッジ〉（Lodge）と呼ばれ，印刷労働者の間では，〈チャペル〉（Chapel）と呼ばれている。いくつかの労働組合にみられる組織体系は図表5-6に示されているように，ピラミッド型の権力構造になっている。

7　労働組合主義の変化と経営管理

過去10年間，労働組合の地位に関してはかなりの変化があった。大きな変化の原因となったのは，①失業，②伝統的な産業の衰退，③英国における労働組合の法的地位を弱めたとされている法制化の問題，等である。

社会学者はこれまで，「大量の失業現象が原因で，経営者側が労働組合に対して攻撃的な行動に出ている」という考えを検討してきた。彼らによれば，経営者側が高い生産性を達成するために労働慣行を変更したいと考える場合には，被雇用者が長年に渡って築き上げてきた諸制度を攻撃することこそが被雇用者の不信を招き，被雇用者を硬直化させることになるのである，としている。経営者側が被雇用者に対して柔軟な対応ができるように説得し，労働組合と関係を維持していくことの方が経営者側の利益があるように思われる。ある識者は「人事管理協会」(Institute of Personnel Management) の副会長の言葉を引用しながら，次のように指摘している。「被雇用者志向者型の経営管理の方向に進んでいく傾向，さらに，大抵の場合，組織化された労働力に対する攻撃を回避することなどは労働における〈柔軟性〉を達成することによって変化に対応していこうとする経営管理上の戦略である，としている[(8)]。労働組合の地位に関するさらに重要な変化のいくつかには下記のようなことがあげられる。

[組合としての基盤]	[基盤の変化]
• 組合員間の強い連帯（特に，ストライキ中)。	• 連帯喪失の事例について。ノッティングハムシャーの鉱山労働者は抗内でのストライキ中でも労働に従事していた。電気・電子・通信・鉛工業関係の組合（EETPU）の組合員は，ロンドンのフリート街にあるマス・コミ各社の組合員がストライキ中，ワッピングにある工場で印刷作業に従事していた。
• 強力な団体交渉。組合員は組合の指導者を支持し，賃上げ・労働条件の改善交渉に側面から支援した。	• 労働組合の連帯性の弱体化（上記を参照）は逆に，組合の団体交渉力を弱めることになった。その背景には，雇用者側の方が組合のストライキの実行・維持能力に疑問をもっていたからである。実例としては，1987年の公務員スト・教員ストの失敗があげられる（これに対しては，教員給与の支払を決定している，政府のバーナム委員会〔The Burnham Committee〕の廃止が含まれている)。
• 伝統的には，労働党と労働組合運動との間には，強い絆が存在して	• 現在でも，その絆は強いけれども，段々と弱体化の一途をたどってい

いた。	る。労働党政権はこれまで労働組合が享受してきたストライキ行動の影響に対する免責すべてを回復しようとしているようには思えない。
• 労働組合主義者の大半が古い，伝統的な組合，例えば，鉱山・鉄鋼・鉄道等の労働組合からの出身である。	• サービス業・ホワイトカラー層の組合員の数が段々と増加している。
• 労働組合の非公式（インフォーマル）的な代表である職場代表は〈産業関係〉において非常に大きな役割を果たしてきた。	• 労働組合の全体的な力が低下してきているために，職場代表の影響力も弱体化しているように思われる。

設　問

上記のリストは主として説明的な内容である。リストで取り上げられた変化の方向性に関して，あなたはその基本的原因は何であるかと考えているだろうか。これらの方向性の逆のケースはありうるだろうか（例―完全雇用の時代）。

〔アドバイス〕

- 失業と強い政府が基本的な原因であるとも考えられよう（米国・英国ともに）。
- 上記の課題，並びに，労働組合のメンバーシップと失業との関係等を明らかにするために，*Employment Gazette, Social Trends* 等を活用すること。

労働組合の権力と影響力において，力の低下があったということは明らかである。組合は経営者とはどのように対応したのであろうか。

まず第一に，少数の組合（特に，電気工関係）は雇用者と協力関係を構築しようと努力した（例―電気・電子・通信・鉛鉱業関連の組合〔EETPU〕）この組合は雇用者に対して次のような提案，①ストライキ放棄の約束，②すべての従業員に対する地位の平等，③労働における柔軟性，④労使協議方式の採用等，を行った[9]。ここで問題なのは，すでに確立された〈産業関係〉が敵対関係（双方の利害が異なるということが原因で），すなわち，雇用者と被雇用者との間の戦いに発展していくこともあるということである。このような状況のもとでは，

〈ストライキ放棄〉取引（ストライキは最高の制裁行動である）をしている組合が，組合としての機能を発揮できるだろうか（上記の〈労働組合度〉の検証の項を参照のこと）。

他の組合の場合，かつては組合員の加入率が低かったが，今や拡大しつつあるサービス業界から組合員を補充して，新しい動向に対応するように努力していたこともある。このように，「ゼネラル・ミュニシパル・ボイラーメーカー組合」（GBMU）の場合には，その規模は製造部門より多くなり，1990年代には約600万人になると予想されている，新しい〈使用人階級〉（New 'Servant Class'）と呼ばれている人々に対して広範な働き掛けを行ってきている[10]（訳注：近代社会以前では，英国では貴族等に雇われている家事使用人〔Domestic Servant〕が大半であった，しかし，近代社会では，自分の自由な意見で雇用主を選ぶサービス産業分野の家事労働者が新しい労働者階級として含まれてきたことを意味している）。この階級の人々には，契約制のクリーニング業，ホテル・料理調達業，商店，一般のクリーニング業に従事している労働者が含まれている。

これらの職種は現在では，低い賃金である。つまり，労働者には付加給付・福利厚生・雇用保証・組合代表制，などが全くないのである。こうした人々の地位は最近，段々と悪化してきている。例えば，ある職種の最低賃金を決定する「賃金協議会」（Wage Council）は21歳以下で離職する人々に対しては，雇用者は非常に低い賃金を自由に支払ってもよい，という権限をもっているのである。

8 〈産業関係〉の将来

〈産業関係〉は過去・現在・将来の時間軸の中で，①高失業率，②新しいテクノロジー，③世界的な競争・不安定性の中での柔軟な対応の必要性，等の要因によって影響を受けてきている。労働組合・経営者・個人も次のような発展の中で生きていくことになるだろう。

- フルタイム業務（常勤）の減少とパートタイム業務（非常勤）の増加。1980年では，被雇用者の５人に１人がパートタイム労働に従事していた。1990年代には，これが４人に１人の割合に増えるだろう[11]。

図表5－7　英国における臨時雇用者数の推移

（単位：千人）

	1971	1981	1984
男　性	584	718	—
女　性	2,757	3,781	1,172

出所：*Social Trends*, 1987.

- ここ数年の傾向では，自営業者の数が大幅に増加したことである。1979年～85年の間に，自営業者の数が3倍の260万人に増加した。[12]
- 臨時的業務，一過性的な企業等が急速に増えてきた。1985年には，こうした組織で働いている労働者の数は約160万人に達しているとされている。

このような変化の多くは女性に対して大きな影響を与えていることに注意していただきたい。例えば，パートタイム業務への女性の雇用率が急激に進展したことである（詳細については，第7章を参照のこと）。

- 1985年，米国人がオーナーとなっている自動車の自動変速装置の製造メーカーである，ボルグ・ワーナー社（Borg-Warner）は西部グラモーガンにある工場において，労働組合と協定を結び，これまで労働者間にあった業務的境界（例―機械の操作・維持・清掃等）を取り除いたのである。さらに，立続けに，今後6年間に渡る〈賃金協定〉も取り決めたのである。

  フィンダス社（Findus）は英国の北東部にあるロング・ベントン（Long Benton）で二種類の筋肉労働者を使って，工場を動かしている。第1グループの労働者たちは，全体の労働者のうちの約30％は雇用契約に特別条項を盛り込まれていて，その内容は，「これらの労働者の雇用契約は組合の要請にかかわらず，終了することができる」としている。第2グループの労働者たちはこのような不安定条項という条件がないということである。労働者は第2グループから欠員が生じた場合のみ，第1グループから，第2グループへ移動することができるのである。

  サウス・ウェールズのブラインマーで操業しているコントロール・データ社（Control Date）（コンピュータ用のテープやディスクを製造している）では，従業員の15％は補足的な従業員にするという保証を行っている。この補充要員は10ヶ月契約で週に30時間しか労働に従事しないし，全く労働に従事しない期間もあることを事前に告知されている。

  ブリティッシュ・カレドニアン社（British Caledonian）は（現在では，ブリティッシュ・エアウェーズの子会社）労働者間の境界を緩和させる協定を労働組合に締結するとともに，残業手当の支払いを止め，その分余った筋肉労働者を週37.5時間の有給労働に従事させることにした。[13]

このような変化の重要性を説明しようとする場合，労働者を二つの要素，一つは〈中核的部分〉（the core）でもう一つは〈周辺的部分〉（the periphery）に分解して考えた方がより有益であるように思われる。〈中核的部分〉にいる労働者は高い賃金とよい労働条件という待遇を受け，柔軟性のある勤務体制に対応しているのに対して，〈周辺部分〉にいる労働者は特定の仕事をするために雇用されているとともに，彼らを必要としない時には解雇されるのである。[14] 上記で引用した文章は現実的な事例を通じて，〈中核的部分の労働者〉と〈周辺的部分の労働者〉の差異のいくつかの点について説明したものである。

設　問

〈中核的部分の労働者〉と〈周辺的部分の労働者〉とを区別することは〈ブルーカラー層〉と〈ホワイトカラー層〉の区別を生み出す意図があるのだろうか。

- 政府が小規模企業の育成に乗り出した結果，より小さな単位の生産規模が増大化している。これに伴い，労働者階級に〈新しく，成長している分野の労働者〉の誕生といったように，階級態度にもいくつかの変化が生じてきている。このような労働者階級は，①自分自身を伝統的な形態としての位置，さらに，②組合員の大半が公共部門で働いているような現在の労働組合運動，また，③これまで多くの点で議論の重点となっている〈連帯性の欠如〉の対象となっている労働組合運動，なども拒否している。現在の労働組合運動は雇用市場の変化に対応すべきであるという議論もこれまで行われてきている。おそらく，組合としては，組合員を教育する機会を提供し（EETPU のように），全体的に積極的な態度で事にあたらなければならないだろう。[15]
- 〈産業関係〉におけるもう一つの発展方向は特に，米国にみられるような〈人的資源管理システム〉（Human Resources Management—HRM）（人材の最適活用システム）を重点的に検討していこうとする考えが増大化していることである。〈柔軟性原理〉（Flexibility）は〈人的資源管理システム〉

（HRM）を通じて，「団体交渉」の場以外で検討されているようである。これに関して重要な問題点は以下のようなものがある。

(1) **「貢献」（Commitment）**：HRM 政策はどの程度まで，組織への貢献に役立つのだろうか。

(2) **「能力」（Competence）**：HRM 政策はどの程度まで，組織に必要とされる技能や知識をもつ人材を開発できるのだろか。

(3) **「対費用有効性」（Cost-effectiveness）**：賃金・転職率・欠勤・ストライキに対する経営方針の費用有効度とは一体，何なのだろか。

(4) **「適合性」（Congruence）**：HRM 政策は経営者側や労働者側との双方に適合性をもつべきである。適合性の欠如（経営者側に対してはある法律を適用し，被雇用者側に対して別の法律を適用していくというやり方）は結果的には，〈信頼性の喪失〉ということをもたらすことになる。[16]

• 技術に関するさまざまなアドバイスには〈開放政策〉も含まれている。つまり，経営者は常に活用可能な存在として位置づけておくわけである。もちろん，このようなことは経営者が被雇用者の態度に接触することを通じて，コミュニケーションを改善することに役立ってくるのである。HRM に対する批判としては，最終章において次のようなことが指摘されている。すなわち，「組織内のコミュニケーションには一般的にはさまざまな問題点がある」と。それは，双方が〈別々の表現〉を通じて，コミュニケーションを行うという事実があるからである。いいかえれば，このことが紛争的利害をもっているような言語表現によるコミュニケーションだからである。

9 労働組合に対する社会学的視点

労働組合に対する社会学的視点は主として，①組合の管理，②〈産業関係〉における紛争の制度化，の二点である。すなわち，当事者双方（雇用者と労働組合）が暴力的手段に訴えないで，賃金・労働条件の問題に関してどのように合意するか，について調査することなのである（第二次世界大戦以前では，米国の〈組合破壊主義者の活動〉は非常に暴力的であった）。

設　問

端的にいって，ここ数年，鉱山労働者と印刷労働者のピケット・ラインで発生している衝突については，あなたはどのように説明できるだろうか（例―1984～85年の石炭ストライキ，1986年のワッピングにおける印刷関連労働組合の「ソガット」（society of Graphical and Allied Trades―SOGAT）とルパート・マードックとの争い等）。

〔アドバイス〕

- *Keesing's Record of World Events,* あるいは，*New Society, New Statesman, The Economist,* のような月刊／週刊の経済誌を含む，資料を図書館参考資料を使って探し出すこと。
- あまり説明的・歴史的な記述はしないこと。できるだけ分析的にまとめること。
- 労働組合の相対的な弱点とそれに対応した政府の強さの背景要因を分析すること。

上記で概観した〈産業関係〉の変化を前提とした上で，次のような質問に答えておくことが必要であろう。「現在では，労働組合はどの程度の強さなのだろうか？」。この質問では，下記にあげる三つの基本的質問に答えることで質問内容に回答できるようになっている。①「労働組合の権力はあまりにも強すぎるのだろうか？」，②「職場代表の権力はあまりにも強すぎるのだろうか」，③「労働組合は西欧社会では，政治的な脅威となっているのだろうか」，など。これらの質問は次の項において個々に検討することになる。

1　労働組合の権力はあまりにも強すぎるのだろうか

労働組合は最近，衰退傾向にあるけれども，依然として権力的には強い地位に留まっている。英国では，労働組合員は900万人以上いる。西欧の経済構造は複雑であるが故に，労働組合による制約がさまざまな障害を与えるのである。例えば，自動車業界のストライキは何百ものサプライヤーに対して大打撃を与えている。また，国際経済は段々と競争が激化している。もし，ストライキが発生するような事態になれば，雇用者は市場を失い，競争相手に負けることになる。しかし，労働組合は実際にはどのくらい強力なのだろうか。彼らの権力は強力すぎるのだろうか。一般大衆は労働組合を脅威的存在・非理性的存在としてみなしている。つまり，ストライキが原因で一般大衆に不便さをもたらし，警察・政府・雇用者・顧客に挑戦的な行動を取っていると考えられているのである。これまで，労働組合は英国の産業衰退の原因であるとして非難されてきた。このように，労働組合が話題になる時には，一般的には悪い話題，すなわち，ストライキの時なのである。しかし，すべてがうまくいっている時には，労働組合は問題とならなくなるのだろうか。[17]

グラスゴー・メディア・グループ（Glassgow Media Group）の次のような引用文があるので読んでいただきたい。さらに，これは，労働組合の活動に関するメディアのレポート活動に対する十分な調査の結果であることも頭に入れておいていただきたい。

> 労働組合主義者の人たちに対してインタヴューを行って，彼らから得た全体的な不満はテレビ・新聞雑誌の報道が労働組合をもっぱら〈紛争的な組織〉として重点的に捉えていることであった。彼らの反論によれば，メディアの側がストライキや〈紛争〉に対して強迫観念に囚われていること自体が，労働組合が経済活動の一般的な組織・運営において果たしている広範な役割をほとんど無視していることになるのである。加えて，先進国の産業経済は労働組合の建設的な協力がなければ，生きていくこともできないというコメントを行っていた。
>
> 第2のコメントとしては，（これはしばしば指摘されることであるが）メディアの報道が主としてストライキに集中しているばかりでなく，実際にストライキが発生した場合でも，メディアはストライキの些細でセンセーショナルな側面に報道の焦点をあてているということである。[18]

労働組合は表面的な姿に比べて，相対的に力は低下してきているのである。彼らの強さは〈連帯性〉にある。経営者は企業を経営するために彼らを必要としているのである。彼らの行動は法律によって，その権限を縮小されている。例えば，6ヶ所以上のピケットは工場の入口では許可されていない。さらに非常に重要なことは，労働組合は反応的な組織であるということである。彼らがイニシアティヴをとることはめったにしかないし，革命的でもない。つまり，彼らは経営者から統制権を奪い取ることによって，システムを変革しようとは考えていないのである。

労働組合が以前に比べて力が弱くなっているもう一つの理由がある。それは，指導者と一般組合員との間に，意見の相違があるからである。雇用者との交渉・ストライキの管理のように，これまで組合として行ってきた業務が原因で，労働組合自体が官僚化・少数独裁政治化してきたことである（組合の首脳陣が少数の人間を使って，支配しているということ）。組合の指導者は一般組合員との接触を失ってしまったのである。

紛争は開かれた社会では，当然のことであるし，労働組合は法的な手続きを経た上で，紛争を指揮していくのに役立っているということも指摘されている。ストライキは賃上げをしばしば要求するが，こうしたストライキは社会を脅威に晒すことは実際にはない。別の見方をすると，彼らは自分たちの解決方法を用いて問題を明確にしていくのに役立っていることもある。要するに，ストライキ自体は社会にとって脅威ではないが，ストライキを通じて，社会の中に競争的な利害が数多くあることを示しているのである。われわれはこれらの利害に対して表現の自由を許したところで脅威を感じるわけではない。豪州や米国のように経済的に非常に成功した国は英国と比べて，ストライキの発生率が非常に高い。一般の人々は労働者の供給するサービスや労働者のつくる製品に依存しているからこそ，ストライキに脅威を感じているのかもしれない。しかし，このような恐れは十分な根拠があるのだろうか。あなたの場合，どのくらいストライキで大きな影響を受けただろうか。ストライキを通じて毎年，損失を受けた日数は病気で損失を受けた日数に比べてわずかである。

2　職場代表の権力はあまりにも強すぎるのだろうか

職場代表は労働組合の地方組織の役員である。彼らは一般組合員によって選ばれるが，無報酬である。彼らは通常，仲間である労働組合の人々とともに働いている。したがって，彼らははるかかなたの労働組合の本部にいて，報酬ももらっている幹部よりも，一般組合員の実際の活動に接している。事実，職場代表の権力・影響力は一般組合員の信用と支持に支えられている。職場代表が時として，〈トラブル・メーカー〉として捉えられているが故に，こうしたことをいっておくことは重要なことなのである。しかし，彼らは一般組合員の不満に密接に関与しているという理由から，経営者側にとっても有益な存在なのである。彼らはコミュニケーション・チェーンの重要な連絡役（リンク）となり得るのである。職場代表はその役割が曖昧であるという事実によって，その力を弱められている（彼らはどちらの立場に立っているのだろうか。一般組合員，労働組合，経営者，それとも，自分自身なのか）。

3　労働組合は西欧社会では，政治的脅威となっているのだろうか

これまで，労働組合は社会にとっては脅威ではないということを示唆してきた。一部労働組合の政治的力について政治評論家が発言せざるを得ない状況について検討を加えることは興味深いことであるかもしれない。

マルクス自身も含む，初期のマルクス主義者は労働組合を回避不可能の大きな闘争，ブルジョア社会の打倒のために労働者階級をその備えにさせるための手段であるとみなしている。ストライキは〈連帯性〉の拡大，並びに，〈労働者の兵学校〉として考えられていたのである。資本主義社会の特質は数多くの一般大衆を工場に集めることによって，このような行動を支えてきたのである。このような一般大衆は団結と協力を通じて，階級意識（Class Consciousness）を獲得し，無資産で，搾取されている段階から，自分たちの本当の階級的地位の実現に向けて行動していくのである（訳注：「チャーティスト運動」とは，英国で1838年～1850年代に労働者が普通選挙を要求して行った大衆的な政治的運動のことである。その活動基盤となったのが労働組合などの労働者の組織である）。

事実，19世紀の英国では，完全な政治的権利を要求して起こった「チャーティスト運動」の崩壊，政治的運動というよりも組合員の労働的利害のみに関心を寄せた「職業別組合」の誕生，などとともに，さまざまな動きがみられたのである。

労働組合活動は本当に〈資本主義社会〉への脅威となり得るのであろうか。レオン・トロツキー（Leon Trotsky）によれば，「経済恐慌下では，労働組合員の願望（より高い生活水準）が満たされることは不可能なので，労働組合は資本主義にとって危険な存在である[19]」と。彼らの願望は社会の根本的な再組織化によって達成することができるのである。一方，労働組合の指導者層はこのような根本的な変革は望んでいない。労働組合の指導者はイデオロギー的側面では，非常に保守的なところが多い（確かに，英国では，第二次世界大戦後のベバン／ディーキンの時代から，1960年代・1970年代のブラウン／ギュンター／ゴームリー／ウェイヒルの時代，さらに，現在のウィリィス〔全国鉱山労働組合の現在の委員長・ス

カーギルを除く〕の時代までは，このような保守的傾向は事実として存在していた)。労働組合内の〈官僚制型統制〉に対抗するために，トロツキー，評論家，活動家はこれまで，労働組合における〈一般組合員型統制〉の必要性を強調してきた（実際，このようなことは労働組合で指導的地位を獲得しようとしている〈英国の共産党〉と組合の職場代表運動を通じて一般組合員の意識高揚を図ろうとしている〈トロツキー型社会主義労働党〉との主要な差異の一つとして考えられたものである。マルクス主義者はこのような企てのいずれにも，特に成功したということはなかった)。このように，労働組合にとってよい時代では，組合は賃上げだけを考えていればよかったのである。このような時代のことをこれまで，経済主義の時代（Economism）と呼んでいた（この意味は，「資本主義の打倒」というよりも，資本主義内で労働者が待遇改善〔賃上げ・労働条件の改善〕を要求している，ということである)。経済恐慌の時代には，組合員の損失・組合員の失業の恐れから，組合の力は弱いものであった。マルクス・エンゲルスの楽観主義にもかかわらず，労働組合は彼ら以降のマルクス主義者の方針のせいで，社会に対してほとんど脅威を与えることはなかったのである（1930年代，あるいは，1980年代の景気後退期の時代がこれにあてはまる)。

事実，西欧社会では，労働者の間にはほとんど階級意識が存在していないと指摘されてきている。彼らは自分たちが搾取されていることに十分に気づかず，労働の場における疎外に対して，非労働的な活動によってその代償を埋めていこうと努力していないのである。基本的には，労働者は，①より多くの金（経済主義）と②労働の場における一定程度の職務統制，を求めているのである。このようなことからは全体的な階級構造を変革していこうとする考え方は出てこない。労働組合の創立以来行われてきた，〈産業関係〉の制度化は紛争をこのような二つの項目に矮小化してきたのである。ある社会学者は次のように結論づけている。すなわち，「①労働者は経営者と相互依存の感情を共有していること，②部分的には階級意識の高揚はあっても，資本主義は〈経済主義〉によって生き延びること，③経済が停滞しているような時代でも，資本主義の存立は脅かされることはないこと」，である。労働者は資本主義自体を自分たちの問題として捉えないで，外国移住者のようなスケープ・ゴート（犠牲者）を求めていくことが時としてある。[20]

10 生産性の低さの原因について

おそらく，ここでまず気にかけなければならない最初の理由は，ストライキに関することであろう。しかし，ストライキは生産高の損失の主たる原因だろうか。この問題に答えるためには，次のようなことが参考になる。近年，英国ではストライキよりも，産業上の事故が原因で労働日数の損失をもたらしていることが証明されている。ストライキによる労働日の損失に対して，疾病による損失は10〜20倍で，さらに欠勤によるものは20〜40倍に達している[21]。

もし，ストライキが〈産業関係〉における主要な問題でないとすれば，他の問題とは一体，何だろうか。一つ考えられる回答は〈疎外〉(Alienation) の問題であろう。労働者は労働への動機づけを与えられていない。経営管理的イデオロギーは，労働者が労働に実際に参画するための余地をほとんど与えていない。そこで，労働者は数多くの方法でこの問題に対応しようとしている（ストライキや賃上げによる方法が必ずしもすべてではない)。基本的には，彼らは種々の戦略・対応によって，自分自身の作業環境の統制を求めてくるだろうし，可能な限り，労働を回避するような行動にもでてくるだろう。

まず第一に，労働者は経営者側のやり方があまりにも統制的で強圧的なものであると感じていれば，経営者側の願望を妨害しようとするかもしれない。彼らは，経営者側が強制的に割当てた仕事のノルマに反対して，自分たち自身の方法で仕事を達成しようとするだろう。第6章で議論するように，作業集団は自分自身で作業成果ノルマを設定することが時としてある。ある事例によれば，これらのノルマ以上の作業を行った連中のことを〈がっつき者〉(ratebusters) と呼び，十分な労働成果をあげなかった連中のことを〈怠け者〉(chisellers) と呼んでいるそうである[22]。このように，作業集団は経営者側の強制的な管理に対抗して，連帯性を維持しようと努力しているようである。

第二に，作業集団は自分たちの日々の作業に影響を与えるような〈経営者側の意思決定〉から情報を得るために，職場代表に対して強い支持を与えている。

第三に，労働者は計画的・具体的な方法で行動しようとしていないことである。こうした要素には高い転職率・高い長期欠勤率・高い病欠率・ストレス・

疲労などが含まれている。

第四に，労働者は窃盗やサボタージュを通じて，経営者側に対して攻撃的な対応をしようとしていることである。窃盗は低い賃金に対する反応としてしばしば現れてくる（賃金の低い分を補填しようとする考え方）。賃金の低さでは悪名が高い，ホテル・料理調達業界では，このようなことは日常茶飯事である。サボタージュの広がりについては今のところ確たる証拠はない。もっと重要なことは，〈科学的管理〉に対する一般的な反応として，労働に熱意がない，ということである。

これらの事例では，雇用者側の行動（例—統制の強化）と非雇用者側の反応との間に直接的な関係が表面上は現れていない。非雇用者側が労働を強制されていると感じれば，長期欠勤は一応納得のいく反応かもしれない。他の事例では，このような関係があまり明確ではない。例えば，作業における統制と事故との間には，一体，どんな関係があるのだろうか。労働災害に関する調査資料によれば，明らかに事故の原因となっている事柄にはさまざまなものがあるが，これらの事故の背景には生産の維持・増加によるプレッシャーがもとで，安全面での対策が怠慢になっていることがあげられる[23]。このような状況に関して，工場の職長が演じている役割について，労働者が次のようなコメントをしている。「もし，職長が労働者のいうことを聞いて，工場の機械を止めるようなことをすれば，彼はすぐに首になるだろう[24]」と。

こうした事例による論文の題目は明白である。つまり，「事故の社会学と労働災害の社会的生産」といったように……。いいかえれば，事故は運によるものではなく，労働者個人の過ちによるものでもない。災害はわれわれの生きている社会の構造を反映したものといえよう。このように，事故は営業上のプレッシャー，生産ラインの時間的短縮，安全空間の削減，下請作業化等の結果，しばしば起きてくるのである。一般的な見方としては，中断されることのない生産活動こそが主要な目標である，としている。このような考え方が必然的に安全性とぶつかり合うことになるのである。実際的な面では，役割葛藤の問題がある。生産管理者，もしくは，生産監督者は労働の場における安全性に責任をもつような立場にはないということである。

以上のことをまとめると次のようなことになる。これらの事故をそれぞれ検討してみると，事故は生産過程の事故という形の中で起こっている。一方，工場の関係者は生産を維持・回復しようと努力しているだけである。すべての事例をみてはっきりしていることは，会社側の安全規則が全く遵守されていなかったことである。生産過程における事故は全体との関わりの中で起きたものである。労働者が生産活動に従事している中で危険な手段は一切用いられていなかったのである。労働者は生産ノルマに追いつくために，職長や経営者側からプレッシャーをかけられた中で，与えられた仕事を行っただけなのである。職長は労働者が生産ノルマにどのように取り組んでいるかを知るために，会社側の立場としてわが身を忘れて行動しているのである。職長にとっては，その方法をとる方がより安全だからなのである。このようなプレッシャーが続き，生産過程の事故が頻繁に発生するのである。このような問題に対処するために，短絡な方法が何度もとられていた。労働者は危険な状況に追い込まれることはなかったが，「もっと働くか」，あるいは，「リスクをとるか」という選択を通じて，生産活動に従事させられていたのである。どの事例をみても明らかなように，生産活動における数量的な問題というよりも，まさに時間の問題なのである。(25)

11 産業民主主義は可能だろうか

〈産業民主主義〉(Industrial Democracy) とは，労働者が自分たちの労働に影響を与えるような意思決定に少なくとも参加することである，とされている。英国では，1977年，「ブルロック委員会」(Bullock Committee) が〈マジョリティ・レポート〉と題する報告書を提出して，「2000人以上の従業員を雇用している企業は，①経営者，②従業員，③中立的な代表，の三者から構成される役員会を設置すべきである」と勧告している。この報告書は従業員・労働組合の双方から反対されたのであるが，これはなぜだろうか。

経営者側が反対していることを理解するのは容易である。彼らは資本を提供し，その上，リスクも背負っているのである。彼らは〈権力〉も〈権威〉ももっている。彼らはなぜ，これを放棄するのだろうか。

労働組合が反対しているのは，このような変革に伴って自分たちの力が低下してくることを恐れているのである。労働組合の権力は雇用者と対峙する場合，集団として，さらに，労働者の代表として出てくることに大きな意味がある。もし，労働者が経営者側の一部になるようなことになれば，このような権力基盤が失われてくることになる。このような考え方は労働組合の利己的な反対であるとはいえない。労働組合は長年に渡って築き上げられた，労働者の組織体である。一部の労働組合主義者は労働組合を労働者が競争社会の中で自分たちを守らなければならない唯一の組織であると考えている。

産業民主主義に対する労働組合側の第二の反論は，労働者はこのようなイデオロギーを望んでいないということである。たとえ労働が自分の職業経歴に展望を与えないものだとしても，さらに，心身を破壊するようなものであったとすれば，労働は生活利害の中心的なものといえるだろうか。本章では，「労働は中心的な生活利害ではないことがしばしばある。実際には，多くの人々にとって労働に対する主要な利害は賃金である」ということを提示してきた。

労働現場における民主主義が可能であるような状況はいくらでもある。例えば，小規模の協同組合的組織では，組織の参加者は利害関係の公平性の中で各々の出資分を所有している。しかし，大規模な民間企業では，このようなことについては重要な問題が数多くある。だからといって，産業民主主義の目標は達成できないということをいっているのではなく，社会学者の分析は問題点があれば少しでも見つけ出すということを指摘しているにすぎない。ついでながら，英国における産業民主主義の水準は他の欧州諸国に比べて全く低い。

ある識者の意見によれば，産業民主主義と従業員の参加は英国では遅れているということである。彼らは次のような段階を踏んで，推進すべきであると提唱している。

- 雇用者と非雇用者の権利や義務関係を明記するように法制化すること。
- 民主主義的な指導者のスタイルを重視すること（第6章の〈民主主義的な指導のスタイル〉を参考にすること）（また，もっと多くの女性が経営管理者になれるように奨励されること）。
- 非雇用者は効果的な権力基盤，例えば，労働組合をもつべきである。[26]

〈産業民主主義〉はこれまでしばしば，自発的な団体交渉に対する一つの選択肢として提案されてきた。しかし，このようなことは相互に競争的な職場集団が衝突するような景気後退期には困難である。意思決定に対して責任を負っている労働者側の重役陣に入ることは今後とも，労働側にとって受け入れにくい。利益を共有するような形で非雇用者側が経営に参加することもうまくいかないだろう。これには二つの理由がある。まず第一は，利益が低いような状況のもとでは，賃金交渉を左右することになるとみなされる。もう一つの理由は，このような参加は経済的動機を重視して，労働者側の経営参加への要求を無視することになるからである。

〈産業民主主義〉は他の形態としては，協同組合や自律的な職場集団も含まれるが，これらの組織は英国では，まだ普及していない（欧州大陸，特に，スペインの「モンドラゴン・コーポラティヴ」〔Mondragon Co-operative〕では，ある程度，成功を収めている。次章を参照のこと）。自律的な職場集団の場合，彼らの役割が下請契約者の役割と同種のものである時には，これまででも成功してきている（例えば，ビルの用地で下請業務を請け負っている場合とか，労働者が下請業者で自営の場合など。さらに，この場合，雇用者は公的保険等を支払わなくてもよい）。

12 結　論

本章の目的は，①すべての関係者の観点から，状況を観察すること，②ストライキは〈産業関係〉の主要な問題ではない，という二点を踏まえた上で，〈産業関係〉に対して社会学的視点を提示することであった。下記のポイントは社会学的アプローチを集約しようとしたものなので，参考にしていただきたい。本章で述べたいくつかの項目については，他の章でも詳しく議論されているのでこれも参考にしてもらいたい。

- 〈労働のプロセス〉に関しては，第3章を参照のこと。
- 〈経営管理的イデオロギー〉に関しては，第3章と第4章を参照のこと。
- 〈労働における疎外〉に関しては，第6章を参照のこと。
- 〈職業構造の変化〉に関しては，第8章を参照のこと。

[一般的な見方]	[社会学的な見方]
• 組織内の種々の成員，例えば，筋肉労働者，事務的労働者，専門的	•「非雇用者に生産・資源に対する所有や支配力は欠除しているので，

労働者，経営管理者はすべて協力して仕事にあたるべきである。経営者はすべての関係者の利害の中で経営管理を行うこと。	所有者，あるいは，支配者による雇用に全面的に依存している。さらに，このような依存関係は権力関係でもある[27]」。非雇用者はより高い賃金，よりよい労働条件を求めるかもしれないが，これらの要求は経営者にとっては脅威とはならない。
• 労働における〈階級差〉は今ではそれほど重要ではない。	• 大規模な組織の多くは今でも，経営管理・専門スタッフ用に別に設けた食堂・駐車場・トイレがある。労働現場における階級障壁は依然として強く，このことがおそらく，生産性に影響を与えているだろう。
• 労働における〈階級差〉は今でも存在しているかもしれないが，それほど多くはない。高い賃金（豊かな）をもらっている筋肉労働者は段々と〈中流階級〉になりつつある。社会学者は〈社会的階級〉の重要性を誇張しすぎている。	• 裕福な労働者に関する研究によれば，このような労働者は自分たちの仕事や労働組合への帰属・政治・教育に対して，手段的（もしくは，打算的）な態度をとっている[28]。これらの労働者は中流階級に所属している人々（ホワイトカラー層）は彼らと仲間になることを望んでいない。〈階級〉は今でも重要である。このことが，人間がどこで生活し，どのように生き，いつ死んでいくのか，を決定しているように思われる。あなたの階級が低ければ低いほど，あなたの収入は少なくなるし，あなたの平均余命も短くなっている。
• 経営管理は今日では，かつてほど非合理的ではなくなっている。すなわち，人々を命令するようなも	• 経営管理は時として，非常に瑣末なものになり得る可能性がある（啓発的な意味を果たすこともあ

のではなくなっている。テイラーの〈科学的管理〉に関する著作は（経営者が管理する権利を強調している）20世紀への転換期に書かれたもので，今では時代遅れになっている。

る)。経営管理的イデオロギーは今でも数多く存在しているし，〈テイラー主義〉も健在である。厳しい経営管理的な統制は本書でも指摘されているように，多様なイデオロギーによって正当化されている。1980年代の高失業率の背景要因としては，一部の経営者がきわめて厳しい統制力を行使したことに起因しているように思われる。このことは現在でも，継続されているように思われる（しかし，被雇用者はこの現象を借金の清算と同じように，完全雇用への回帰とみなしている)。

- 失業率・組織率の低下・組合活動の規制の法制化等を通じて，労働組合は弱体化しているけれども，彼らは依然として巨大な権力をもっている。彼らは今でもストライキを行うことも，雇用者を脅かすこともできる。ストライキや他の組合活動は英国では弱体化したように思われるし，こうしたことが国家衰退の原因となっているように思われる。

- 労働組合は表面上よりも力が低下しているように思われる。基本的には，彼らは組合員の賃上げや労働条件の改善を要求している。彼らは〈資本主義体制〉を変革しようとは考えていない。彼らは革命的でもないし，経営権を奪取しようとも考えていない。英国がとりわけ，ストライキ志向が強いというわけではない。「労働組合が英国経済を弱体化させた」と考えるのはあまりにも単純な論理である。ストライキは米国・豪州に比べて，英国の場合はずっと少ない。これらの二国は経済的に成功し続けている国である。英国の産業衰退の根元はもっと深い所にある（第2章を参照のこと)。労働組合だけ

- ストライキについては，これ以上いうことはほとんどない。ストライキに関する論議は初期の時代へのあと戻りである。〈産業関係〉は今ではもっと近代化されているし，融和と相互尊重の精神で相互関係が維持されている。

を責めるのは怠慢な思考である。

- 〈紛争〉があるのは生きている証拠であり，健康の徴候かもしれない。また，〈紛争〉は事態を開かれたものにするのに役立つし，問題点を明確にしてくれる。一部のストライキには〈無意味なもの〉もあるように思われるが，その原因を見つけ出すのが社会学者の仕事である。

▶▶ 基本課題 ◀◀

―自己点検用の設問―

(1)　簡単な定義を行うこと。

- 労働組合
- 職場代表
- 産業関係
- 産業民主主義
- 公平性
- 自発性（ヴォランタリズム）
- 団体交渉
- 連帯
- 労働組合加入率
- 労働組合度
- 中核的部分
- 周辺的部分

(2)　どのような意味か，明らかにすること。

- 手段主義
- 紛争の制度化
- 労働規範
- 多元論者の展望
- 急進的視点
- 支配
- 経済主義

〈論文／議論用の設問〉

(1)　あなたの意見では，労働者は今でも労働組合を必要としているだろうか。もしそうであれば，その理由は何か。

〔アドバイス〕

個々の労働者が置かれている弱い立場を考慮すること。〈産業関係〉における変化の波を分析すること。さらに，組合が組合員を保護しながら，この変化にどのように対応できるかを提示すること。

⑵　労働組合は政治に立ち入るべきでないという考え方を検討すること。

〔アドバイス〕

労働組合がいかに政治的であるかを考慮に入れること。彼らは労働党に対して，財政的な支援を行っている。このことは受け入れられるだろうか。

⑶　職場代表の現在の弱点とは何だろうか。

〔アドバイス〕

このことが現在の労働組合の衰退状況の一部であることを示すこと（例：組合員の損失，組合加入率の低下，高失業率等）職場代表がかつての創設期よりも強力でないかどうかを考慮すること。

〈事例研究―1：研究課題〉

過去・現在において生起していた，あるいは，生起している重要なストライキ・紛争を事例として取り上げること。さらに，実際に現在起こっている事象を分析するようにすること。次のような段階を経て，作業をすること。

①〈紛争〉に関して簡単な歴史的経緯を述べること。

②新聞・雑誌，テレビ・ラジオ等が紛争に関して伝えていることを要約すること。

③〈紛争〉に関して，⑴経営者，⑵労働組合，⑶労働者一般，の立場から説明を加えること。

④この〈紛争〉では，だれが権力をもっているのか，さらに，この権力はどのようにして行使されているのだろうか。

⑤現在，生起している事象に対して，社会学的説明と他の説明との相違を述べること。

〈事例研究―2〉

「英国議会特別委員会」（Parliamentary Select Committee）は1984年５月の鉱山労働者が行ったストライキの原因・影響・行動に関して，専門家の意見を求めている。〈産業関係〉の研究に十分な実績を残している社会学者としての立場から，あなたはこれからの問題についての対応方策を求められてきている。次の文章を読んだ上で，あなたのレポートを委員会に提出すること。上記の問題に加えて，下記の文章に含まれている問題も加えて検討すること。

○鉱山労働者問題

1926年に発生した石炭紛争は明確な意味で，非常に重要な出来事であった。1984年の鉱山労働者人口，約18万人に比べて，その当時は100万以上の鉱山労働者がいた。鉱山労働者連盟の急進的前衛の拠点であった，サウス・ウェールズには1926年当時，約20万人の鉱山労働者がいた。これらの鉱山労働者組織は現在でも，伝統的な連帯感を示している。数字的には，今ではかつての数字よりも10%少々落ち込んでいる。このように，産業的な重要性が減少している上に，伝統的な型の鉱山共同体（コミュニティ），産業的な同質性・連帯性に対する重要性も徐々に薄れてきている。大量の閉山計画はこれまで鉱山と共同体（コミュニティ）の間で築き上げられてきた絆をしばしば引き裂くことになったのである。1984年型の鉱山労働者の連帯性とは，過去の戦いの歴史から受け継がれた，永遠の特性ということではない。新しい連帯性は非常な困難を前にして，自らの手で構築していかなければならないものである。

しかし，このような変幻自在の変化に対して，重要な問題が登場してくることになる。両方の時代を通じて，〈紛争〉の対象となっている問題は鉱山業界の将来よりもずっと大事な問題なのである。この問題に対して複雑な立場に立つグラスゴーの政治家，ジョン・ウィートリー（John Weatley）は1926年，この問題について説得力のある判断を下し，最も著名な労働党員の多くの優柔不断さを非難した。「鉱山労働者は自分たちだけで戦っているが，彼らはまた，全国民のための戦いをしているのである。彼らが負ければ，われわれすべても負けるのである」と。その当時，鉱山労働者たちは輸出や貿易の需要関係によっては，賃金カットも必要であるという原則に反抗していたのであった。さらに，「1926年」という年は1910年以来，〈産業関係〉を支配してきた対決姿勢の最後を飾る重要な年であったのである。1984年の紛争はサッチャー率いる英国に対して基本的な問題を提起したのであった。それは，①雇用，②経営者の〈権利〉，③大きな地域から構成されている英国をいくつかの地域に分離し，これらの地域での退職年齢が16歳になることがしばしばある，という残酷な変革に対する反応等であった。これらの考え方は長期的な展望に立ったものなのである。英国政府にとっては，「1984年」は1972—1974年に次ぐ，第二の区切りであったのである。1926年当時のように，今度も政府は自分たちの論理で問題解決に動いたのであった。

1984年に起きた問題の背景は地域的な不均衡であった。全国一律の賃金要求が1972年と1974年に行われたが，そこで築かれた〈連帯性〉は，①地域別生産計画の導入，②鉱山の閉鎖問題，等のために崩壊していった。ここ数ヶ月の間に宣伝された情報の多くには，わずかではあるが，判断を誤らせるような固定観念が存在しているようである。その固定観念とは，①鉱山労働者の紛争はこれまで常に連帯的な絆のもとに戦われてきた，②一部の「NUM」（全国鉱山労働者組合〔National Union of Mine-workers〕の幹部の最近の行動は連帯的資源に損害を与えた，というものである。しかし,「1972年」と「1974年」の場合は多少疑問はあるけれども，例外的なものとみてよい。1926年当時の問題に再び戻るが，問題は対立的な様相を呈していた。脅しによる地域協定への変更は，ダーハムやサウス・ウェールズのような輸出向けの鉱山に非常に厳しい削減を提示することになったのである。しかし，ダービーシャー，ノッティンガムシャー，ミッドランド地方その他では，賃金カットは小規模のように思われた。両者の紛争では，組合の戦略が最大の弱点となったのは後者の鉱山であった。彼らが仕事に復帰したのは1926年の夏の後半であった。〈連帯性〉の問題は鉱山労働者連盟の弱体化した構造にその根があった。このことは今までも，NUM の組織や行動に影響を残している。鉱山共同体(コミュニティ)内の連帯性はこれまで何度も維持されてきた。鉱山間の連帯性の方は現在まで問題として残っている。「1926年問題」と「1984年問題」はこの問題に対する暗い教訓として存在している。

鉱山の閉鎖問題に対して，「NUM」の組合員を動員しようとする問題は全国的投票によって決定しようとする議論にまで発展して頂点に達した。この問題の背景は，「このような個人投票は民主主義的手続きの最高の形態として考えられる」ということを正論として，労働党議員の大半が受け入れたことが問題の発端となったのである。したがって，彼らは他の参加形態の意思決定を不十分としたばかりでなく，民主的理論に関する基本的な問題に焦点をあてることができなかったのである。一方，すべての参加者に平等に影響を与えるような問題に関しては，全国的な投票は適切であるという議論も出された（例—全国的な賃上げ要求など)。鉱山閉鎖のような対立的な問題について，このような方法を適用するのは適切ではないという考え方も出されている。このような場合，問題が与えるインパクトは単純に不公平なものとして考えられてはいないが，どちらか一方に有利に働くことはある。以前には，基本的な議論が出されたことがある。1926年 6 月，ダービシャー鉱山のオーナーは『ザ・タイムズ(*The Times*)』に次のような文章を書いた。「もし，投票が憲法に従って，秘密で行われるとすれば，投票者はすぐに仕事に戻るだろう。スミス氏もクック氏のいずれも，秘密投票をあえて採用しようとはしてこない」と。両方のケースの場合，〈連帯性〉の極大化に向けて活動していた問題に強制的に戦いを挑んでいるような組合は，全体的な統一を達成し，かつ，維持していく方法を開発する必要に迫られていた。1926年，最初の同盟罷業が達成されたが，全員一致にしては重要性は薄れていた。1984年においても，その当時の対立的傾向が存続していた（David Howell, “Where's Ramsay Mackinnock?: Labour Leadership and the Miners” in H. Beynon (ed.), *Digging Deeper* (Verso, London, 1985) pp. 182-3)。

①1926年の炭山ストライキは1984—1985年の場合と比べて，なぜ，重要な出来事

だったのだろうか。それぞれのストライキの重要性とは何だろうか。

②多くの鉱山労働者が感じている共同体（コミュニティ）の強さの基盤となるものはあなたは何だと思うか。

③鉱山労働者の〈連帯性〉は近年，どのようにして崩壊していったのだろうか。

④1984年の坑道の人口での投票についての賛否はどうなのだろうか。

⑤〈非経済的な〉採掘場を維持していくことに対する賛否の議論を簡単にまとめること。社会学者はこの問題に対して，どのようにアプローチしていくのだろうか。〈紛争〉の歴史，もしくは，出来事の描写にあまり多くの時間を割かないようにすること。社会学的分析に力を集中するとともに，すべての利害関係者による〈目に見えない憶測〉，あるいは，「誤解」を特に開陳するように努めること。

〈事例研究—３：役割演技〉

次の文章はフォード社におけるストライキの状況について描写したものである。このケースは〈役割演技〉としても，〈事例研究〉としても，活用できるものである。〈役割演技〉として使用する場合には，演技者が基本課題を通じて役割を演じていることが重要である。キャストは必要に応じて，増減することができる。演技は二つの場面から行われることになっている。

【ストライキの解剖・７人による〈役割演技〉】

（配役）

ジョン・ディロン	フォード社の職場代表
ケン・ブラウン	２人目の職場代表
レッグ・ジョーンズ	職長
ビル・フィンチ	工場のマネジャー（経営管理者）
サリー・グラント	レポーター
ボブ・ラムゼー	フォード社の労務担当部長
ブライアン・スミス	労働組合の交渉責任者

○場面—1・労働現場で

それぞれの演技者は現実に起こっていること（紛争の根本的原因について）を明確に立論するために，自分の立場から自分の意見を話すこと。

○場面—2・現実に起こっていることを分析するためのセミナー

まず，最初に各演技者は台本通りに役割を演ずることになるが，その場合，すべての演技者は問題を解決したいという感情をもたなければならない。このセミナーでは，新たに追加された演技者が紹介される。結果を分析するための社会学者の役割を担当することになる。

【事例研究】

あなたは〈産業関係〉のコンサルタントとしての立場から，工場での紛争を分析したレポートを書き，改善のための方策を作成するように経営者側からこれまで要請されている。あなたのレポートは〈事例研究—２〉で指摘された項目に対して，コメントをすることが求められている。あなたはこの工場で実際に起こっていることに対して，社会学的分析を行うことを中心にレポートをまとめなければならない。その場合，あなたは本書の事例——〈テーラー主義〉・〈疎外〉・〈組合の権力〉・〈職場代表の権力〉・〈連帯性〉・〈非公式的なストライキ〉等——もレポートに盛り込まれなければならない。

○問題の所在

６月14日（月），職場代表であるジョン・ディロン（John Dillon）はフォード社の経営者側から即座に解雇された。その理由は，彼が労働時間中に非公式の会合を開いて，会社の施設内で〈違法なデモ〉を行い，その主導的役割を果たした，ということである。この事件に対するフォード社の説明に対して，労働組合から反論があったので，６月20日付けの『サンデー・タイムズ（the *Sunday Times*)』の記事を引用することにする。

「規約書に収録されている，フォード社の手続きに関する協定のもとでは，職場代表は会社内の施設，もしくは，作業時間中には会合を開けないことになっている。職長が最初から二交替制の勤務を決めていないのでなければ，職場代表は労働者と職長の間に紛争がある場合には，職場代表としての役割を果たすために，職場から離脱してはいけないことになっている。したがって，これらの指示が労使のトップレベルで無効にされていないのであれば，職場代表は職長の指示を受け入れなければならない」。

「ディロン氏は二度，停職を受けたが，これらの協定や他の規則を侵害したという理由で結局，解雇された。労働組合側の説明によれば，最初の停職は職長との議論のために，労働者グループが彼を職場代表として派遣した際に，彼が塗料作業の現場から離脱したということであった。しかも，労働者グループに対して，職長はその段階では職場代表が出てくる必要はないと発言をしたという事実があったにもかかわらず，である」。

「再び，労働組合側の説明によれば，２回目の停職は職長の指示にもかかわらず，労働者グループに対して職場代表が別の方法で仕事をするように助言したという理由からであった。３人の労働者は交替で手動式，機械式の砂利装置をそれぞれ使用していたが，職長は彼らに対して，同じ型の装置を動かし続けるように命じた。

ディロンは，『どちらの装置を使用しても何ら問題となるようなことはない』と反論した。工場のマネジャーの手紙によれば，『２回目の停職は次のような理由からである。すなわち，労働者に作業監督者が指示した方法で作業をするようにいったにもかかわらず，ディロンがそうしないようにいっていること，また，その際，作業監督者の助言には耳を貸さないようにいっていること』，等の理由からである」と。

「３回目でなおかつ，最後の出来事は最後の水曜日（６月９日）に人手を巡る紛争で起こったのである。労働組合側によれば，通常，５人で作業を行う仕事から，１人の労働者がはずされたのである（自動車の車体の上の部分から，下のコンベヤー・ベルトに至るまでの手作業に関する作業であった）。その男は拒否したが，ディロン氏が彼らに，その仕事をやってみるように助言し，彼らはその作業を２昼夜かけて達成した。職長は彼らの作業方法に不満をもらし，次のように警告した。『もし，こちらのいう通りに作業しなければ，お前たちはクビになるだろう』。４人は失敗して解雇されるリスクよりも，仕事を中止することにした。職長は即座に彼らを停職処分にした」。

「約30余名の労働者が仕事を中止した（労働組合側では，一時解雇であるといっているのに対して，会社側はストライキをしたのだといっている）。職場代表は話を続けて，次のようにいっている。『会社の出口の所で，彼らはディロンを摑まえて，一体，どういうことなんだと彼に聞いた。ディロンは外に出て，その問題について他の者とも一緒に話をしよう，といったのである。彼らはディロンにこういっている。『来いよ，ジョン。どういうことなのか事情を説明してくれよ』と。そこで，彼は彼らに『人手が原因の問題なんだ』と言ったのである。その中の何人かがこういった。『一緒に行って，マネジャーを摑まえよう』。ディロンはこういった。『そんなことは出来っこないよ』。そこで，彼はその代わりに，作業担当のマネジャーの部屋に行き，彼に，労働者たちに事情を話してくれるように頼んだのである。ディロンは事務所を出て，『マネジャーは君たちに話をしたくない』と伝えた。しかし，彼らはディロンを押し戻して，一緒に作業担当マネジャーの部屋に行った。彼は彼らにくっついて行ってどんな様子なのかを見ていた。数多くのわめき声が聞こえたが，それはディロンの声ではなかった。結局，彼は彼らを説得して外に出るようにいったのである」。

「その日から２日間に渡って，会社側は事態について独自の調査を行ったのである。この前の日曜日，フォード社の２名の労務担当上級役員はリバプールへ旅行し，アデルフィー・ホテル（Adelphi Hotel）で調査結果を聞いたのである。ディロン氏の組合の地区担当役員（輸送・一般労働者担当）は月曜日に，彼が解雇されるだろうという情報を得たが，彼は実際に解雇されたのであった」。

○背　景

年当初，経営者側・組合側双方にとって犠牲の大きかった〈賃上げストライキ〉が長期間行われた。ストライキ実施直後，経営者側の態度は厳しくなった。6月17日付けの『タイムズ』（*The Times*）によれば，「会社側が〈頻繁な企業協定違反〉と呼んでいる，1人の職場代表の解雇という単純な問題の背景には，ヘイルウッド社側の経営者と工場の職場代表組織との間に権力闘争というきわめて根深い問題が存在していた」としている。

○同盟罷業

ジョン・ディロンは6月14日（月）の朝，会社側によって解雇された。組立工場（ディロンが働いていた工場。フォード・ヘイルウッド工場団地（Ford Halewood complex）の三つのうちの一つ）の労働者たちは昼食時に会合を開き，ストライキ投票を行った。水曜日までに，隣接している車体・変速装置関係の工場の労働者も同盟罷業に参加した。同盟罷業への参加人員は1万人以上にのぼり，ヘイルウッド社の生産体制は一時，停止した。

火曜日と水曜日の両日，フォード社側労務担当役員のボブ・ラムゼイ（Bob Ramsey），組合の交渉責任者であるブライアン・スミス（Brian Smith）との間で全体レベルの協議が開かれた。組合側はディロンを復職させるべきだと主張し，彼の職場代表としての活動に関する調査が終了するまで，一般の従業員として現場に戻した方がよいと示唆した。会社側はこの提案を拒否するとともに，ストライキ参加者が仕事に復帰した後まで，ディロンの問題を議論することさえ拒んだ。このように，両者の協議は暗礁に乗り上げたが，次回の話し合いの日は具体的には決められなかった。この結果，19のフォード社の工場から上級職場代表が金曜日にロンドンに集まり，すべてのフォード労働者に全国的なストライキを組合として宣言することを呼び掛けることになった（R. Hyman, *Strikers* (Fontana, London, 1984), pp. 11-19)。

〈研究課題―1〉

ロンドンのある夕刊紙は，労働組合に対する一般大衆の態度に関する調査結果を発表したところである。すでに提案済の〈産業関係〉に関する新しい法律への共同政策のあり方を明確にしようと議論を望んでいる組合の指導者に対して，この記事を通じて，〈解雇〉についての理解をさせるつもりであったようである。調査概要は以下の通りである。

労働組合の指導者は彼らが取り組んでいる問題と調査結果との関係を検討している。その結果，彼らはPRコンサルタントのP・J・フェルステッド社（P. J. Felstead and Associates）に相談することを決定している。彼らには同社から，労働組合に対する一般大衆のイメージが相当に悪いということの原因を見つけるための資料として，簡単な文書が提供されている。同社の上級パートナー（共同経営者）である，アルヴィン・グリフィス（Alwyn Griffiths）はまず最初に，自分の仕事としてこの問題を引き受けた上で，このような重要な文書が作成されれば，会社側にとってもいいパブリシティになるかもしれないことに気づいた。料金はきわめて妥当なものであった。というのも，一つにはアルヴィンの父親が第二次世界大戦後の初期の時代に労働党の議員であったからであり，アルヴィンも労働党の支持者であるということからである（もっとも，最近では彼の固い支持も低下しているけれども……）。彼は自分のチームを呼んで，事前の協議を行っている。

彼は次のように言っている。「考えてもみたまえ。この段階でこれ以上の調査を引き受ける必要はないと思う。次は〈シンクタンク〉の段階，つまり，思考作業をしていく段階だ。私は君に24時間という時間をあげよう。その上で，明日の午後3時からこの事務所でみんなで2時間，議論しよう。次のことを肝に銘じておく。『労働組合はなぜ，一般大衆からこのような悪いイメージをもたれているのだろうか？』さらに，われわれは分析家であることを求められていることを忘れてはいけない。客観的な態度で考えよう。そうではないか，諸君？」（J. Chiver, *People Communication and Organization* (Pergamon, Oxford, 1984), pp. 155-6）

（単位：%）

〈質問項目〉	〈はい〉	〈いいえ〉	〈わからない〉
①労働組合は労働者の間で故意に問題を起こしているのだろうか。	60	29	11
②一般の人々は仕事に就く時，労働組合に加入しなければならないのだろうか。	27	71	2
③労働組合は悪いことよりもいいことを行っているだろうか。	21	61	18
④労働組合が組合員のために獲得している高い賃金が社会の中で失業を生み出す原因となっているだろうか。	75	21	4

あなたの〈シンクタンク〉（頭脳）から何かよいアイデアがでてくるのだろうか。現在，話題となっている，〈産業関係〉の問題について分析しなさい。問題に関して必要な情報が収集された場合には，共同で，あるいは，個人でレポートを作成するという視点が必要であるから，学生の場合はグループをつくった方がよいだろう。

〈研究課題―2〉

国家は〈産業関係〉に関しては中立であるという前提条件に対する賛否両論を検討すること。

①国家が紛争に関与している事例（例―鉱山労働者・印刷労働者等）に関する過去・現在の資料を活用すること。

②メディアの役割を調査すること。

③英国と米国における〈最近の労働規制〉について分析すること。

④大企業の役員とエリート階級出身の役員との関係を調査すること（第３章を参照のこと）。

参考文献

P. J. Armstrong, *Ideology and Shop Floor Industrial Relations* (Croom Helm, London, 1981).

H. A. Clegg, *The Changing System of Industrial Relations in Great Britain* (Basil Blackwell, Oxford, 1979).

C. Crouch, *Trade Unions: The Logic of Collective Action* (Fontana, London, 1982).

W. W. Daniel and N. Millward, *Workplace Industrial Relations in Britain* (Policy Studies Institute, London, 1987).

D. Farnham and J. Pimlott, *Understanding Industrial Relations* (Holt, London, 1986).

A. Fox, *Man Mismanagement* (Hutchinson, London, 1985).

R. Hyman, *Industrial Relations: A Marxist Introduction* (Macmillan, London, 1975).

R. Hyman, *Strikes* (Fontana, London, 1984).

T. Kennoy, *Invitation to Industrial Relations* (Basil Blackwell, Oxford, 1985).

C. Littler and G. Salaman, *Class at Work* (Batsford, London, 1984).

M. Poole, *Industrial Relations in the Future* (Routledge and Kegan Paul, London, 1984).

B. Sherman, *The State of the Unions* (Wiley, Chichester, 1986).

T. J. Watson, *Management: Organisation and employment strategy* (Routledge and Kegan Paul, London, 1986).

注

(1) D. Farnham and J. Pimlott, *Understanding Industrial Relations* (Holt, London, 1986).

(2) Ibid.

(3) A. Fox, *Man Mismanagement* (Hutchinson, London, 1985).
(4) R. Hyman, *Industrial Relations : A Marxist Introduction* (Macmillan, London, 1975).
(5) C. Littler and G. Salaman, *Class at Work* (Batsford, London, 1984).
(6) P. J. Armstrong, *Ideology and Shop Floor Industrial Relations* (Croom Helm, London, 1981).
(7) Farnham and Pimlott, *Understanding Industrial Relations*, p. 74.
(8) J. Watson, *Institute of Personnel Management Digest*, 1985.
(9) R. Taylor, "The New Union Radicalism," *New Society*, 29 August 1986.
(10) Ibid.
(11) D. Thomas, "New Ways of Working," *New Society*, 30 August 1985.
(12) Ibid.
(13) Ibid.
(14) Based on research by J. Atkinson, Institute of Manpower Studies, Sussex University.
(15) B. Sherman, *The State of the Unions* (Wiley, Chichester, 1986).
(16) M. Beer et al., *Human Resource Management : A General Manager's Perspective* (Collier Macmillan, London, 1985), pp. 20-1.
(17) Sherman, *The State of the Unions* (Wiley, Chichester, 1986).
(18) Glasgow Media Group, *Bad News* (Routledge and Kegan Paul, London, 1976), p. 228.
(19) B. Khei-Paz, *The Social and Political Thought of Leon Trotsky* (Clarendon Press, Oxford, 1979), pp. 187-9.
(20) M. Mann, *Consciousness and Action Among the Western Working Class* (Macmillan, London, 1973).
(21) Farnham and Pimlott, *Understanding Industrial Relations*, p. 347.
(22) F. J. Roethlisberger and W. J. Dickson, *Management and the Worker* (Harvard University Press, Cambridge, 1939).
(23) T. Nichols, "The Sociology of Accidents and the Social Production of Industrial Injury," in G. Esland et al. (eds), *People and Work* (Open University Press, Milton Keynes, 1975) pp. 217-29.
(24) Ibid., p. 227.
(25) Ibid., p. 228.
(26) M. Poole, *Industrial Relations in the Future* (Routledge and Kegan Paul, London, 1984).
(27) A. Fox, *Man Mismanagement*, p. 32.

(28) J. Goldthorpe, D. Lockwood, F. Bechoffer and J. Platt, *The Affluent Worker : Industrial Attitudes and Behaviour* (Cambridge University Press, Cambridge, 1969).

第6章

労働へのモティベーション

1 はじめに

リチャード・ブラウン（Richard Brown）は1984年，英国社会学会（The British Sociological Association）の会長就任演説の中で，「工場はそれ自体，独自の言語とリズムをもっている私的空間である」と述べた。しかし，労働者の手になる工場生活に関する記述は驚くほど少ない。あなたの場合，日常的な倦怠経験をどのように説明するのだろうか。〈長くて，退屈な１日〉の物語を読むにはほとんど時間はかからない。しかし，驚くかもしれないが，多くの人々は自分たちの労働に満足しているといっている。ブラウンによれば，「社会学という学問はこのパラドックスを研究対象にすべきである」，と示唆している。いいかえれば，こうした研究成果を通じて，労働経験に関する新しくて，すぐれた理解を生み出すことになるのである。そのことが一般大衆と物事をどのように動かしていくかについて批判的な議論を行う基礎となるのである。

ブラウンの意見は非常に思慮的なように思われるし，おそらく多くの社会学者にも受け入れられるだろう。しかし，すでに指摘したように，表面上はどんなに妥当性があるように思われても，すべてのことに懐疑の念をもつことが社会学者の仕事なのである。したがって，ブラウンの考えからは次のようなことが疑問として取り上げられるだろう。

- 〈典型的な英国人〉は工場労働が退屈なものであると考えているだろうか。
- 日本の大企業の経営者や労働者は，工場労働が退屈なものと考えているだろうか。
- われわれは工場労働が社会的に低い地位にあるという理由で工場労働を軽蔑しているだろうか。

- 〈脱産業化〉の結果として，現在，工場で働く人々の数が英国や米国で減少していることに気づいているだろうか。
- オフィス業務，セールス業務，サービス業務の方が実際には比較的退屈ではないのだろうか。一部の社会学者は，このような労働は疎外的な労働として存在しているに違いない，と考えている。(1)
- 多くの人々が自分たちの労働に不満足であるということは本当なのだろうか。このような事象をあなたはどのように測定するだろうか。(2)

退屈な職務，モラール（勤労意欲）や生産性の低下について，どのような方策を講じることができるだろうか。何か他にできることがあるだろうか。本章では，重要な問題を取り上げ，これまでさまざまな人々が試みてきたが，回答を必ずしも得られなかったことについて議論することを目的としている。それでは，まず最初に，〈労働の社会的特質〉を改善しようとする，次のような考え方について批判的に検討を加えること。

- 〈職務拡大〉（Job Enlargement）：労働の細分化をできるだけしないように努めること。
- 〈職務転換〉（Job Rotation）：さまざまなタイプの労働へ転換させること。
- 〈職務充実〉（Job Enrichment）：労働者に自分たちの労働に対する責任と権限をもっと与えること。

本章では，次のような共通の見解に対して検討を加えていくことにしている。

- 経営者側はオフィス・工場における労働の疎外を減少させることができる。
- 経営者側は労働において，協調的な社会関係を促進することによって生産性を増すことができる。
- 経営者側は一般的に，職務・労働経験を充実させることができる。

本章では，〈モラールの低下〉・〈労働へのモティベーションの欠如〉といった問題に取り組む場合に，伝統的な組織心理学的方法を用いたのでは問題解決にはならないことを提示するとともに，逆に社会学の方が問題認識に対する鋭い視点をもっていることを明示するつもりである（しかし，読者の皆さんは自分自身で判断することができる）。それでは，まず第一に，これらの労働問題に取り組むための三つの実践的な課題――①〈職務拡大〉，②〈職務転換〉，③〈職務充実〉について，考えていくことにしたい。

1 〈職務拡大〉(Job Enlargement)

従業員がほぼ同じレベルで幅広い職務（通常は，低いレベルの技能）を行う場合に，職務が拡大される。ここで，いくつかの事例を紹介しておこう。旅行代理店のセールスマンは現在よりも多くの地域を担当するように求められている。タイピストや秘書はマネジャー（経営管理者）が増えるとそのマネジャーの仕事を引き受けなければならない。車輪だけでなく，車のバンパーのボルト付けを作業している，組立ラインの労働者は職務サイクルが130秒から，300秒に増えてくる。ここでは，次のような仮説が前提とされている。つまり，①職務が多様化することによって，拡大化された職務はもっと興味深いものになる，②職務拡大は職務に対して作業上の責任と権限を増加させる，③労働者は企業活動に今まで以上に参加していると感じるようになる，といったことである。

問題なのは，ここであげた事例や調査結果のように，職務拡大が実際に興味深い職務にはならないということである。さらに，職務拡大の原理とは反対に，職務拡大の目的は生産ライン，あるいは，オフィス労働におけるルーティン化の論理に適合し，職務を小さい部分に細分化することにあるかもしれない。経営者側は現場作業者に対して，現在，担っている職務により多くの統制力をもたせたくないと考えている。というのも，このようなことは経営者側にとっては統制力が縮小してくることを意味するからである。第3章の〈科学的管理〉と〈脱熟練化〉の議論で指摘しているように，職務拡大に関する問題は重要なものといえるかもしれない。二つのルーティン的職務に従事している労働者が一つのルーティン的職務に従事している場合よりも，なぜ，モティベーションの度合が強いとされていることを感じているのかについては，その理由を見つけ出すのは難しい。

2 〈職務転換〉(Job Rotation)

職務転換では，労働者個人は1日の間に何回か職務を変える。例えば，午前中は車の車輪のボルト付けをやって，午後は車のバンパーのボルト付けをやるといったように。この目的は作業における倦怠感を回避させることである。この方法の限界は〈職務拡大〉の所で指摘したようなことと同じである。本章の後半部で議論するように，疎外の根源は作業技術にあるのではなく，むしろ作業に対する社会的な取り決めにある。例えば，このようなことは，労働者個人が状況に対して，統制力を現実に行使できない場合に生じてくる。

3 〈職務充実〉（Job Enrichment）

〈職務拡大〉と〈職務充実〉という二つの要素は両者が相互に倦怠的要因を持ち込むという理由から，これまで批判の対象となっている。ある研究者は（研究内容についてはあとで紹介することにしている），このようなことを「水平的な職務負荷」（horizontal loading）と呼んでいた。一方，〈職務充実〉とは，職務とともに成長するために，①作業方法まで決定する自由をもつような，また，②職務に関する十分な情報をもつような，さらに，③現在以上に発展する機会をもつような，〈細分化された職務〉よりもむしろ，労働者に対して自分の作業に関してより多くの統制力を与えることを意味している。

2 職務充実に関する展望的考察

〈職務充実〉（〈職務拡大〉・〈職務転換〉も含めて）は経営管理に関する理論家の考えから出てきたものである。このような考え方の目的は結局のところ，生産性の改善である。これまでの考え方では，非雇用者の労働に対する態度は彼らが行う努力に影響を与えるということであった。さらに，多くの人々は〈職務満足〉はより高い生産性をもたらすとともに，労働紛争を減少させるというように感じていたのである。社会学者のアプローチが提示される前に，ここでは，さまざまなアプローチが検討されることになっている。

1 人間ニーズ（欲求）段階説

〈職務充実〉・〈職務満足〉・〈労働へのモティベーション〉に関する多くの理論の基盤となっていることは，①労働者個人はニーズをもっていること，②自分たちのニーズが満足されていなければ，彼らは自分たちの潜在的なニーズも満足させないこと（さらにいえば，労働者個人は自分たち自身のニーズを満足させる場合には，自分たちが成員となっている組織のニーズを満足させることになる），とい

図表6-1　マズローの〈人間ニーズ（欲求）の段階説〉
（あるいは，欲求階層説）

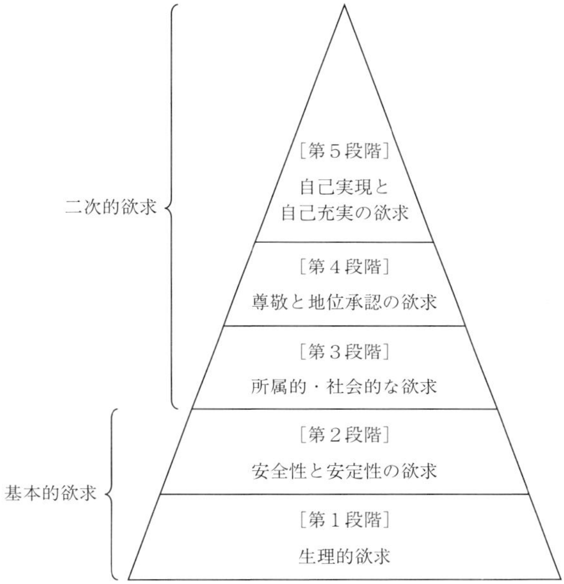

出所：A. Maslow, *Motivation and Personality* (Harper and Row, London, 1954).

う考え方である（ニーズの概念については，第4章で議論されている）。A・H・マズロー（A. H. Maslow）の〈人間ニーズ（欲求）の段階説〉（Hierachy of Needs）は最も有名な理論の一つである[(3)]。この理論によれば，個人はまず最初に基本的ニーズを満足させることを求めるものとして考えられ，それから順次，より高いニーズに上昇し，最終的には最も高い水準のニーズ，すなわち，図表6-1で示されているように，〈自己実現のためのニーズ〉，あるいは，〈個人の潜在的なニーズの満足〉に到達するのである。

F・ハーズバーグ（F. Herzberg）の考え方は次の段階で紹介されることになっているが，彼はマズローの〈職務充実〉と〈モティベーション（動機づけ）〉に関する理論に対するニーズ概念を参考にしている。

2　職務充実と労働へのモティベーション

ハーズバーグの研究の主要な目的は，人々が自分たちの労働においてどのようにして，より高いニーズを満足させていくかということを見つけ出すことであった。[(4)]

彼の考えでは，組織に属する人間の多くは最も高いニーズに満足していないこと，さらに，この理由は企業と産業（官庁のような公的団体も含めて）が組織化されている方法に関係してくることにある，ということであった。ここでは次の三つの問題点を指摘しておく。①これらのより高いニーズとは何か，②これらのニーズはなぜ，満足されていないのだろうか，③ニーズを満足させるためには何をすべきなのだろうか？

ハーズバーグはピッツバーグ地域にいる，200名の会計係と技術者を対象にした調査を行った。彼はこの調査を通じて，彼らが自分の職務に特に満足したと感じた時の状況について記載するとともに，なぜ，彼らがそのような感情をもつに至ったかについて理由を提示するように要請した。その場合，彼は逆のことについて，つまり，彼らが自分の職務について満足しないと感じた時の状況，そうした感情の背景にある理由についても提示するように求めた。

ハーズバーグによれば，〈職務満足〉をもたらす要因は〈職務不満〉をもたらす要因とは全く異なっていることを見つけ出したのである。〈職務満足〉をもたらす主要な要因とは，「達成感」（achievement），「認識」（recognition），「作業内容自体」（the work itself），「責任感」（resposibility），「昇進」（advancement）であった。調査対象者から得られた，「職務不満足」をもたらす主要な要因は，上記と反対の概念ではなく，図表6-2に示されているように，全く異なった要因であった。

ハーズバーグの理論を使用する場合，経営管理者やコンサルタントは何をしたらよいのだろうか。まず最初には，職務における好ましくない要因が〈除去される〉ことが求められる（〈衛生〉要因が付加されることになる）。この意味は，報酬・労働条件・職務的安全等が満足されるべき状態になければならない，ということである（訳注：「衛生要因」とは，仕事上の不平・不満につながるような要因のことで，ハーズバーグが提唱したもの）。

こうした要因が検討された後でのみ，職務は充実されることになる。このこ

図表6－2　労働への態度における〈衛生要因〉と〈モティベーション要因〉について

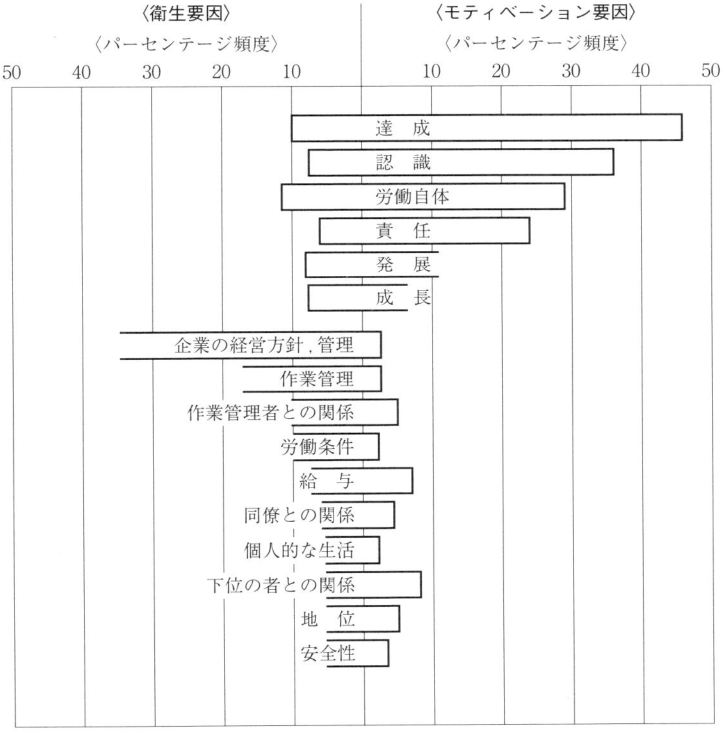

出所：F. Herzberg et al., *The Motivation to Work* (Wiley, New York, 1959) pp. 25–6.

とは，〈職務拡大〉（他の類似的な職務を付加したり，一つの職務から，別の職務へ変更したりすること〈水平的な職務負荷〉）を意味するわけではない。ハーズバーグは「垂直的な職務負荷」（vertical job loading）を提唱している。いいかえれば，もっとおもしろくて，もっと反応しやすい異種の作業が必要であるとしている（モティベーションの促進的要因〔動機づけの主体的要因〕が示唆しているように）。これらのすべてを達成する方法の一つは被雇用者に労働に関連した要因すべてのことともに，目的を通じて職務を考えるようにさせることである（これは第3章で議論された，〈科学的管理〉とは反対の考えで，課業の細分化や労働者に対する密接な職務管理に通じるものである）。

理論上では，職務の従属者がハーズバーグの原理によって充実させられるが，経営管理者の立場とすれば，職務に関するすべての瑣末な事柄に対するニーズから解放されるという理由からみて，自分たちの職務に専念できるといえよう。一部の作業管理者は経営管理における中間レベルに参画することが可能になっているケースもある。

〈職務充実〉に関するハーズバーグの見方は次のようにまとめることができよう。

- 職務は能率を達成するために充実させる必要がある。
- 〈職務拡大〉は必ずしも，〈職務充実〉につながるものではない。〈職務拡大〉は退屈で不満足な職務を今の職務に増やすだけである（〈水平的な職務負荷〉）。
- 〈職務充実〉は人々にもっと責任のある職務を提供することであり，彼らに判断力や「垂直的な職務負荷」（細分化された職務ではなく，全体としての職務を実施させること）ができるように考えることである。
- ここで説明されている，〈職務充実〉は職務に必要な要因が除去されるのでなければ（衛生要因が満足されているのでなければ――よい労働条件・適切な報酬等），その目的を達成することはできない。

ハーズバーグの〈職務充実〉理論に対する批判によれば，この理論はホワイトカラー的，並びに，専門的・経営管理的職務に適用可能なように思われる。ルーティン的な工場労働をしているような人々が自分たちの労働に対して，多くの統制力をもつことは例外的なことである。この点については，下記の引用文を参考にするとよいだろう。

> 人間に対して，ルーティン的で物理的な動作を周期性やスピードを通じて強制的に達成させることは可能である。しかし，すぐれた判断，イニシアティヴの行使，自分の裁量を他人の目的のために創造的に使用することなどは強制不可能なことである。すぐれた判断や創造的なイニシアティヴは自分の身体と同じように自分の心や精神に関係するような，協力的で信頼度の高い反応から発生しているのである。(5)

〈職務充実〉に関してここで提示された議論はこの考え方が一つのイデオロギーとしての可能性をもっていることを無視するものである。〈職務充実〉を提唱する本当の理由はこの考え方が〈職務満足〉よりむしろ，より大きな生産性をもたらすことではなかろうか。経営者はこれに対して何をなすべきであろうか。

- 労働における統制力をもっと多く獲得しようとしているのだろうか。
- 〈利益〉と〈報酬〉の両方を増加させようとしているのだろうか。
- 労働における参加を重視しようとしているのだろうか。

3　X 理論と Y 理論

ニーズの満足の概念に基づいた〈職務充実〉理論への一つのアプローチはD・マグレガー（D. McGregor）の著した『企業の人間的側面』（*The Human Side of the Enterprise*）の中で提唱された[(6)]。彼によれば，「経営管理はこれまで人間に関する事実を無視し，大半の人間が〈Y理論〉的仮説に近い場合には，〈X理論〉も付着するという理由から人間に関して旧来の仮説に従ってきたのである。

［X 理論］	［Y 理論］
• 典型的な〈X理論〉型の人間は労働を好まないし，できれば労働を避けようとする。	• 労働は遊び，もしくは，休息と同じように自然なものとして考えている。
• 典型的な〈X理論〉型の人間は責任感が欠如し，志をほとんどもたないし，何よりも安全性を求める。	• 人間は本質的に怠惰ではない。人間は経験の結果，そのような方法を採用するのである。
• 大半の人間は労働に強制的に従事させるための罰によって，「強制」・「統制」・「脅し」がなされる。	• 人間は自分が関与する目的のために，自己の方向づけ，自制をするのである。人間には潜在的な力がある。適切な条件のもとでは，人間は責任感を受け入れ，求めることを学ぶものである。人間は労働に適用できるような「想像力」・「工夫」・「創造力」をもっている。
• これらの仮説に基づいて，経営者が行う役割は被雇用者を「強制」・「統制」することである。	• これらの仮説に基づいて，経営者が行う役割は被雇用者の潜在力を開発し，共通の目的に対して被雇

用者がもつ潜在的能力を発揮させるように援助することである。

もちろん，人間には重要な差異がある。一部の人間は〈X理論〉に接近してくるかもしれないが，ほとんどすべての被雇用者は成長のための潜在的な力となる，〈Y埋論〉をもっている。経営者はこのような潜在的力を認織しそこなってしまうのである。したがって，経営者の立場としての方針や行動ではこうした力を開発することができなくなってしまうのである。その結果，多くの人々は労働を成長や充実のための機会として捉えるのではなく，人間に対する一種の呪いとして考えてしまうのである。経営者側のニーズは人間を全体的な新しい労働理論，すなわち，〈Y理論〉へと変革させることなのである。

マグレガーの理論に対する批判は，ハーズバーグの〈職務充実〉に関する考え方への批判と類似している。この理論が未熟練的な，あるいは，半熟練的な筋肉労働に対してよりも，専門的・経営管理的・熟練的な事務的労働の方にどのように適用され得るかをみていく方がずっと容易である。

4 成熟理論

「成熟理論」(The Theory of Maturity) も，モティベーションに関する一般的な心理学的理論と同じようにニーズの満足に基づいている。この理論はC・アージリス (C. Argyris) によって発展させられたのであるが，彼は近代社会では基本的な心理学的ニーズは適合しているが，より高い水準のニーズは作業組織の特質のために満足されないでいる，と考えている。彼はまた，だれもが〈成長〉(Growth)，あるいは，〈成熟〉(Mature) に対するニーズをもっていることを以下のように示唆している。

幼児期の受動性から		成人期の能動的活動へ
幼児期の依存性から		相対的独立性へ
限定的な行動から		多様化した行動へ
散漫な信念・関心から	⇨	より安定した信念・関心へ
短期的な展望から		より長期的な展望へ
従属的な社会的地位から		平等，もしくは，優越的な社会的地位へ
自己認識の欠如から		自己認識・自己統制へ

組織というものは，未熟な時期から，成熟した時期への進歩を容認するか，否認するか，のいずれかの範囲で判断されるものである[(7)]。

5　作業集団の重要性：ホーソン実験の場合

エルトン・メイヨー（Elton Mayo）による，ある非常に影響力のある研究では，次のようなことが提示されている。「経営管理は労働における協調的な関係を鼓舞することによって，生産性を増加させることができる」。彼の研究は〈産業関係〉における〈人間関係学派〉の代表的な例としてみることができる[(8)]。

この考え方は過剰な科学的管理に対する一つの反応として捉えられる。つまり，「科学的管理は労働者や作業集団のニーズを考慮しないで，与えられた課業に対してのみ重点が置かれるものである」，ということだ。人間関係に関する研究の中でこれまで主導的な役割を果たしてきたのは，企業の経営者というよりも，社会心理学者であった。これらの学者には，個人のニーズを満足させたり，作業成果を維持させたりする場合の作業集団の重要性を指摘している，メイヨーも含まれている。

メイヨーの主要な研究は1924～1940年にかけて，米国・シカゴ近郊のウェスタン・エレクトリック社（Western Electric Company）のホーソン工場（Hawthorne plant）において実施された[(9)]。ここでは，研究の簡単な概要と評価を紹介することにする。

作業集団に関する研究は次のように，段階的に行われていった（訳注：ホーソン実験は最初，1924～27年にかけて作業場における照明度と作業能率との関係（「照明実験」〔Illumination Experiments〕を調査するために実施されたが，相関性を見出すことができなかった。ここで紹介されている実験は，この経験をもとにした，新しい計画からのものである）。

①第一段階：継電器組立実験（1）（the relay assembly test room）

電話機の継電器の組立作業に従事している6名の女性労働者は「作業条件の変化が生産高に与える影響」を観察する実験を行うために，隔離された。これらの変化では次のようなことが観察されていた。

- さまざまな時間帯に休憩時間等，作業時間を区別して導入。
- 作業集団に対するボーナス・システムの導入（ボーナスは工場全体ではなく，

6名の女性労働者の全体的成果に対して与えられるものである)。

- 照明の強度が強化された。
- 作業場の通風が改善された。

このようなシステムのもとで，作業成果が非常に増加した。

②第二段階：継電器組立実験(2) (the relay assembly test room)

作業現場は元の状態に戻された(特別の条件も休憩時間もない状態である)。照明・通風条件は以前のままであった。作業成果はこれまでの最高の成績まで上昇した。メイヨーはこのことから，「作業成果を増加させる原因となったのは，作業に対する物理的条件の変化ではない」と結論づけた。彼の説明によれば，「女性労働者は自分たちの作業成果に対するこれまで以上の自由・統制力を獲得したから，大きな作業満足を得たのである」ということであった。この作業集団は明らかに，自分自身の作業規範を設定し，より大きな友情・相互協力体制を築き上げたのであった。作業集団と作業監督者との間の関係はこれまで以上に友好的なものになっていった。

メイヨーは，「作業の重要性に対して，共通の感情が存在している背景のもとで，協力体制の構築や高水準の作業成果をあげることなどに対する規範が確立されているようなところでは，作業に対する物理的条件の変化はほとんどインパクトをもたないのである」と結論づけている。研究者によれば，「作業成果の増加は賃金的なインセンティヴ要因だけによるものである」という仮説を支持するような論証は何もなかった，としている。

③第三段階：バンク捲線作業観察 (The bank wiring room)

作業集団を観察するもう一つの実験結果では，「作業集団は自分自身の作業成果に対する規範(経営者側から導入されているボーナス制度に無関係に)を設定していた」ということが発見された。このように，基準以上に過剰な作業に従事する労働者のことは〈がっつき者〉(ratebusters) と呼び，反対にほとんど仕事をしない労働者は〈怠け者〉(chisellers) として呼ばれていた。

④第四段階：面接計画

面接計画の目的は労働者の作業条件・作業監督者・職務全般に対する態度を確認していくことであった。それによれば，①公式的(フォーマル)な質問票はこの目的に無意味であったこと，②労働者は実際には自分たちの作業上の問題について自由に話したいと思っていること（その場合には，労働者の信頼が裏切られないだろうという確信が条件として必要である）。非公式的（インフォーマル）なインタヴュー（非構造的な）は90分間にわたって続けられた。２万人以上の労働者が面接されたのであった。

〈ホーソン実験における面接のルール〉

(1)面接者に対して，あなたの全関心を向けること。そして，あなたが実際にそのようにしていることを明確にすること。

(2)相手の言うことを聞くこと。（決して，自分から話さないこと）

(3)決して議論はしないこと。（決して，助言は与えないこと）

(4)次のことに耳を傾けること。

- 彼らがいいたいこと。
- 彼らがいいたくないこと。
- 彼らが援助なしにいうことができないこと。

(5)あなたは彼らの意見を聞きながら，あなたの眼前で形成されている「パターン」を仮説用・修正用として図式化すること。このことを検証するために，これまでの発言内容をまとめ，相手の参考用にそれを提示すること（あなたが私にいっていることはこれですか？）。常に，最大限の注意をしてこのことを実行すること。すなわち，発言を明確にするが，何かを付け加えたり，歪めたりしないこと。

(6)すべて発言された内容は個人の秘密として考慮され，他の人に洩らしたりしないことに留意しておくこと（このようなことは，専門的労働者の同僚間での状況に関する議論を妨げることにはならない。事前の注意が十分であれば，一定の形の一般向け報告書の作成にも妨げにはならない）。

これらの〈ルール〉は人事担当の経営管理者にも役に立つものかもしれない。

メイヨーは，「他の人々との関係は面接者にとっては大変重要なものである」ことを明らかにした。また，組織的に十分に確立されているような作業集団は新参者にとって魅力的で，組織に容易に順応できるのである。新しく形成された作業集団では密接な関係を構築するのに長い時間を必要としていた。

もちろん，非公式的（インフォーマル）で非構造的な性格としての面接がもつ問題点は，その反応を定量化（測定化）しにくいということである。研究者の結果によれば，「多くの被験者が特定の話題に関して反応していたことは自分たちの感情や印象に基づいていた」ということである。しかし，作業集団の重要性はこの調査でも明確になったのである。

⑤批判的検討

ホーソン実験の批判者の一人である，アレックス・カーリー（Alex Carey）はメイヨー自身の調査結果から，「金銭的な報酬は実際上，作業・モラール・行動に対して大きな影響を与えている」ということを例証したのであった。これはメイヨー自身の結論とは逆の結果であった。(10)

例えば，カーリーは次のようなことを提示した。すなわち，「全体的な組織ではなくて，実験集団の作業成果に基づいて報酬が支払われるというような第一段階では，結果的には作業成果は12.6％増加し，この集団の賃金も上がった」。しかし，この部分の実験は9週間の間，中止されたので，同じ組織に属している他の女性労働者（同じような報酬条件を求めていた）の間に多くの不満をもたらす原因となったのである。実験集団の作業成果は即座に16％も低下したのであった。

実験のかなり初期のある時点で，作業集団のうちの2人に対して配置替えが行われた。新しい労働者は緊急に金銭を必要としていた。そこで，彼らは生産高を増加させる方向で働いたのである。

カーリーによれば，「第一段階の作業成果の増加は作業管理の変更や人間関係の改善（友好関係の確立）によるものである」という確かな証拠はないということである。むしろ，作業監督者は作業成果が増加したという理由で，より友好的な態度を取るようになったのである。〈人間関係論〉の考えとは全く異なって，これらの実験の結果は金銭的なインセンティヴの重要性を明らかにすることになったといえよう。

また，次のようなことも指摘しておかなければならない。すなわち，「ホーソン工場で働いている人々の多くは第一世代の移民であり，かつ，アル・カポネの支配するシカゴの中で生きていこうとしている（面接担当者によれば，彼らの発言がどうあれ，少なくとも，彼らはそうした世代に帰属することを求めていたのである），第一世代の工場労働者であった」ということである。

これらのことすべてから勘案すると，〈産業関係〉の理論・実践の方法，さらに，〈人間関係学派〉のイデオロギー的偏見などに関して重要な問題を提起していることが判明している。この重要な研究の中で得られた「論証」と「結論」との間に存在する不一致を研究者やこの種のテキストの著者が見つけているということは一体，どういうことなのだろうか。数多くの理論・実践の基本となっている，学派としての幅広い考え方がたった６人の女性労働者の観察に基づいているということはどういうことなのだろうか。おそらく，この答えは「これこそが人々が信じたいと思っていることなのである」ということであろう。メイヨー自身は「社会における伝統的な価値観の分類は産業上の条件（協力をインセンティヴとするような形）をつくり出すことによって，逆にもなり得るかもしれない」と考えていた。彼の考えでは，「経営者の責務はこのような集団的連携を促進することであり，さらに，こうした非公式（インフォーマル）的な集団の絆がこれまで弱体化していると思われていた，家族・共同体（コミュニティ）の伝統的な結束に取って替わることになる」ということである。

> ホーソン工場において研究グループが発見した，重要な問題の一つは（労働者の作業・作業条件を理解しようとして，労働者や作業監督者が失敗したこと，さらに，個人的な空虚感が広く伝わっていること等）文明化された世界では一般的なことであり，シカゴだけに特有のことではないということである。社会的機能・社会的連帯の中での個人と集団の関係に対するメイヨーの考え方（作業に対する研究能力）は急速な科学的・技術的進展によって崩れているし，消滅しつつある。[11]

メイヨーの議論にはすぐれた分析があるかもしれないが（科学的進歩に関して不適切な発言があることとは別に），重要な問題は「このような見方がホーソン実験に影響を与えたか」ということである。研究者は自分たちが見つけたいと考えていることを探しているだろうか。これは経営者・研究者・その他の人々が信じたいと思っていることだろうか。例えば，すでに指摘したように，研究者はそのように信じているけれども，「作業成果の増加が作業監督者との友好な関係から生じている」ということに対しては，何らの論証はないのである。

これらすべての厳しい批判が行われているにもかかわらず，〈人間関係論的アプローチ〉は経営者側の思考にしっかりと確立されているのである。第二次世界大戦後，主として，米国で行われた研究は三つの方向で〈人間関係論的アプローチ〉が拡大されたのである[12]。まず第一には，「作業監督に対する民主主義的な方式が作業成果・職務満足のいずれにおいてもより大きな成果をもたらしている」ことが明らかにされたことである。第二に，調査結果では，「集団内の社会関係は重要である」ということである。第三としては，「〈職務満足〉は集団内のピア・グループ（同輩集団）との良好な関係の維持というような社会的要因と関連性をもっているということであり，〈職務満足〉は生産性の高さと相関関係がある」という調査結果が出ていることである。

ここで，〈人間関係学派〉に対して行われている批判は初期の〈職務満足〉に対して実施された事例に対する問題点を提起しているのだろうか。これらの理論のすべては本質的には操作的なものだろうか。あなたはこのことについてどのように考えるだろうか。このことに対する一つの道徳的視点としては，「研究者は実際に生起している事象を見誤らないようにするために，自分たちの価値観が結論を支配しないように注意することである」という形でいい表されている。同じことが経営者やその他の人々に対してもいえるだろう。

3 すぐれたリーダーシップは人々の労働強化のためのモティベーションになりうるだろうか

「神は英雄を必要とする国を助け給う」

——バートルト・ブレヒト（Bertolt Brecht）

「成長した人間は指導者を必要としない」

——H・G・ウェルズ（H. G. Wells）

「リーダーシップが話題になる時には，それがすでに時代の流れになっていることだ。リーダーシップには戦争と帝国の支配の香りがする。リーダーシップは人間を次々と育てていくことを意味しているとともに，エリートや特権階級という妖怪を育成していくことも意味しているのだ」

——C・B・ハンディ（C. B. Handy）

「天国で奉仕するよりも，地獄で支配する方がましだ」

——ジョン・ミルトン（John Milton）

例えば，経営首脳陣，あるいは，トップ・ビジネスマンのような特定の個人はその資質においては，企業活動を繁栄に導くのに役に立つように思われるけ

図表6-3　最適なアプローチ

	統制性	柔軟性
指導者	X	
従属者	X	
課　業	X	

ども，彼らには多くのプレッシャーがかけられているのである。リーダーシップはモティベーションの要因となるのだろうか。組織におけるリーダーシップについて詳細に研究した，チャールズ・ハンディ（Charles Handy）はリーダーシップの研究に対して多様なアプローチを提示している。例えば，①リーダーシップの特質的アプローチ（the leadership trait approach），②リーダーシップのスタイル的アプローチ（the leadership style approach），③最適な理論（best fit theories）などである[13]。〈リーダーシップの特質的アプローチ〉に関して，ハンディはすぐれたリーダー（指導者）がもつべき理想的な特質（例―決断力・勇気・自信・熱意・社交性・統合性・想像力・決定力・エネルギー・信念・男らしさ等）に関するこれまで確認されてきた考え方について説明している。しかし，これらの特質のすべて，もしくは，一部をもっていることさえ，現実離れした理想かもしれない。しかし，どんな場合でも，どの特質が本質的なのかについて研究者の間で意見が一致することは不可能である。

同じようなことが，どんなスタイルが最も適切なのか（例―〈民主主義的か〉，〈支援的か〉）について問うているような〈リーダーシップのスタイル的アプローチ〉についてもいえる。ハンディは図表6-3で示した上で，下記で説明しているように，〈最適な理論的アプローチ〉に好意的な考え方をもっている。

〈最適な理論的アプローチ〉の例としては，その課業がルーティン的で明確に規定されているようなものであろう。いいかえれば，図表6-3に示されているように，組織の中で従属的地位にいる者が自分たちの作業状況に対して，統制力を求めないということであり，〈リーダーのスタイル〉が構造化され，統制化されていることである。もう一つの例としては，①課業にイニシアティヴを必要とし，②従属的地位にある者が作業上での自律性を求めており，③リーダーが徹底した統制力を行使しようとしないような課業があげられるだろう。基本的には，リーダーシップは状況に依存しているといえるかもしれない。リーダーは多くの状況の中では，「管理責任者」というよりも「促進者」として捉えられるべきかもしれない。

〈労働へのモティベーション〉に関する心理学的理論の多くにみられるよう

に，リーダーシップ理論は人間の信念・価値観・イデオロギーを全く無視している。このことは社会学的見方が役に立つことを意味しているといってよいだろう。本章では，モティベーションの要因となるようなリーダーシップとは何であるかに関して議論を集中するよりも，この問題を深く掘り下げ，「何が人間にモティベーションを与えるのか」を問うことになるだろう。

4 労働へのモティベーション（社会学的見方）

心理学者がしばしば，「労働へのモティベーション」を調べるために，〈ニーズ〉（needs）という概念を使用するのに対して，社会学者は労働の場で起こっている事象を把握するために，〈疎外〉（alienation）という概念を頻繁に用いてきた。〈疎外〉という概念は日常的な会話でも，かなり概念規定的に緩やかな形で使用されている。例えば，①うんざりする（fed up），②意欲をなくす（put off），③退屈する（bored）等，のような表現で使われている。しかし，社会学者にとっては，この用語は特別な意味をもっている。マルクスとブラウナーという，二人の研究者を通じてここでこの言葉のもつ意味を検討していくことにしたい。

1 「疎外」に対するマルクスの見方

マルクスによれば，「人間は本質的には創造的であり，労働を通じて創造性を表現する」としている。このようなことが人間にとって否定される限りにおいては，人間は〈疎外〉されているのである。マルクスは〈疎外〉に関して，四つの側面を取り上げている。

- 労働者は自己の労働生産物から〈疎外〉されている。労働者は自分の運命に対していかなる統制力をもたない。
- 労働者は生産行為から〈疎外〉されている。労働は先天的な満足を与えるものではない。労働者は富のために労働行為を，さらに，このような必然性のために，労働行為を行うだけである。マルクスはこのことを〈貨幣取引関係〉（the cash nexus）と呼んだ。このことはすべての事柄を貨幣に転換することによって，雇用協定を非人間化するものである。

- 労働者はこのような〈貨幣取引関係〉の存在のために，自分たち自身の真の人間的自然から〈疎外〉されているのである。
- 労働者は相互に〈疎外〉されている。労働者は人間的特質というよりも，市場における地位によって判断されているのである。

簡単にいえば，マルクスの見方は「人間は労働を通じて自己表現を行う。労働が時間によって売買される商品としてある限りにおいては，人間は〈疎外〉されている。すなわち，〈疎外〉とは自分自身から分離されていることなのである」ということである。

2 「疎外」に対するブラウナーの見方

〈疎外〉に対するもう一つの見方はロバート・ブラウナー（Robert Blauner）によるもので，彼は〈疎外〉を四つの次元で区別している。すなわち，〈無力性〉（Powerlessness），〈無意味性〉（Meaninglessness），〈孤立〉（Isolation），〈自己疎隔〉（Self-Estrangement）の四類型である。(14)

- **無力性（Powerlessness）**
  ①人間は他人の目的物となる時，さらに，②自分自身を主張した上で，自分の状態を変革できない時，〈無力〉になるのである。
- **無意味性（Meaninglessness）**
  ここでは，個人の行為は広い意味での人生へのプログラムとは無関係なものである。工場やオフィスにおけるルーティン的労働の多くはこのカテゴリーに適合するものである。
- **孤立（Isolation）**
  ①社会に帰属していないという感情，②大きな社会秩序から隔離されているという感覚，③集団の忠誠心の欠如（集団への帰属性がないということ）等，がこの〈孤立〉を意味している。
- **自己疎隔（Estrangement）**
  活動が自己表現的・自己実現的ではないことであり，人間が自分の潜在的能力を十分に発揮していないことである。労働人生と他の事柄との間に隔離が存在しているのである。労働は個人のアイデンティティに貢献していない。

図表6－4　ブラウナーの〈疎外〉と〈テクノロジー〉

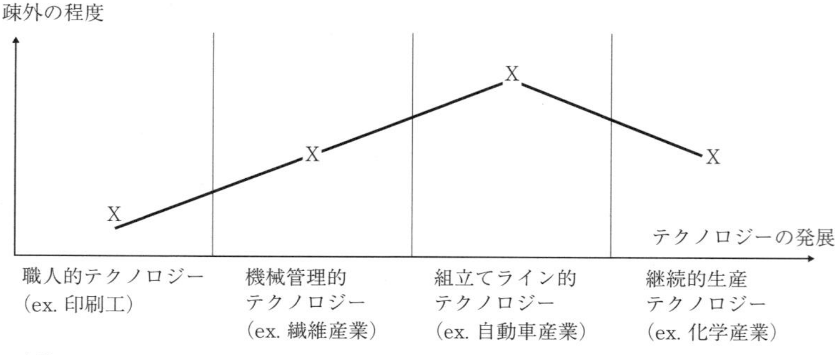

出所：R. Blauner, *Alienation and Freedom* (University of Chicago Press, Chicago, 1964).

ブラウナーは〈疎外〉について定義を行った時,「どのテクノロジー（技術）が最も疎外しているか」ということを問うているが，このことは彼の誤りかもしれない。彼はテクノロジーの使用に伴う社会的な取り決めとテクノロジー自身の影響とを混同しているのだろうか。彼は「図表6－4に示されているように,〈疎外〉と〈テクノロジー〉の間には一つの関係が存在し，そのことが多様な型の労働過程の間に差異をもたらしているのである」と示唆している。彼は,〈熟練技能型テクノロジー〉に最も疎外が少なく,〈組立ライン型労動〉に最も疎外が多いと捉えている。その中間的存在として，石油精製・化学工場・化学肥料工場等の継続的な〈処理工程型テクノロジー〉があるとしている。これらは，各々の領域における，①熟練労働者の割合，②労働移動率，③自分の職務に満足感を示している労働者の割合等，を明示している統計について，ブラウナーが分析した結果に基づいている。

その場合，マルクスもブラウナーも〈疎外〉に対して，実際上は全く異なった見方をもっていることが明らかになっている。マルクスにとっては,〈疎外〉とは，社会的条件である。特に，労働現場において使用されるテクノロジーというよりむしろ，労働現場における社会的条件が重要なのである。一方，ブラウナーにとっては,〈疎外〉の重要な決定要素となっているのは，労働現場におけるテクノロジーなのである。彼は,「図表6－4で示されているように，労働現場におけるオートメーション化が〈疎外〉を減少させるかもしれない」と考えていた（連続処理工程型テクノロジーに関連したオートメーション化のことである)。

次の研究では，〈疎外〉に対する二つの異なった見方について比較検討を行っている。一方の研究では，マルクス的アプローチを採用しているが，読者の皆さんはそれぞれ自分なりの見方をすることができるはずである。

3　疎外――事例研究

二人の研究者は〈啓発化された経営管理〉(Enlightened Management) によって生産性の向上を考えている企業を観察し，これら計画に対する労働者の見方を研究した。若手の経営幹部はハーズバーグの理論に沿って，労働者をもっと経営に参画させようとすることに熱心であった。その工場では，化学製品・化学肥料製品を生産しており，ブラウナーのいうような最も疎外が少ない，テクノロジーの範疇に工場は属していた。事実，この研究者たちは工場における数多くの幻想を発見していたのである[(15)]。

筋肉労働の多くは反復的であり，退屈であり，汚いものであり，重労働であった。経営者側はそこで，〈職務転換制度〉(Job Rotation) を導入した。この制度の導入が意味することは次のようなことであった。「８時間労働全体の間，化学製品に対して積載・包装・封印などの作業を行う代わりに，労働者グループが一つのチームとして，積載作業から，封印作業まで働くことを認められたということ」を意味していた。労働者はこの労働シフトは今より迅速に作業を進展させると感じていたが，いずれにしろ，８時間もの間，積載だけの作業に従事することは不可能だといっていた。ある研究者たちの言によれば，「〈職務転換制度〉は生き残りのために必要であり，現代の経営者側が求めている〈柔軟性原理〉の一部を成すものであるが，経営参画とは何ら関係がない。労働者に対して，経営参画への意識を感じさせるものでもない」。その場合，これらの研究者によれば，ある労働者の見方が労働者の置かれている地位を非常によく表しているとしている。「あなたは一つの退屈で汚く単調な仕事から，もう一つの退屈で汚く，単調な仕事へと移動しているだけである。それでも，あなたはこのような仕事から解放されて，〈充実した仕事〉をしたいと考える。しかし，私は〈充実感〉を決して感じない。――私はただスクラップにされているような感じがするだけだ[(16)]」。

〈単調で骨折りな労働〉から，〈技術的な労働〉へと変わっても，仕事の多くは依然として，退屈な仕事なのである。ある現場労働者はこういっている。「経営者が増加させようとしている，何百万ポンドもの資本の中で，任されて仕事をすることは大きな負担である。『経営者の方針や工場の騒音の中で，自分の仕事をしていくのは全く無駄なことだ』」と。

このようなこと以外にも，だれでも多くの不満をもっている。このような不満には，職務に対して基本的ニーズがあるという理由で，①職務転換制度による労働，②職務に対する安全性の問題，③職務に対して一種の計略に掛かったような感情をもつことによる混乱がある。労働現場において，〈疎外〉の原因となるのは，テクノロジーではない。むしろ，労働（作業）に対する社会的な取り決めである。ある研究者たちは次のように指摘している。

> 経営管理のスタイルが何であれ，特定の経営者がいい〈性格〉の人間であるか否かであれ，このシステムは基本的には〈階級的関係〉に基づいている。このような主要な事実を把握し，多くの事柄が正しいところに収まるようにすることが必要である。いいかえれば，次のような問題に対処していくことが求められているのである。①労働者はなぜ，製品を浪費しているのか。②労働者の命はなぜ，消耗されているのだろうか。③経営者はなぜ，子供じみたゲームをしているのだろうか。④経営者はなぜ，自分たちの労働者のことを子供じみたものと考えているのだろうか。⑤自分たちは実際にはそれを望んでいないのに，経営者はなぜ，〈参加〉を求めているといっているのだろうか。⑥一部の〈進歩的企業〉はなぜ，労働組合の法人化政策を好んで取っているのだろうか。⑦経営者側にとっても，このような政策への取り組みがなぜ，十分ではないのだろうか。⑧テムズ川河畔にある特に近代的な工場では，多くの点で，すべての事柄が同じ状態のままであるのはなぜなのだろうか。さらに，英国産業の変化とは無関係に，英国の有力化学会社であるケムコ社（Chemco）の変革プログラムが存在しているにもかかわらず，このような状態なのである。[17]

4　疎外への対応策

「作業組織は，すべての面で最も高い生産性を達成するために計画されている」とわれわれは考えている。確かに，このことはもっともな見解である。このような考え方に従えば，高い利益・高い賃金をもたらしてくれることになる。「工場の原点と成功は工場の技術的優越性にあるのではなく，労働者よりも工場の所有者が労働プロセス・製品の品質等を管理することができるということである」という議論がされたことがある（これはすでに指摘されていることであるけれども[18]）。このことは今でも正しいのだろうか。テイラー的思想の継続は，さらに，労働現場における民主主義に対する抵抗等の現象が存在していることからすると，このようなことはありうるかもしれない。このことは逆に，経営者側の最大の努力にもかかわらず，一部の職務，特に，筋肉労働を充実させることが，なぜ，難しいのかを説明するのに役立つかもしれない。個人の政治観が何であれ，これらの識者は「労働者を経営に参画させようと率先して考えている経営者の多くがなぜ，効果を生み出していないのかということを明らかにするのも役に立つはずである」。

設　問

あなたは，このような考え方を受け入れるだろうか。企業内の〈疎外〉を減らすために，経営者は何をすべきであろうか（もし，何らかの方策があれば）。

仮に，〈疎外〉の根源が使用されているテクノロジーにあるのではなく，全体としての社会システムにあるとすれば，どのような対応をすればよいのだろうか。一つの方法としては，自立的な使用という方向で対応していくことかもしれない。本節で指摘されている問題に対するもう一つの対応策としては，小売段階における協同組合組織の形成ではなく，労働者の協同組合（生産者の立場）の形成であろう。基本的には，それぞれの労働者（それぞれの協力者＝協同経営者）の投資に関しては平等な株主になるということである。もし，だれかがこの組織から離れる場合には，自分の株を他の人に譲渡しなければならない。また，彼らは協同組合組織の株を過度に所有することは禁じられている（これ以外の点では，通常の民間企業の場合とほとんど変わらない）。実際上，各出資者自身が経営者なのである。彼らは企業を経営し，将来計画を立て，企業のために働くのである。いいかえれば，労働が資本を雇用するのである。通常の位置関係とは異なって，資本が労働を雇用するのではない。共同経営者は自分たち自身の経営管理者を雇用することさえできる。例え，労働自身が時として退屈であっても，労働行為のもつ社会的状況からして，〈疎外的〉ではないといえよう。換言すれば，ここで指摘されている〈疎外〉の諸側面（①無力性，②無意味性，③孤立，④自己疎隔）は存在していないのである。〈疎外〉に影響を与える基本的な要因はテクノロジーではないのである。それはむしろ，労働が行われている，〈社会的条件〉なのである。

協同組合組織を確立していく場合には，数多くの問題点があるし，英国での協同組合の歴史は決して平坦な道のりであったわけではない。しかし，協同的な活動は，産業民主主義という新しい思想の間で段々と定着してきているように思われる。この組織にもさまざまな欠点があるけれども，協同的な生活様式は人間の中に存在している最良の社会的本能をもたらすことに非常に役立っているのである[19]。生産者型の協同組合組織で最も成功した事例はスペインのバスク地方にある〈モンドラゴン・グループ〉（Mondragon Group）である[20]。

英国的な社会背景からみて，印象的なことは経営管理責任，並びに，伝統的な経営方式に対する選択方法が全く問題となっていないことである。経営管理は社会的プロセスとしては全く考えられていなくて，むしろ，技術的な機能としてのみ捉えられていることである。つまり，「ただ，経営管理に携わっているだけなのである[21]」。

〈モンドラゴン〉

「モンドラゴン・グループ」では，労働者―組合員がすべての資本を所有しているのである。組合員は協同組合に加入する時，一定程度の資金を出資しなければならない。組合員は組合から脱会するまで，この資金を回収することはできない。協同組合には，最低賃金と最高賃金が設定してある。協同組合は独自の福利厚生システムをもっている。1960年には，全体で395名の組合員をもつ協同組合が四つできた。1985年までには，協同組合は111団体が設立されて，19万2000人の組合員を擁するまでになった。

出所：H. Weiner and R. Oakeshott, *Worker Owners, Mondragon Revisited*（Anglo-German Foundation, London 1987).

5　結　論

第3章で述べたように，〈行動科学〉(Behavioral Science) は英国，米国，その他の開発途上国のビジネススクールでは重要なコース科目である。なぜ，そうなのだろうか。このような学問は〈産業心理学〉(Industrial Psychology)，もしくは，〈産業社会学〉(Industrial Sociology) と呼ばれないで，なぜ，〈行動科学〉といわれているのだろうか。

生産性の改善という利害的側面において，名前からみて行動は科学的に測定・統制・修正することが可能であることを示しているから，〈行動科学〉と呼ばれているのだろう。人事担当者が使用できるような〈測定手段〉のいくつかをみておくことにする。

•IQ テスト（知能テスト）　•職務評価　•職務分析　•作業研究　•適性テスト　•態度尺度　•罹病率　•長期欠勤率　•労働移動率

これらのさまざまなテスト・測定の目的ははっきりとしている。例えば，新しい労働シフト制度の成功は〈長期欠勤〉と〈生産性〉という基準で測定することが可能である。もっと抽象的なレベルでは，行動科学者は主要な分析道具として，〈ニーズ〉(Needs) という概念を用いる。

個人はどんなニーズをもっているのだろうか。組織のニーズとは一体，何だろうか。このように2種類のニーズはどのような方法を用いれば総合的に活用できるのだろうか。このような課題はすでに概観してきた，メイヨー，ハーズバーグ，アージリスの著作，さらに，〈職務拡大〉・〈職務転換〉・〈職務充実〉の背後にある理論的論拠にもみられる。

組織における〈モラール〉・〈生産性〉の問題に対する社会学者のアプローチはこれらとは異なっている。具体的には次のような内容に要約される。

- 大半の社会学者は〈行動科学者〉というレッテルを貼られることを好まない。すでに述べたように，この言葉には，「行動は統制や測定が可能である」という意味が含まれているために，あまりにも決定論者的な感じがあるからといえよう。
- 社会学者は一般に，作業成果を上げるような確定的な方法に対してよりも，組織の中で実際に起こっている事象を理解しようとすることの方を好む。例えば，彼らは労働者に対して生産性を上げるためにどのようにモティベーション化できるかということよりも，なぜ，現状に不満足なのかということの方を問題とするかもしれない。

- 社会学者は組織内外で起こっている事象に非常に関心をもっている。例えば，〈手段主義（あるいは，道具主義）〉（instrumentalism）のような作業に対する階級志向的態度を分析したりすることなどである。一部の労働者（この場合，裕福な，半熟練的労働者）が金銭のために働く傾向があることなど[22]。
- ある社会学者はテイラー，メイヨー（ここで説明しているように）に代表されるように組織理論を非常にイデオロギー的なものとして捉えている。これらのイデオロギーは経営管理的な統制を支持する傾向がみられる。労働における〈疎外〉の根本的な原因は労働に対する社会的な構成であるという見解に対して，これらのイデオロギーを導くことが社会学者の任務なのである（このことが生産レベルを下げ，コストを上げることになる）。
- 多くの社会学者は心理学者によって使われている〈ニーズ〉という概念を問題としている。基本的なニーズが部分的には生理学的なのに対して，より高い序列のニーズはおそらく，個人が所属している文化に関連しているのであろう[23]。

もちろん，個々の経営者が社会を変革してしまうまで何もできないということを意味しているわけではない。むしろ，作業満足や生産性（さらには，一般的な人生）を実際に制限するような事象に気づく方が重要なのである。本章を結論付けるための有益な方法は〈労働へのモティベーション〉や〈生産性〉に対する非社会学的な，並びに，社会学的なアプローチの両方を具体化していくことであろう。

[『労働へのモティベーション』に対する非社会学的見方]	[社会学的評価]
• われわれは自分自身に〈充実感〉を与えるような労働を必要としている。労働はわれわれの〈より高いニーズ〉を満足させるとともに，	• 大半の社会学者は「基本的な心理学的ニーズが存在していること。そのニーズに対する満足は本能的なものであること」を承認してい

われわれに対して〈自己評価〉・〈アイデンティティ／帰属感〉を与えてくれる。労働はわれわれに，社会における場・役割を与えてくれる。	るにもかかわらず，彼らは「本能的でより高いニーズなどは存在しない」と反駁している。その反対に，彼らは「労働に対するニーズは文化的なもの（生物学的ではない）である，と主張している。マックス・ウェーバーが『プロテスタンティズムの倫理と資本主義の精神』の中で提示したように，労働に対するニーズは文化から文化へと変化していくのである。
• 経営者は職務を充実させるべきであり，充実させることができる。さらに，より大きな参加・自律・労働を許容すべきである。	• ルーティン的職務の多くは充実させることはできない。しかし，充実させることができるとしても，経営者は統制力を保持したいとしばしば考える。工場はテクノロジー的理由，あるいは，テクノロジー的有効性のためにつくられたものではない。むしろ，労働力に対して，より強い統制力を行使するためにつくられたものである[24]。このようなことと同じような〈統制への意欲〉が，労働に対する熱意の欠如と一緒になって，工場・オフィスに充満している。
• テクノロジーの使用方法を変えることによって，労働における〈疎外〉は減らすことができる。例えば，スウェーデンでは，ある自動車の組立労働者は組立ラインで流れている部品の作業をするよりも，車全体の作業を行っていた。多くの研究者は労働の場におけるテク	• 社会学者は疎外と労働に対する社会的構成との間の関係を明らかにしようとしている。主要な問題は以下の通りである。①被雇用者は労働に対する統制力をどの程度，もっているだろうか。さらに，被雇用者は経営者によってどの程度，統制されているのだろうか。②被

ノロジーと疎外（あるいは，モティベーション）との関係を明らかにしようと務めてきた。

雇用者は労働を通じて自分自身を表現することができるだろうか。あるいは，被雇用者は商品のごとくに，自分たちの労働を時間で売っているのだろうか。③労働者（工場，あるいは，オフィス）は金銭のためだけに働くのだろうか。次にあげる二つの問題点が参考になる。一つは自分自身の事業，あるいは，協同組合でルーティン的な労働に従事している人は週給をもらって仕事をしている熟練労働者よりも〈疎外感〉は少ないかどうか。第二に，情報の蓄積・伝達機能をもっている，新しい情報テクノロジー（IT）は一定のルーティン的労働（経理担当職員のような業務）から雑用的仕事を取り除くことができるだろうか。なぜならば，IT は労働に対する中心的統制を強化することによって，情報の集中化を図ることができるからである。このことはマルクスが使っている〈疎外〉の強化になるのだろうか。

- 〈人間関係学派〉のメイヨー，その他の研究者は「人間は集団の中で働きたいと思っている」ことを明らかにしている。人間は，〈協同作業〉を好むし，集団内競争が結果的には，高い作業成果を生み出すとしている。使用されているモデルは社会的人間に関するもの

- 人間関係論的アプローチ，メイヨー自身の業績はこれまで厳しく批判されてきた。労働者の中心的な関心は報酬にあった。友好的な作業管理はより高い作業成果をもたらすものではなかった（反対のことはあてはまるかもしれないけれども)。メイヨー自身は労働現

である（〈科学的管理〉によって使用されている，〈累積的経済人間〉というよりはむしろ，〈社会的人間〉の方である。第３章を参照のこと）。集団は集団の作業規範を構築する。

場における協力関係を促進することを望んでいたが，彼の理想・価値観は彼の研究成果に影響を与えると同時に歪曲したといった方がよいかもしれない。人間関係論的アプローチに対する基本的な反論は，「このアプローチは生産性の向上のために，被雇用者を操作することになる」ということである。

- 社会学者は批判を続ける代わりに，経営者が生産性の向上・労働者のモティベーション化・職務満足の増加・労働における協力関係の促進・すべての関係者の参加等の困難な業務を行うことに対して，援助の手を差しのべるべきである。

- 社会学者の主たる任務の一つは労働現場で実際に起こっている事象を明らかにすることである。このことは，労働者側の隠された不満足感を浮き彫りにさせるものでもある（経営者は隠す方を好むかもしれない）。社会学者は「労働現場において，あまりにも多くの統制，低レベルの労働者に対する多くの操作，これらの労働者からの真の信頼の欠如（反対に，経営者側に対する信頼の欠如）がある」ことをしばしば明らかにしている。社会学者によれば，「全体システムは協力や信頼への対抗として機能する」ということである。社会学者は一体，何ができるのだろうか。

▶▶ 基本課題 ◀◀

―自己点検用の設問―

次にあげる項目について，その意味を説明しなさい。

- 職務充実
- 行動科学

- 協同組合
- 水平的な職務負担
- ニーズ
- 衛生要因
- モティベーション要因
- 適性テスト
- 人間関係学派
- 決定論的
- リーダーシップ

〈論文／議論用の設問〉

(1) 「社会学は経営者の仕事に役立っていない」という見方について議論すること。いいかえれば，社会学は経営者が達成しようとしていることを批判し，妨害しているだけである，という見方に対して。

(2)(a) 〈職務充実〉に関するハーズバーグの理論を評価すること。社会学者はハーズバーグの業績に対してどのような批判をしているのだろうか。

(b) あなたは家庭用品を幅広く扱っている卸売業者の人事担当部長である。最近，販売業績が低下してきている。この件について慎重に検討した結果，役員は，「この問題は製品にあるのではなく，スタッフ（人間），特に，販売スタッフにある」と感じている。あなたは，この問題を調査するように要請されている。あなたの事前の調査では，「販売部隊のモラール（勤労意欲）は低下していて，これは報酬だけの問題ではない」ことも明らかになっている。販売部隊は顧客からの不満，金銭の払戻，クレジットに対する要請等に応えることが許されていない。これらの問題は本部で処理されており，このことが両者に不満をもたらす原因となっている。この事例の場合，〈労働へのモティベーション〉に関するハーズバーグの理論が適用可能であるとあなたは感じているはずである。

あなたはどのような調査をし，役員に対してどのような助言をするつもりだろうか（すでに与えられた要因と不一致でない限り，この問題に答えるのに必要な情報をより多く把握すること。具体的な提案事項も含めて，役員に対するあなたの回答はレポートの形にすること）。

〔アドバイス〕

まず最初に，職務がどのように整備されているかを把握すること（〈衛生要因〉に取り組むこと）。報酬は十分だろうか，労働条件はいいだろうか，等。その場合，〈モティベーション促進者の要因〉にも対処すること。

(3)(a) 労働現場における集団について知っている限りで，エルトン・メイヨーの「ホーソン実験」の貢献度を批判的に評価すること。実験はどのようにして改善されているだろうか。実験をどのようにして，社会学者に興味深いものにしているだろうか。

(b)　ロンドン中心部に本部を置いている大銀行は1人の作業監督者，4人の作業監督補助者のもとに，40人の速記タイピストを抱えている。オフィスは，〈オープン・プラン型のオフィス〉（訳注：オフィス内でいろいろな用途に対応できるように間仕切りを最少限度にしている建築平面のことを指している）が流行している時に建てられたものである。

タイピストに対する仕事の指示は，仕事のないタイピストを選ぶ作業監督者・作業監督補助者を通じて行われる。タイピストは仕事を終えると，原稿を作業監督者に渡し，作業監督者はそれを修正する。さらに，タイピストは次の指示を待つことになる。

あなたは，ここではどのような改善が必要であるといえるだろうか。本章で学習した視点，例えば，自分たち自身の作業成果の規範を設定している作業集団に関する事例などを活用しながら，あなたの見方をまとめること。

(4)　次の文章を読んで，リーダーシップの理論を活用しながら，その長所・欠点を評価すること。

大規模な組織の中で何度も発生する怒りの主たる原因の一つはだれの言葉にも耳を貸さない〈リーダーシップ〉があるということである。例えば，①生産担当マネジャーに相談しないで，生産化の決定をすること，②販売部隊に相談しないで，価格を決めること，③開発関係業務を担当している部門に相談しないで，開発プロジェクトを放棄すること，等である。これらの事態の発生には，理性・論理，あるいは，事実に対する配慮とは全く無関係な感情的背景が常に存在しているのである。何年か経って冷静になれば，私の〈怒り〉は結果的には正しい決定によって引き起こされているものであることが自分自身でわかるのである。私は，他の事例もいくつかあげることができる。一つの場合は，私がかつていったことがあるとか，私が他人がいったのを聞いたことがあるとか，という理由で，理念的にも，不快な決定を受け入れた時のことである。もう一つは，その決定がたとえ間違っていたとしても，感情・助言・情報等のあらゆるソースに照らし合わせて，その決定が到達してしまったという場合である。①生き残るためにどのような方策をとったとか，②成功したリーダーと失敗したリーダーを峻別するのは，まずは，相手の意見を聞いて後で決定するというような積極性であるとか，などのことは決定が行われる前によく耳にすることである。

役員会，並びに，取締役会の大半は〈集団的な意思決定〉に関する二つの原理について理解している。その一つは，決定する前に相手の意見を聞くことである。もう一つは，原因と結果を常に見直すことによって，一般社員の知恵に対するニーズや価値を構築していくことであり，さらに，それを組織内に浸透させていくことである。これは主題とは異なっているかもしれないが，プロセスは同じである。工場では，働いている人々が相談したいと考えているような長期的な拡大計画はないであろう。むしろ，部品の設計，生産管理，機械の据え付け，労働負荷に関する情報の進行，給与，労働条件，休暇等が当面の課題であろう。工場というのは，これらの事柄に関して古くからある知恵の宝庫である。同様に，指示の無視，事実の隠蔽，経営管理目的の妨害，等もある。同じように，企業内の販売部隊・事務スタッフ・輸送スタッフも含めたすべてのグループはこれらのニーズをもっている。（A. Jay, *The Corporation Man*（Jonathan Cape, London, 1972), pp. 92-3）

〔アドバイス〕

本書の〈リーダーシップ〉・〈労働現場における参加〉・〈組織内のコミュニケーション〉の項を参照のこと。もしできれば，自分自身の経験，あるいは，最近のニュース項目から実際例を活用して論文，レポートを作成すること。

〈事例研究—1〉

労使関係のコンサルタントの立場として，あなたはノベルティ社（Novelties）の役員会から被雇用者関係に関する数多くの問題について助言するように要請されていた。この会社は幅広い商品群，例えば，文房具・書籍・レコード・テープ・家庭用コンピュータなどを扱っている。最近では，映画・コメディー・子供向け番組のビデオ・カセットの売上げが急激に増加してきた。この企業は英国中に30の支社をもち，ロンドンの中心部に大規模な本部店舗をもっている。企業活動は順調に進展しているにもかかわらず，この会社も遅刻・長期欠勤・窃盗・高い労働移動率等の深刻な労使問題を抱えていたのである。これらの問題すべては，新規スタッフを採用することが非常に困難な，ロンドン中心部で悪化していった。

さらに調査を進めると，「スタッフの多くが熱意を失って働いている」ことが確認できたのである。これまで，スタッフをモティベーション化しようと考えていた計画（〈職務充実〉も含む）は失敗していたのである。

あなたからすれば，少なくとも批判の一端は強圧的な態度を取っていた，支社長にあると思うだろう。特に，管理体制があまりにも閉鎖的なのである。

ここでは，一体，何が悪いのだろうか。あなたは何をアドバイスしたらよいのだろうか。このような状況を評価するのに，あなたにはどんな情報が必要なのだろうか。

〈事例研究―2：生産ラインの女性〉

次の文章を読んで，以下の質問に答えること。

作業箱が生産ラインの端から端へ届くのに約20分かかっている。その時間の間，私たち15人は二つの小さな基礎部品を完全な UMO 製品（未確認金属物体と呼んでいた）に仕上げて，車に装着できるようにした。何百もの部品を取り扱わなければならないというプレッシャーは常にあった。この作業は会社側にとっては高度なレベルの生産を必要とするものであったが，私たちにとっては確かに大変な作業であった。１日の仕事を終える頃になると，私たちは疲れ切っていたのである。しかし，私たちの手足がひどく痛んでいたのは，皆様もそれまでやってきた特殊な仕事のせいであったのである。例えば，〈組立て作業〉，〈部品構成作業〉，〈測定作業〉，その他のチェック関係業務はすべてだれの目からみても激しいものであった。常に厳しく神経を集中して，あなたの頭の騒音の中で，小さな穴や部品に焦点を合わせたりしていたのである。〈荷作り作業〉・〈トランジスター組み込み作業〉・〈包装作業〉なども大変労力のいる仕事であった。各々のＵＭＯ製品用に設けられている１分間の間に，あなたは常に移動していくのである。例えば，①カートンをリフトで上げたり，②作業箱を変えたり，③組立作業をしたり，などである。あなたが組織の一員として十分に機能していなくてしかも，作業上のさまざまな動作にどのような順で対応すべきかを知っていなければ，あなたは仕事に負けてしまうだろうし，どうしていいかわからないままに，窮地に追い込まれることになるだろう。しかし，あなたがどんなに組織化され，生産ラインに追いつくことができたとしても，作業のスピードや量はあなたを疲れさせることになるだろう。〈測定作業〉と〈電気点検作業〉間の職務は中心的な仕事で，照明で統制されていた。あなたはいわば，チェーン（鎖）の一部であると感じているだろうし，他の女性ともっと接触をもっていたはずである。これはまるで，一つの大きな集合的な労働者のようであった。私たちは，生産ラインの前後にある職務（この職務ももっと細分化することもできる）というよりも，照明によって統制されていたのである。私たちは基礎的な部品ユニットを作ったり，ダイオードを組立てたりしているように，仕事をどんどん進めていくこと以外に何もなかったのである。もし，生産ラインが停止するようなことになれば，私たちも休息ができただろう。

生産ラインによって私たちすべてに課されているスピードや規律と比較すると，職務間の差異は小さなものであった。あなたが通常は考えもしないようなこと（例―生産ラインの前で鼻をかんだり，髪をはらったりなど。こうした時間的損失はコスト高につながる）を実行することがわたしたちはできなかった。工場のレイアウトにも含まれていなかったし，そのための時間も一切なかった。私たちはすべて，何度も繰り返しの職務に従事していた。あなたはいったん，職場での指揮下に入ると，1日に何千回と繰り返される同じような作業を通じて，生産ラインのもとに統制化されていることがわかる。交替時間までは他の人との交替も休憩も許されない。あなたは仕事をし続けなければならないのである。照明やスピードに抵抗しても，激しい作業は続くだけである。というのも，作業箱がどんどんやってきて，結局，あなたは箱が一杯になるまで自分の仕事をしなければならないのである。もし，あなたが生産ラインの仕事の流れに追いついていけなければ，あなたは生産ラインから外されたはずである（R. Cavendish, *Women on the Line* (Routledge and Kegan Paul, London, 1982), pp. 15-27/40-1）。

①この仕事では，実際には何が悪いのだろうか。

②人事担当者として，あなたはこの仕事を改善するためにどのようなことを行うだろうか。

③あなたが実行できるようなことがあるとすれば，それはどのような制限事項だろうか。

参考文献

P. D. Anthony, *The Ideology of Work* (Tavistock, London, 1977).

M. Argyle, *The Social Psychology of Work* (Penguin, Harmondsworth, 1974).

P. Cressey, J. Eldridge and J. MacInnes, *Just Managing: Authority and Democracy in Industry* (Open University Press, Milton Keynes, 1985).

A. Fox, *Man Mismanagement* (Hutchinson, London, 1985).

C. B. Handy, *Understanding Organisations* (Penguin, Harmondsworth, 1985) (for description of theories on leadership and on group behaviour).

F. Herzberg et al., *The Motivation to Work* (Staples Press, London, 1968).

J. E. Kelly, *Scientific Management, Job Redesign and Work Performance* (Academic Press, London, 1982).

P. McNeill, *Research Methods* (Tavistock, London, 1985).

D. S. Pugh, D. J. Hickson and C. R. Hinings (eds), *Writers on Organisation* (Penguin, Harmondsworth, 1983) (for short accounts of the work of Mayo, Herzberg, McGregor, Argyris and others).

D. S. Pugh (ed.), *Organisation Theory* (Penguin, Harmondsworth, 1984) (for extracts from key writers).

F. J. Roethlisberger and W. J. Dickson, *Management and the Worker* (Harvard University Press, Cambridge, Mass., 1967).

M. Rose, *Industrial Behaviour* (Penguin, Harmondsworth, 1985).

G. Salaman, *Class and the Corporation* (Fontana, London, 1981).

D. Silverman, *The Theory of Organisations* (Heinemann, London, 1970).

注

(1) C. W. Mills, *White Collar* (Oxford University Press, Oxford, 1956). =〔邦訳〕杉政孝訳（1957）『ホワイトカラー――中流階級の生活探究』東京創元社。

(2) これらの着想については，ダンディー工科大学（Dundee College of Technology）のマイケル・ケリー（Michael Kelly）の研究成果に負っている。

(3) A. H. Maslow, *Motivation and Personality* (Harper and Row, London, 1954).

(4) F. Herzberg et al., *The Motivation to Work* (Wiley, New York, 1959), pp. 25-6.

(5) A. Fox, *Man Mismanagement* (Hutchinson, London, 1985), p. 60.

(6) D. McGregor, *The Human Side of the Enterprise* (McGraw Hill, London, 1960).

(7) C. Argyris, *Integrating the Individual and the Organisation* (Wiley, London, 1964), pp. 32-3.

(8) D. S. Pugh et al., *Writers on Organisation* (Penguin, Harmondsworth, 1983), pp. 164-3 for an account of Mayo's work, を参照のこと。

(9) J・チルド（J. Child）は S. R. Parker and M. A. Smith, *The Sociology of Industry* (Allen and Unwin, London, 1981), ch. 8, の中で「ホーソン実験は西欧社会におけるどんな産業調査よりもこれまで数多く議論されてきたほどに価値がある」とコメントしている。

(10) A. Carey, "The Hawthorne Studies : A Radical Criticism," *American Sociological Review*, 1967.

(11) E. Mayo, *The Human Problems in an Industrial Civilisation* (Macmillan, London, 1933), p. 159.

(12) M. Argyle, *The Social Psychology of Work* (Penguin, Harmondsworth, 1974), pp. 187-9.

(13) この項については，C. Handy, *Understanding Organisations* (Penguin, Harmondsworth, 1985). に依拠している。

(14) R. Blauner, *Alienation and Freedom* (University of Chicago Press, Chicago, 1964), p. 32 ; Blauner acknowledges his debt for these ideas to M. Seeman, *American Sociological Review*, 1959.

(15) T. Nichols and H. Beynon, *Living with Capitalism* (Routledge and Kegan Paul,

London, 1977).

(16) Ibid., p. 16 ; For criticisms of Blauner and Horton, *British Journal of Sociology*, 1964, を参照のこと。

(17) Ibid., p. 204.

(18) S. A. Marglin, "What do Bosses Do ?," in A. Gorz (ed.), *The Division of Labour* (Harvester Press, Hassocks, 1976).

(19) J. Thornley, *Workers Co-operatives, Jobs and Dreams* (Heinemann, London, 1981), p. 178.

(20) M. Poole, *Towards a New Industrial Worker : Participation in Industry* (Routledge and Kegan Paul, 1986), pp. 100-3.

(21) P. Cressey, J. Eldridge and J. MacInnes, *Just Managing : Authority and Democracy in Industry* (Open University Press, Milton Keynes, 1985).

(22) J. Goldthorpe et al., *The Affluent Worker : Industrial Attitudes and Behaviour* (Cambridge University Press, Cambridge, 1969).

(23) D. Silverman, *The Theory of Organisations* (Heinemann, London, 1970), p. 77.

(24) Marglin, "What Do Bosses Do ?" ; E. P. Thompson, "Time, Work-discipline and Industrial Capitalism," *Past and Present*, 36 (1967), pp. 56-97.

第7章

労働と偏見

——性的差別と人種的差別——

1 はじめに

本章では，幅広い範囲で〈労働における不平等〉(例—男性と女性，白人と黒人。階級間の差異についてはこれまで検討されてきている）が存在していることを簡潔に提示していくことにその目的を置いている。両者の場合，英国では，①失業率，②相対賃金，③女性・黒人に対する不利な取扱いについては，雇用に対する不法な差別を規制する法律が存在していた。本章の目的はこのような不平等の背景的要因を明らかにすることである（人種的差別や性的差別のようなイデオロギーも含めて)。その場合，「経営者は何をなすべきか」という質問が課せられることになる。

なぜ，労働現場で不平等が存続しているのだろうか。ある種の労働には，なぜ，〈男の仕事〉，あるいは，〈女の仕事〉というレッテルが貼られているのだろうか。なぜ，企業の経営陣には女性が少ないのだろうか。なぜ，われわれは家庭と職場における女性の役割に関してよい主婦と従順な従業員になるために強い期待をもっているのだろうか。男性は女性よりすぐれた役割をもっているのだろうか。なぜ，黒人は最悪の仕事に就いているのだろうか。偏見はどのようにして制度化されているのだろうか。

2 労働と女性

1 女性はどんな仕事をするのだろうか

現在では，女性は過度の肉体的な力を必要とするような仕事は除いて，男性にできる仕事であれば何でも行うことができる。しかし，その場合，なぜ，わずかな女性しか，社会的地位の高い職業に就いていないのだろうか。ここでは，〈生物学的側面としての性差〉（Sex）と〈社会的・文化的側面としての性差〉（Gender）とを区別して使用する方が有益である。〈生物学的な側面としての性差〉とは，男性と女性との間の生物学的差異が明白に存在していることに関係している考え方である。〈社会的・文化的側面としての性差〉は，女性・男性によって演じられている役割を示すために，社会学者によって使用されている考え方である。これらの役割は〈学習成果〉によって獲得されるもので，先天的なものではない。例えば，妻・母，看護師等の役割が例としてあげられる。女性と男性は特定の役割を引き受けるよう，社会化されるのである。というのは，これらの役割は学習されるために，役割自体が全く修正・変化されることもあり得るのである。男性の役割はまた，社会化の結果であることを知っておくことは重要なことである。例えば，男性的な攻撃的行動は先天的なものではなくて，学習によって得られたものである。

女性と男性が演じている役割は社会から，社会へと（文化から文化へと）変化してくる。ここでは，文化とは「女性と男性，さらに，社会における両者の立場に関する広範な信念を組み入れたもの」として捉えられ，西欧社会では次のような捉え方をしている。

- 女性は特定の〈女性らしい〉パーソナリティや社会的・文化的側面としての性差アイデンティティを割り当てられる。換言すれば，文化とは多かれ少なかれ，女性のあるべき姿のことを指示しているのである（もちろん，男性の場合も同じである）。
- 女性はしばしば公共的な世界から排除され，家庭に閉じ込められている。
- 女性はステレオタイプ化（固定的観念化）されており，男性に従属している存在としてみられている[(1)]。

もし，文化が女性の役割のあり方をも過少評価しているとすれば，女性の労働のあり方をも過小評価することになる。このように，あなたが一定の性の側に属しているために，いくつものなすべき仕事をもつことになる。これらの仮説はC・アルドレッド（C. Aldred）による〈多様な特質〉によって分類されてきたものである。

[男性の労働]	「女性の労働]
• 汚い。	• 単調な労働に，集中的な能力を必要としている。
• 肉体的な力を必要とする。	• 器用さを必要としている。
• 夜間労働も含まれる。	• 家庭的な技能を活用している。
• 技術的な技能。	• 半熟練的技能のみ。

しかし，女性の立場からすると，「このような分類は実際に効果があるのだろうか」という質問が出てくることになろう。有蓋トラックを運転するよりも，一般トラックを運転する方が汚いだろうか。さらに，肉体的な力がいる仕事だろうか。いや，そうではない。もし，われわれがわれわれの仮説をもっと深く見れば，「女性の労働を規定する場合の重要な要因は報酬が男性と比べて低い」ということであろう。しかし，この問題について最初の要因としては何が出てくるのだろうか。低い報酬，それとも，仕事の種類なのだろうか。例えば，タイピストの仕事を考えてもよいだろう。初期の頃には，タイピストの仕事は男性の仕事と考えられ，高度な熟練労働とされ，報酬も高かったのである。現在では，この仕事は女性の仕事と考えられ，報酬も低く，さして高い技能を必要としない仕事として考えられている。その仕事も〈性差の変更〉を行ってきたのである。コンピュータの仕事はかつては，女性の仕事であったが，業務範囲の拡大につれて，男性の仕事とみなされるようになってきたし，報酬も改善されてきた。ある水産業地域では，魚の切り身作業は男性の仕事としてみなされている。したがって，報酬もよくなってきている。他の港では，この仕事は依然として女性の仕事となっており，賃金も低い。

なぜ，女性は〈女性の仕事〉をするのだろうか。これにはさまざまな理由（信念）が指摘されてきている[(2)]。

- 伝統。
- ある職種は女性，あるいは男性のいずれかに向いているという信念。
- 雇用者は特定の労働に対してどちらかの方（女性か，男性か）を選択することを好む。
- 特定の職種については，女性，もしくは，男性だけに限って就労の準備を受けている。

- 女性は男性よりも賃金の低い仕事をする準備が見受けられる。
- 女性は職業経歴，もしくは，将来の昇進に対して関心をもっていない。
- 女性は子供をもつことをあきらめなければならないので，熟練的，もしくは，責任ある仕事を本当はしたいと思っていない。
- われわれの教育・訓練システムは若い世代を異なる職業に就かせるためのものになっている。
- 女性は家庭的な責任に適合するような職種で働いている。

あなたはこの他に理由が考えられるだろうか。あなたはこのような状況を理解するために，どのような理由を考えられるだろうか。それらの理由は次のような事例を説明するのに役立つだろうか（例—タイピスト・コンピュータの仕事・魚をおろして切り身にする作業等）。

アルドレッドは，「このような事例を観察する場合，女性が労働で使用する技能が正当に認知されているのかどうかをまず，決定しなければならない。次に，当該の女性が技能的な地位を伴うような給与・条件の改善のために闘うことができる労働組合的な力をもっているかどうかを決めなければならない」と結論づけている。[(3)]

図表７-１は専門性の高い職業における女性の参入率を示したものである。

2　女性と雇用に関する事実

英国の人口の半分以上が女性で，労働力のたった５分の２が女性である。1984年，1550万人の男性と1090万人の女性が仕事をもっていた。1975年では，失業率が全体的に増加したにもかかわらず，1100万人以上の女性が職業に就いていたが，その大半はパートタイム労働者であった。女性は男性に比べて，一時的・季節的・臨時の仕事に就くことが多い。４人以下の子供をもっている女性のたった４分の１しか仕事をもっていなかった。[(4)]

女性は〈看護〉・〈ソーシャルワーク〉・〈家庭労働〉・〈清掃〉などのような〈ケア〉（訳注：生活支援的な意味）に関する職業に集中している。このことは，家庭内の世話と連繫しているから，自然なことと考えられよう。しかし，このことは，有能で仕事ができる可能性のある女性がこれまで男性の仕事としてみ

図表７－１　専門的機関における女性の参入率

（単位：％）

専門的機関	女性の参入率
ホテル，料理調達業，団体組織	48.3
人事管理協会	37.8
健康サービス管理者協会	37.4
英国医学協会	24.8
銀行協会	16.5
王立都市計画協会	13.5
公認保険協会	12.6
法律家協会（法律顧問）	12.2
格付け評価協会	7.1
英国・ウェールズ公認会計士協会	6.5
マーケティング協会	5.0
化学エンジニア協会	4.3
王立公認鑑定人協会	3.3
英国経営者協会	2.5
機械エンジニア協会	0.7
生産エンジニア協会	0.7
公認建築協会	0.6

出所：Equal Opportunities Commission, *Women and Men in Britain* (1986), p. 37.

なされている仕事に就くことを制限している，ことになる。

設　問

あなたは図表７－１の数字についてどのように考えているだろうか。女性の労働とは何だろうか。

3　なぜ，女性は労働現場において今でも不平等なのだろうか

人事担当者は自分の会社のスタッフの潜在能力を十分に発揮させることに関心をもっているが，彼らは労働現場における女性の業務達成能力の低さを女性自身にとっても，雇用する側にとっても，無駄なものとして捉えているかもしれない。労働現場における〈性的不平等〉と戦っても，これまでなぜ，成功することがあまりなかったのだろうか。

この種の質問に答えることを求めている社会学者は特に，二つの概念を使用

図表7－2　労働における不平等を生み出す理由について

〈労働における不平等〉

- 賃金の低さ
- 技能の低さ
- 職務上の地位の低さ

↓

〈排　除〉

- 一定の職務から
- 「労働市場の二重性」から（**用語解説**を参照のこと）
- 「労働予備軍」の一部としての女性の立場から（**用語解説**を参照のこと）

↓

〈対応方策〉

- 反差別の法制化
- 差別の規制
- 女性の労働における地位の向上

↓

〈対応方策がうまくいかない場合の理由〉

- 若い女性が家庭において早期に社会化すること。母親が女性に対する期待が低いこと。つまり，女性は家庭の仕事を手伝うようになればよいという考え方。学校の教師も女性に対して低い期待をもち，このことが「私はこのようなことはできない」というような自己レッテル化をもたらすのである。
- 一般的に，女性の地位は低い。このように，一定の労働における女性の地位は，低い。なぜならば，このような労働は女性から魅力的なものとして捉えられる（あるいは，罠にかける類のもの）からである。反差別の法制化は，①法律に強制力がないということ，②強制することがむずかしい，という理由からうまく機能していない。

↓

〈不平等の継続〉

している。まず第一に，女性を１人の人間としてみなすよりも，男性・女性のうちの単なる女性としてのみ考えるという〈性的差別〉（Sexism）的なイデオロギーが存在している。第二に，女性の性役割に対する社会化の概念がある。これは母，娘から伝えられる役割が社会の他の人々，つまり，父・友人・教師によって確認されることである。女性はいったん，社会化されると，労働の世界では多くの業績を達成しようと望まない。図表7－2では，これらのプロセスをチャート化している。

すでに指摘したように，女性は家庭，学校における初期の社会化（教育）の結果，自分自身や自分の労働に対して低く評価する見方をもっている。このように，女性はより高い職務を求めないし，これらの職務に対する訓練を受けたりしない。もちろん，女性と女性の労働に低い地位が与えられることに対する説明（弁明）も数多くみられる。最も共通したことは女性が子供を産むということである。したがって，女性は家庭にとどまって，子供の面倒をみたり，あるいは，子供の世話でやらなければならないことがたくさんあるという理由で責任ある仕事をすることができない，といったようなことがいわれるのである。労働における女性に対する偏見の多くはこの問題と関連している。もし，仕事を求める女性が結婚していなければ，雇用者は「この女性は結婚するのだろうか（そして，仕事を辞める）」と疑問に思うだろう。もし，結婚していれば，雇用者は「この女性は子供を産むのだろうか（そして，休暇，あるいは，長期の産休を取る）」と疑問に思うだろう。しかし，問題となるのは，実際には，①女性自身，②労働環境，子育て環境に対する社会的な構成なのだろうか。

われわれはスカンジナビア諸国の事例を知っているが，これらの国では，託児所施設が完備しているし，女性が子育てのために仕事を一時中断してもその間の手当が支給されたり，さらに，父親に〈父親休暇〉(paternity leave) が認められている，などの制度化が進んでいる。労働市場も調整されるのである。

設　問

「女性は子供のために大きな責任を負わなければならない」という考え方は一つのイデオロギーだろうか。

女性の地位や女性の仕事に対する期待は時として変わるものである。“Lives and Times of Rosie the Riveter” という映画では，戦争時の米国の造船所で男性と一緒に女性も働いているところを描いている。しかし，戦争後，このような女性は家庭労働をしたり，準備のために終日，時間を費やしてしまうような料理の調理法を近所の主婦と伝えあったりなどしている〈伝統的な女性の役割〉を演じることが期待されているのである。男性が戦争で戦っていない時は，女性は〈男性の仕事〉をすることができたのである。しかし，戦争後，男性が帰ってくると，女性はかつての家庭の仕事に戻ってしまったのである。

4 なぜ，わずかな女性だけが経営管理的な専門的職業部門において上位の地位を獲得しているのだろうか

企業の役員になることを願望している女性にとって障害となるものは何だろうか。二人の研究者が大手の保険会社を調査した。その会社のマネジャー（経営管理者）はかつてはセールスマンであったが，販売について，中流階級の男性的価値観を内面化していったのである。その結果，そのマネジャーは〈職務隔離〉（Job Segregation）を再生産することになり，女性に対する差別を生み出したのである。この種の分離がもたらす危険の一つは，「一般に，下位の従業員の統制問題として扱われるような問題が成功している企業の経営の場合は，〈女性問題〉として問題のすりかえが行われる」ことなのである。このような考え方（あるいは，〈イデオロギー〉）を受け入れる側として位置づけられている〈女性の事務職員〉は不満の態度を示し，マネジャーはこの不満を自己の最初の信念を確証すると考える。女性の側が経営管理的，もしくは，販売的役割を達成する経験が全くない場合には，これらの業務は〈男性〉の仕事として半ば規定されることになる（したがって，女性を昇進させることは危険な活動としてみなされるのである(5)）。

研究者たちは，「〈職務隔離〉は〈ジェンダーによる性差〉（社会的・文化的な側面の性差）に基づいている」と結論づけている。アイデンティティはこのような分離という考え方から発生していくのである。（〈ジェンダーによる職務隔離の制度化〉）。さらに，彼らは〈性的な偏見〉が理由で経営者を非難しないようにしている。むしろ，〈ジェンダーによる職務隔離〉は企業組織・全体社会の両方において，〈父権制〉（Patriarchy——男性支配制度）の考え方を反映しているものといえよう。

経営管理活動で成功しようとしている女性が直面している問題のいくつかを取り上げることにしよう。

- 経営幹部的な職務に就いている女性の数はここ数年では，実際には増加していない。より高度な経営管理活動に対して，女性がほとんど経験をもたないということで，このこと自体が障害となっている。
- 経営管理的な地位に女性を就かせようという可能性は拡大しつつあるけれ

ども，差別は〈就任という関門〉を突破した後で，しばしば起こっているのである。このように，女性の大学卒業者は雇用されているけれども，男性の大学卒業者が早期の昇進をしていることに比べると昇進の対象となっていない傾向がある。

- 大きな問題が中間管理職クラスにおいて進展しているように思われる。ここでは，「女性が子供を産み，子供の世話にその責任の大半をかけているという事実が理由で，間接的な差別が存在している」ように思われる。問題なのは，〈労働時間の硬直性〉・〈再雇用に対する手続きの欠如／休職後の昇進の欠如〉・〈昇進に必要な適切な年齢に対する固定化された観念の存在〉・〈託児施設の欠如〉等の諸問題が山積していることである。
- 労働における平等に対する推進力が一般的に欠けている。労働組合・女性団体・「公正雇用機会委員会」（the Equal Opportunities Commission）等を含めた社会的キャンペーンが再度，必要なのである[(6)]。

5　要　約

下記のリストは本章でこれまで取り上げられた，〈要点〉のいくつかを明示したものなので，役立ててほしい。

[一般的な考え方]	[現実的な様相]
• 多くの女性は家庭から離れて，働いている。このことからすると，確かに，女性の活動範囲を拡大しているはずである。	• 大半の女性は今でも，家庭・家族の世話を主たる仕事として考えている。
• 有給の仕事は独立を促し，結果的には男性との平等をもたらすことになる。	• 女性が従事している労働の多くは報酬が低く，家庭労働に比べてそれほどおもしろい仕事ではない。平等が拡大しているという証拠はほとんどない。女性の賃金は男性の賃金の約３分の２である。1918年の国勢調査では，女性労働者は次のような三つの領域に集中して

いる。

①事務的労働　　33%
②サービス的労働　23%
③半専門的労働　　14%

（主として，教師・看護師・ソーシャルワーク等）教師のように，女性が同じような職業に就いている場合でも，男性が主導的地位に就く可能性が非常に高い。

- 1970年の〈同一賃金法〉（the Equal Pay Act），1975年の〈性的差別禁止法〉（the Sex Discrimination Act），の制定，〈公正雇用機会委員会〉（the Equal Opportunities Commission）の創設は長期的には，より高い地位を獲得していくためのよい機会であった。

- このような法制を強制することは困難で，大きな影響は与えなかった。

- 既婚の女性が労働力となるにつれて，広告にみられるような〈伝統的な家庭の主婦〉のイメージは消滅しつつある。

- 既婚の女性は今でも，家庭の主婦としての仕事をしている。その上で，家庭外の仕事（有給）も行っているのである。また，家庭外で仕事をもつ女性の多くは，伝統的な女性としての仕事（例―掃除・料理・雑用等）をこなしている。これはすでに紹介した数字で示している通りである。

- 女性の場所は家庭である。

- 歴史的には，このことは正しくない。19世紀後半では，多くの女性は専業主婦であったし，20世紀初頭でも，以前よりも多くの女性がそうであった。そうした時代以前でも，全家族は一緒に働いてきたのである（第8章を参照のこと）。

- 働いている女性は，失業が多い時代には，男性から仕事を奪っている。

- ここで示したように，女性だけでできる仕事もいくつかある。もし，女性が女性だけの仕事をするとすれば，女性は男性から仕事を奪うことはできない。一方，なぜ，仕事は女性よりも，男性の権利としてみられなければならないのだろうか。

設　問

第二番目の項目について，あなたは同意するだろうか。あなたが付け加えたいことが他にあるだろうか。われわれはこの知識を使って，何をすることができるだろうか。

6　経営者は何をすることができるだろうか

①あなた自身の思考と行動を観察すること。あなたは女性が男性とは異なった行動をすることを期待するだろうか。あなたは女性を男性とは異なった形で扱うだろうか。あなたは女性が男性よりも劣っていることの論拠として，行動における差異を認めるだろうか。仕事に追われて，そっとすすり泣いている女性がそうしない男性より有能でないとあなたは考えるだろうか。女性自身，自分たちの性について偏見をもった見方をもってきた。そこで，この助言は女性にもあてはまるのである。

②組織で働いている女性の職業経歴構造を明らかにすること。もっと多くのパートタイム労働者を雇用することを考えること。労働時間や産休について柔軟に対応すること。女性が職場に復帰した場合には，一時的に休職したいならば，就任していたと考えられる地位に昇進させるように配慮すること。大企業では，女性が職場復帰するまで，数年間，休暇が取れるような計画を考えている企業もある。

③男性・女性の両者に同一賃金を適用するよう努力すること。これは両者が同じ仕事をしているということだけではなくて，類似の同じレベルの仕事

をしている場合にも適用されること。これは，「言うは易く，行うは難し」である。というのも，競争相手の企業が女性に対してずっと少ない給与を支払っている場合もあるからである（おそらく，人事担当経営管理者（マネジャー）は「人事管理協会」を通じて，〈賃金適用綱領〉（A Code of Practice）を提供できたのかもしれない）。

④男性・女性の両者が序列構造の中で平等に拡大していくことができるように努力すること。

⑤託児施設をより完備すること。

⑥特に，女性に対して，〈自己主張訓練〉のような〈教育・訓練コース〉を提供すること。女性に対して，教育・訓練機会を受けるように薦めること。

設　問

このような経営管理的行動の機会とは一体，何なのだろうか。

〔アドバイス〕ある者は他の者よりも容易である。ここでは，障害を観察しておくこと。特に，本章の最初で述べた，〈性差役割〉（Gender Role）に対する社会化の障害について。

3　人種と仕事

1　なぜ，黒人は最悪の仕事を得ているのだろうか

労働市場における黒人の地位（アジア人も含めて）は多くの点で，女性の場合と類似している。

- 両者は差別の対象となっている。
- 景気後退期の間は，両者は失業者の〈予備軍〉の一部を形成している。両者は経済状況が改善されれば，再び雇用される。
- 両者は労働市場における〈二重性〉の犠牲となっている。両者は二次産業部門の中でも最も報酬の低い仕事で働いている。両者は〈中心的な部分〉よりも，〈周辺的な部分〉で主として働いている（第５章を参照のこと）。
- 一般的に，両者は下記のような特性をもっているために，〈下位階級〉

(Underclass) の一部を形成している。

- 差別に対する法制化は黒人・女性の双方にとってあまり効果のないことが判明していた。

両者は人口構成の中の支配的な集団がもっている信念，すなわち，〈性的差別〉や〈人種的差別〉の影響に苦しんでいる。これらのイデオロギーでは，人間の性，あるいは，人間の人種が人間自体よりも重要になっているのである。両者は地位の低い存在として認識されているばかりでなく，このことが原因となって，①最も報酬の低い，②最も安全性の低い，③最も技能の低い，仕事に適合性をもつとともに，職業経歴においても最も将来性の少ない存在としてみなされているのである。女性や黒人がこのような仕事に就いているために，「これらの仕事は彼らに合っている」という考え方が確認される傾向がある。したがって，このような差別パターンが強制化されているのである。このような労働市場における社会的な取り決めはもちろん，最良，かつ，最高の報酬の仕事を獲得している人間，いいかえれば，社会の中でより裕福で権力のある人々にとっては有利に働くのである。〈性的差別〉や〈人種的差別〉は権力者(この場合は，白人の男性) の利益に奉仕するような真理を歪曲して伝えるために，イデオロギーの役目を果たしているのである。

〈労働市場の二重性〉

「労働市場の二重性」(Dual Labour Market) に関する概念は現実に生起している事象を分析する場合に有効性のあるものである。この考え方は「経済は少なくとも，二つの下位的労働市場 (Sublabour Market) から構成されており，この両者は相互関係はあるけれども，お互いに競合しないというものである。一次的な労働市場は，①報酬の高い職業，②よい職業や技能を獲得できるようなチャンスを提供してくれるような職業群から構成されている。二次的な労働市場では，①低い賃金，②将来性のなさ，③職業的安定性の欠如，等の特徴をもっている職業から成り立っている。黒人や女性は多くの場合，二次的な労働市場に限定されているように思われる。

図表7－3　英国における職種別の黒人・白人の割合

（単位：%）

労働の型	アジア人	西インド人	白　人
専門的・経営管理的労働	13	5	19
不熟練・半熟練・筋肉労働	40	35	16

出所：D. Thomas, "The Job Bias against Blacks," *New Society*, 1 November 1984, pp. 167-9.

図表7－4　英国における黒人と白人の失業率

（単位：%）

	男　性	女　性*
アジア人	20	20
西インド人	25	16
白　人	13	10

注：*これらの数字は実際と比べて低すぎるかもしれない。というのも，多くの女性は仕事を求めているけれども，失業給付を請求できないし，失業者として登録していないからである。

出所：図表7－3に同じ。

2　黒人と雇用に関する事実分析

図表7－4に提示されているように，黒人は白人に比べて失業率が高い。

- 英国の黒人は白人と比べて2倍の失業者がいる。
- 1984年，黒人男性の失業率は白人男性の失業率（10.6%）と比べると，20.4%に達していた。
- アジア人の労働者の大半は自営である（彼らの家族も彼らと働いている）。
- 黒人の多くは，エンジニアリング業界や製造業界の中の半熟練的，もしくは，不熟練的職務（首切りなど最も厳しい影響を受ける領域である）にのみ就くことができる。
- 西インド諸島の人々の29%，さらに，アジア人の28%は職業を全くもっていないが，白人の17%の人々が有職者である。(7)

もちろん，人種的差別は職業を獲得できない場合の重要な要因である。ある調査では，「西インド諸島の人々の82%はアジア人の69%，白人の65%に比べて，採用時に人種的差別を受けていると考えている」と答えている[(8)]。もう一つの要因は，「西インド諸島の40％以上，アジア人の20％以上がロンドン市内のスラム街に居住している。これに対して，白人はわずか６％である」ということである。これらのことが高い失業率地域を全体的につくり出しているのである。

黒人は長期間，失業に苦しむ傾向がある。白人の５％が１年以上の失業状態となっている。黒人の13％という数字と比べれば非常に低い数字である。

3　〈人種的偏見〉・〈人種的差別〉とは一体，何だろうか

〈人種的偏見〉・〈人種的差別〉の実際の特性は認識できるものである。「偏見」とは，個人，あるいは，集団に対して一般的にもっている〈先入観的な意見，偏った見方〉のことである（〈予見〉〔Prejudgement〕といってよいかもしれない）。その場合，犠牲の対象となる人々は〈ステレオタイプ化〉（固定観念化）されるのである。偏見はどのようにして起こるのだろうか。偏見の発生に関する最も有名な研究はおそらく，セオドール・アドルノ（Theoder Adorno）によるものだろう。アドルノと共同研究者によれば，「一部の人々は偏見的態度を受け入れるような一定の性格的特質をもっている」ことを明らかにした。この〈権威主義的パーソナリティ〉（Authoritarian Personality）とは，体面に固執し，体面を重んじるもので，①権威を受け入れやすく，②従属者に対して，威圧的態度を取り，③地位に対する先入観をもち，④一般的に〈外部の人々〉，さらに，〈特に，異なった人種の成員〉に対して，敵意のある態度を取るような特長をもっている[(9)]。

偏見に関わるトラブルは，偏見が自己確証的だということにあるように思われる。もし，黒人が不利な職業に就かせられるとすれば，その場合には，そうした職業に就いている黒人をみることで偏見は確認される。つまり，これは彼らが従事することができる唯一の職業であるという考え方である。このようなことが〈差別〉（Discrimination）をもたらすことになる（いいかえれば，偏見の行動結果として）。会社側の面接担当者の偏見のために，黒人は仕事に就くことができない。このことは，黒人が男性であれ，女性であれ，これまで差別の対象となってきたことを意味しているのである。偏見と差別は相互に強化し合うも

のである。〈差別〉に関する三つのタイプ（型）があるので，ここで紹介しておくことにする。

- 〈直接的差別〉（Direct Discrimination）
  黒人は肌の色が黒いという理由で，仕事を与えられない。
- 〈間接的差別〉（Indirect Discrimination）
  例えば，黒人が失敗しやすいようなテストを雇用者側が作成している。さらに，テストに合格しても，その仕事に就く要件として認めない。
- 〈制度化された差別〉（Institutionalized Discrimination）
  例えば，人種的差別を信条としている政党の存在。

4　経営者は何をすることができるだろうか

①〈性的差別〉に関しては，まずは，自分自身のことから始めること。あなた自身の偏見を知り，それがあなたの判断を曇らせないようにすること。

②組織における差別の尺度を見つけること。もし，最もすぐれた人々がその職務に選抜されないとすれば，あるいは，すでに雇用されていたとしても，黒人が労働現場において能力を発揮できないとすれば，このようなことが企業，あるいは，組織にとって損失になる可能性があることを留意しておくこと（こうしたことはもちろん，男性にもあてはまることである）。

③組織の立場から，自分たちの企業は〈公正雇用機会推進雇用者〉であることを宣言すべきである。「英国産業連盟」（The Confederation of British Industry）はこの政策を支持しているし，250の組織は上記の雇用者であることを自ら宣言している（例えば，国家公務員，多くの大規模な地方自治体，英国鉄道，郵政省，六つのロンドンの手形決済銀行，マークス＆スペンサー社，リトル・ウッド社，マーズ社，フォード社等[10]）。同じようなことが米国でもいえる。もちろん，宣言するだけではなく，黒人や白人に対して平等に開かれているという事実を証明しなければならない。

④組織としては，特定の労働力の何％が民族的マイノリティに属するのか，さらに，どの程度まで彼らの種々のレベルに合わせて採用するのか，等を決定するための〈民族的構成監視システム〉（Ethnic Monitoring）を導入しなければならない（黒人を含む，一部の人々はこうしたことが積極的差別をもた

らすことになるのであれば，この考え方に特に，反対するかもしれない——彼らが黒人であるという理由で，応募者を慎重に選択することになる[11]）。

⑤英語力の低い人々に対して，英語学校に行くように奨励すること（英語の熟達度の低さと失業との間に強い相関関係がある[12]）。

それでも，いくつかの側面では希望がもてる兆しがある。数多くの人事担当者が真剣に反差別的行動を取っているという事例もある。さらに，大規模な組織以外では，小規模でも黒人所有の企業の数が増加してきている。残念ながら，失業率の高さはこの問題の改善を困難にしているのである。

▶▶ 基本課題 ◀◀

—自己点検用の設問—

次にあげる項目について，その意味を説明しなさい。

- 偏見
- 差別
- 積極的差別
- 予備軍
- 二重性
- 下位階級
- 公正な機会
- 社会的・文化的側面としての性差（ジェンダー）
- 間接的差別
- 性的差別
- 人種的差別

〈論文／議論用の設問〉

(1)　労働現場において，〈性的差別〉が存続していることをあなたはどのように説明するだろうか。

(2)　図表7‐5の結果を分析すること。例えば，次の点について分析してみること。

(a)　〈女性の職業〉と〈女性的特質〉（例—料理とか，細かい点の気づかい等）とを関連づけること。

(b)　同じことが〈男性の職業〉の場合にもいえるだろうか。

(c)　英国の人々は女性の職業に対する態度についての考え方についてその理由をあなたはどのように考えるだろうか。

(3)　図表7‐6については何を提示しているのだろうか。

(4)　労働市場において，黒人と白人との間に不平等が存続していることに対してあな

図表7－5　女性と労働に対する英国人の態度

（単位：%）

態度表明	賛　成	賛成も反対もしない	反　対
（1）家庭と労働に対する伝統的な態度について			
• 女性の場所は家庭にある。	25	18	57
• 夫の仕事は給料を稼ぐことである。妻の仕事は家庭と家族の世話をみることである。	46	21	33
• 失業率が高い時代には，既婚女性は家庭にいるべきである。	35	16	49
• 仕事は十分あるが，大半の女性が求めていることは家庭と子供である。	41	25	34
• 女性は職業的活動と子供の世話を両立させることはできない。	29	16	55
• 家庭をもちながら，働いている女性の大半は心配も責任もない仕事を求めている。	49	17	34
• 既婚女性の大半は金銭のためだけで働く。	20	14	66
（2）女性と家庭に対する労働給付に対する態度について			
• もし，女性の子供が十分に面倒をみてもらっているとすれば，女性が働くことはよいことである。	71	17	12
• 仕事をもつことは，女性が独立した人間になるのに最良の方法である。	67	17	16
• 女性とその家族はもし，外に仕事に出ることになれば，より一層幸福になれる。	29	32	39
（3）他の意見			
• もし，女性が数年間，自分の子供の世話をするために仕事から離れるとすれば，彼女は自分の職業活動の将来に対して苦しむだろう。	44	20	36
• 既婚女性は家族の状況が何であれ，自分が望むならば働く権利をもっている。	71	12	17

注：基本データ；100%，調査対象者：5588人。
出所：Department of Employment, *Women and Employment*, HMSO, London, 1984.

たはどのような社会学的説明ができるのだろうか。

(5)　あなたが大企業の人事部長の立場にいるとしたら，あなたは労働における人種的差別を根絶するためにどんな方策をとるだろうか。

人事管理に関する文献，*The Personnel Manager* のような雑誌を参考にすること。さらに，D・トーマス（D. Thomas）の “The Job Bias Against Blacks”（*New Society*, Nov. 1, 1984），を参照すること。

(6)　人種的差別でだれが得をし，だれが損をするのだろうか。

〔アドバイス〕

結局，実際にはだれも得はしない。だれもが損をするのである。あなたはこの考

図表７－６　英国における職種別の働く女性・男性の割合

（単位：％）

職業的序列	働く女性	働く男性
(1)経営管理一般	—	1
(2)経営管理を補助する専門的職業	1	6
(3)健康・教育・福祉分野の専門的職業	13	5
(4)著述・芸術・スポーツ的職業	1	1
(5)エンジニアリング・科学分野の専門的職業	1	5
(6)他の経営管理的職業	4	12
(7)事務的職業	33	6
(8)販売的職業	9	4
(9)安全分野の職業	0	2
(10)料理調達・清掃・美容関係の職業	23	3
(11)農業・水産業関係の職業	1	2
(12)物質加工作業（金属を除く）	1	3
(13)製造・修理関係の作業（金属を除く）	5	6
(14)金属の加工・製造・修理作業	2	20
(15)塗料・組立て・包装作業	5	5
(16)建設業・炭鉱業関係の作業	0	6
(17)輸送関係の作業	1	11
(18)その他	0	1

注：基本データ；100％，調査対象者；女性-3354人，男性-8024人。
出所：*General Household Survey*, 1987.

え方について賛同するだろうか。

〈事例研究―1〉

ベター・プリント社（Better Print）は小規模だが，印刷部門では中規模の企業で，すべての分野の印刷を行っている，総合的な印刷業である（例―特殊印刷の分野では，市場の首位を占めている）。この会社は印刷工場には80名の従業員が働いていて，そのうち35名は技能をもつ印刷労働者である。20名が事務所に雇用されていて，12名以上がセールスマン，運転手，倉庫管理人のような雑多な仕事に就いている。

ウェンディ・スミス（Wendy Smith）はこの会社で15年間働いてきた。彼女はいわゆる〈キャリア・ウーマン〉としての範疇に考えられ，将来，役員になることをめざしている。トム・ウェブスター（Tom Webster）が病気で欠勤しているために，彼女は過去８ヶ月間，一時的にオフィス・マネジャーとして働いてきた。しかし，彼女にはこのような特別な業務に対する報酬は支払われなかった。人事担当者である，ジム・モーガンは次のようなことを知らされた。「59歳のトムは会社の年金計画の一環として年金の完全支給という形で，早期退職をすることになっている」と。

同時に，もう一つの大きな変化が起こっているのである。オフィスの機械化が推進され，経理も含む，すべての記録はコンピュータにインプットされることになっている。ここでの問題はごく少数のスタッフしか，最新の機械に対して操作経験がないということである。つまり，労働パターンの変化が必要となっているのである。さらに，この機械によって，余剰人員が出てきているということである。

①スミスはオフィス・マネジャーとしての職務を続けるべきであろうか。

②彼女の場合には，何が障害となるだろうか。

③モーガンはこの状況に関して全体的視点からどのように対処するだろうか。

〈事例研究―2・3〉

これから取り上げる二つの事例は今日の女性の雇用，特に，経営管理レベルでの雇用についてわれわれに何を伝えてくれるだろうか。両親・同僚・夫・子供・患者・顧客等によって提示される諸課題を検討すること。労働における女性の昇進を受け入れる場合，何が主要な障害となるのだろうか。

【サラ・ブラックバム（Sarah Blackbum）の場合：地域担当ケータリング・マネジャー，フード・サービス部門の責任者の場合】

○家族的な背景

私は４人姉妹の二番目の娘です。私の父は校長で，母は大学の講師（非常勤）です。私は教育を受ける機会にめぐまれ，教育熱心な両親に育てられました。事実，私の両親はいつも，私自身や私の将来について十分に尊重してくれ，励ましてくれました。例えば，ある時，私は看護活動に興味をもっていました。そこで，私の両親は報酬のより高い職業に就けるような〈看護学位〉に関する情報を詳細に収集してくれました。

偶然でしたが，〈ホテルとケータリング分野の仕事〉が私の選択した職業的方向にありました。10代の時，私はカフェテリアのカウンターで一般的なアシスタントとして働く機会を得，１週間，パーク・センターで過ごしました。私は本当にその仕事，仕事を通じての社会的な付き合い，仕事の多様性について楽しく学びました。私はその時，こう感じました。「もし，私が大学に行くとすれば，目的をもって何かのために訓練するために大学に行こう。そうすれば，最終目標としている職業へのチャンスが増大してくるだろう」と。

紛れもなく，私は女性でしたので，私の挑戦は男性の場合と比べてはるかに厳しいものでした。ホテルのマネジャーに面接するために私が顔を出した時，会社の何人かの人々の表情は非常に滑稽なものでした。時折，こんなことをいわれることがあります。それは，「私は女性ですので，男性のような肉体的強さを必要とするようなホテルのマネジャーの仕事をやっていけないだろう」と。このような疑問に対する私の答えはいつもこうでした。「もし，男性が自らの仕事を適切に行うのであれば，マネジャーの立場として，彼らは地下の貯蔵庫からビール樽を引き上げたりなどのような肉体的な仕事をしないでしょう。私もマネジャーの立場であれば，男性と同じように，従業員にそうした作業をやらせるように指示することになるでしょう」と。私はまた，次のようなことも指摘しました。「私は男性のように22ガロンの重さのビール樽を完全に引き上げることはできないけれども，ビール樽の位置を変えることぐらいできるでしょう」と。

私の現在の仕事は12種類のケータリング作業の総合管理をすることです。仕事には出張が数多くありますし，１日として同じ仕事をする日はありません。私は直接，仕事の方針を決定していくことにしていますし，私はこの仕事を非常に楽しんでやっています。自分が女性だからといって困難な課題に出くわしたことは一度もありません。事実，私は月例ミーティングに参加できる最初の女性です。会社外から，２名の女性が採用されていますが，私の地位も同様なものといえます。

○家庭・仕事上の問題への対応

私の考えでは，最も無視できない問題として指摘できるのは，会社の同僚の態度だけでなく，社会的な態度の存在であると思います。この問題は個人としてのあなたに対して，相当のプレッシャーをかけます。例えば，大半の人々は「女性の場所は家庭にある」という伝統的な信念をもっています。私は上記のようなコメントにはこう対処しています。「あなたが仕事で家庭を留守している時には，あなたのご主人はどのようにされているのですか」「私の夫は十分な訓練を受けています」と答えることにしています。一番よいことは相手と問題を起こさないで，ユーモアをもって対応していくことです。

もう一つの共通した潜在的なもめごとに対するコメントは，働く妻や母であることの賛否に関することです。この問題に対処していく最良の方法は，「あなたにとって正しいと思うことが他人にも正しいとは限りません。すべてのケースが全く同じものではありません」ということを力説していることです。このようなタイプのアプローチを使えば，奥さんが最初の子供さんを産んで，仕事を辞めているような家庭環境にいる社長のような人の場合には，問題を起こすようなことはありません。

結婚して数年経っている場合には，私は正直に「私は家庭上や仕事上の問題は一切ありません」と答えています。家庭の仕事は夫と二人で分担していますし，私たちはお互いにあらゆる面で助け合っています。実際には，家庭のトラブルは全く関係のない他人によって引き起こされます。こうした人たちは問題外で，全く無視してもよいと思います。

○他の女性への助言

上司があなたを将来的にみて発展する能力がないと考えているからといって，自分の能力をつぶさないようにすること。自分が女性であるという理由だけで，職業経歴の進展に興味がないような振りをしてはいけない。男性は自分たちの信念で女性であるあなたにラベルを貼ろうとしているのである。重要なことは，あなたが信じて，かつ，求めることである。

あなたが昇進に関心をもっているならば，そのことを経営者に常に知らせるようにすること。もし，その会社で昇進できなければ，他の会社へ移ること。時として，他の仕事に転職しようとした場合，他の人に「あなたは真剣で，決して〈飾りだけの女性〉ではない」ことを伝えることである。あなたは自分が思っていることで正しいことがあればそれを実行していかなければならない。あなたが現在やっている仕事，家庭の仕事との関連で，あなたが一緒に働いている人々，家族，友人の考え方を参考にしてあなたが〈産休〉を取るべきかどうかについて考えてはならない。

【モーリーン・ジョーンズ（Maureen Jones）の場合：映画プロデューサー，制作責任者の場合】

○家族的な背景

私の父は会社を経営しています。したがって，私はビジネス的雰囲気の中で育てられました。私は1人娘です。私の他の5人の兄弟は学校が休みの時でも，父の仕事を手伝っていました。私が仕事を手伝わなかったことについては，特にいうことはありません。実際，私の子供時代に強い印象が残っているのは男性すべて，叔父さん，家族の友人等の人たちで，彼ら自身が独立した経営者でした。

自分で会社を経営すること，あるいは，自分自身が経営者になるという考えは非常に自然な願望でした。私は父に働くということについては，他の男兄弟と別に扱われていたことは決してありませんでした。というのも，私は女性ですが，私の母が「〈あまりにも活発に〉ビジネス活動を求めているような若い女性に対して，〈あまり女性的ではない〉というように感じている」ということを知っていたからです。私の母は，劇場に多くの友人をもっていたのでしたが，私の母にとっては，ビジネスは男性の目的とするものだと思っていました。

○仕事と人生のプロフィール

私が仕事を楽しんでいることを実感した唯一のことは書くことであり，言葉で表現することでした。私の最初の仕事はコピーライターのアシスタントとして広告代理店で働いたことでした。私はこの会社に5年いて，その間昇進もしました。最初はアシスタントから，上級コピーライターへと，次には役員へと，最終的にはクリエイティブ・ディレクターへと昇進していきました。この会社に入社してから数カ月以内に，私はテレビ制作の仕事に従事し，そこで，私は制作という言葉に代表されるような〈制作の職人芸〉を学んでいたのです。私は即座に「私が全精力を集中したかったのは，業界のこの仕事なのだ」ということを知りました。そこで，私は一生懸命働き，制作に関する事柄を早急に学びました。

現在の私の目的はできれば，すぐれたプロデューサーになることです。私は，男性優位社会という環境の中で働いている女性ですが，「女性であることが何か特別の問題を起こす」というようには思いません。私は自分が女性であるからということで，有利になることを期待していませんし，女性であるが故の不利を予想するということもありません。私は女性であることが好きですし，女性らしさということも好きです。しかし，私が仕事をしている時，私の身体が男性とは異なっているという事実は何の関係もないことですし，私の頭脳も男性と全く同じものだと思っています。

私は他の女性が私の職場にやってくることに反対はしませんし，有能で，意欲のある秘書には，私もより高い地位を求めて一生懸命働くように励まします。時間の経過につれて，私自身，顧客・業者として女性としばしば，仕事上の接触をしています。私は，男性と一緒に働くことが好きなのだということは認めなければなりません。私の友人の多くは男性ですし，私は男性と働くことに慣れています。これはおそらく，私に5人の男兄弟がいたことと関連しているでしょう。

○家庭・仕事上の問題への対応

家庭と仕事の両方のバランスをうまくとるためには，よい仕事をし，よい妻にも，母にもなることですが，これはむずかしいことです。仕事に復帰して，最初の数ヶ月，私はある夜散歩したいと思い，そこで私の息子が「ママ，向こうへ行って。ママは僕のことなどかまってくれないんだもの」といっているのを耳にしていました。私は今では，「子供との関係で必要なのは，子供と接する時間の〈量〉ではなく，いかに接触しているかという時間の〈質〉である」ことに気がついています。私は家に帰ると，言行一致を心掛けています。私たちはこれまでと同じようなやり方で，おしゃべりをし，遊びを楽しみ，本を読み，歌を歌ったりしています。時々，私がしたいと思うことは椅子に座って，足をのばして休んだり，お酒でも飲んでみたいことですが，私の息子がもう少し大きくなるまで待たなければなりません。私の兄は子供のための精神医学者ですが，兄の助言によれば，「私たちはプライベートな時間をもっている。朝よりも夜の方がよいことはわかっている。私たちのプライベートな時間は自分の息子が寝る前に，息子の部屋で約１時間ほど一緒に過ごすことですませている。この時間にはだれも加わることはできない。この時間こそが息子と私がお互いの関係で活動できる時間なのである。息子は自分のベッド・ルームを〈安心のできる部屋〉と呼び，この部屋こそが時間を静かに過ごす空間なのである」と。

○他の女性への助言

あなたが仕事を始める場合には，よい先輩を見つけ，彼女の意見をよく聞くことである。あなたが女性であることは忘れること。あなたが女性であるということで，自分が有利になると期待してはいけない。すべてのことをうまくやれると期待してはいけない。覚悟を決めて，一生懸命働き，自分がどのように感じ，見ているかということに注意を払うこと。換言すれば，若手の経営幹部と同じように行動することである。

○後　記

私は自分自身を〈キャリア・ウーマン〉であると考えたことがない。これはただのレッテルである。私は家庭と家族を楽しんでいるが，私はまた，「私はできるだけ，私の人生から多くのことを得たい」というように感じるような刺激を求めているのである（M. Davidson, *Reach for Top* (Piatkus, London, 1985), pp. 161-73)。

〈事例研究―4〉

労働市場において，若い黒人が直面する問題とは何だろうか。次の文章では，著者が「人種的不平等とは，三つの次元的な現象である」というようにいっている時，これは何を意味するのだろうか。

重要な点は，「多くの黒人がロンドンの中心のスラム街に居住しているという〈理由〉でこの地域の失業率が高いということではない」ということである。失業率はだれにとっても高いのである。失業率が低下してきたのは，その地域自体である。ロンドン郊外の地域では，失業率は低い。しかし，〈黒人〉は相対的によくない。したがって，雇用における人種的差別に対するキャンペーンは雇用が〈可能な〉地域で生活し，働いている黒人には大きな意味をもっている。さらに，民族的マイノリティに対する失業率は彼らが同じ尺度で，経済的に衰退を受けていない地方に居住している場合でも，白人の失業率にほぼ近くなっている。例えば，黒人の失業率は東アングリア地方では11％，スコットランドでは19％となっているが，白人の場合でも同様に，８％，14％となっている。

このように数字に差が出ているのは人種的差別がロンドン，あるいは，西ミッドランドに浸透しているからというわけではない。しかし，不熟練労働，あるいは，半熟練労働に対する需要が極度に減少している地域では，生活や労働に対して努力しても，このような結果となるのである。

人種的不平等とは，この場合，〈三次的な現象〉である。さらに，人種的差別自体と戦っていくためには，①黒人が新しい仕事を獲得する資格要件をもっていること，②黒人がその資格要件に合う仕事があるような労働市場に対して接近手段をもっていること，などの条件を満たすことが必要である。もし，われわれが人種差別だけの影響を克服していくことに満足するならば，アフリカ系のカリブ人やアジア人のマイノリティも単純に貧乏な白人と同じような目的を達成することを求めてくるだろう（例—二流の学校への入学，福祉的住宅の建設，衰弱化した健康への対応，ソーシャル・サービスの充実等)。もし，これらのサービスを受け入れて，人種的差別も明日にでも克服されたとしても，黒人たちは英国社会の周辺に放置され，豊かさと成功という新しい社会へ黒人たちが参加する機会を否定するだろう（M. Cross, "The Black Community," *New Society*, July 24 1987)。

参考文献

C. Aldred, *Woman and Work* (Pan, London, 1981).

C. Brown, *Black and White Britain: The Third PSI Survey* (Gower, Aldershot, 1985).

E. E. Cashmore and B. Troyna, *Introduction to Race Relations* (Routledge and Kegan Paul, London, 1981).

R. Cavendish, *Women on the Line* (Routledge and Kegan Paul, London, 1982).

S. Delamont, *The Sociology of Women* (Allen and Unwin, London, 1980).

S. Dex, *The Sexual Divisions of Work* (Wheatsheaf, Brighton, 1985).

E. Gamarnikow, D. Morgan, J. Purvis and D. Taylorson (eds), *Gender, Class and Work* (Heinemann, London, 1983).

R. Goffe and R. Scase, *Women in Charge: The Experience of Female Entrepreneurs* (Allen and Unwin, London, 1985).

F. Klug, *Different Worlds: Racism and Discrimination in Britain* (Runnymede Trust, London, 1983).

Ann Newham, *Employment, Unemployment and Black People* (Runnymede Trust, London, 1986).

V. Novarra, *Women's Work, Men's Work: The Ambivalence of Equality* (Boyars, London, 1980).

A. Oakley, *Subject Women* (Martin Robertson, Oxford, 1981).

A. Pilkington, *Race Relations to Britain* (University Tutorial, Slough, 1984).

A. Pollert, *Girls, Wives and Factory Lives* (Macmillan, London, 1981).
TUC, *TUC Workbook on Racism* (London, 1983).

注

(1) Adapted from 'Stereotypes' in the *Penguin Dictionary of Sociology*, 1984.

(2) C. Aldred, *Women and Work* (Pan, London, 1981), pp. 20, 22.

(3) Ibid., p. 37.

(4) New Society Database: 'Women and Employment,' *New Society*, 3 October 1986, p. 44.

(5) '"Men Only" Theories and Practices of Job Segregation in Insurance,' in D. Knights and H. W. Willmott (eds), *Gender and the Labour Process* (Gower, Aldershot, 1986), p. 150.

(6) M. Fogarty, I. Allen and P. Waters, *Women in Top Jobs* (Heinemann, London, 1981).

(7) New Society Database, "Black People and Employment," *New Society*, 17 October 1986, p. 44.

(8) D. Smith, *Unemployment and Racial Minorities* (Policy Studies Institute, London, 1981), p. 194.

(9) T. Adorno et al., *The Authoritarian Personality* (Harper and Row, New York, 1950). =〔邦訳〕田中義久他訳（1980）『権威主義的パーソナリティ』青木書店。

(10) Central Office of Information, *Britain's Ethnic Minorities* (HMSO, London, 1982).

(11) Ibid.

(12) D. Thomas, "The Job Bias against Blacks," *New Society*, 1 November 1984.

第8章

職業構造の変化

1 はじめに

〈職業構造〉(Occupational Structure) とは,「だれが何を行うために雇用されているか」, を示しているものである。職業構造は常に変化している。すなわち, 需要における変化は一方の職業には隆盛をもたらすが, 他方の職業には衰退をもたらすことになる。例えば, 鉄道における雇用の衰退と比較して, 最近の自動車産業では, 雇用が全体的に増加していることを考えるとよい。このような変化は一つの産業の衰退, あるいは, 生産性の結果であるといえるかもしれない。

また, 農業に従事している労働者の数は食料が豊富な状況にあるにもかかわらず生産性が上昇し, 特に, 欧州大陸では減少している。本章では, 職業構造における最近の主要な変化を取り上げることから, この問題に取り組んでいくことにしたい。その場合, このような変化, 特に, 失業の問題や新しいテクノロジーの影響の問題に対して可能な限り, 社会学的な分析を行っていくつもりである (本章の最後の部分では, 女性と黒人に関する「職業構造の変化」の影響について触れている)。

1 雇用の変化

まず最初に, 英国経済の中のどのような領域が衰退してきたのかを考えてみることにしたい。その理由, 影響については, 図表8-1において,〈職業構造〉の主要な変化のいくつかの部分をまとめている。その資料を読む前に, これらの変化を自分自身で確かめてもらいたい。さらに, 本書をこれから読み進めていく前に, これらの変化の原因や影響についても検討してみるとよい。

図表8－1　英国における産業別雇用者数

産業別領域	1971年（千人当たり）	1985年（千人当たり）
農業・林業・水産業	432	338
エネルギー・水資源供給産業	797	613
鉱石の採掘（除外―燃料・金属／鉱業製品／化学製品）の採掘	1,278	799
金属製品・エンジニアリング／自動車産業	3,705	2,612
他の製造業関係の産業	3,102	2,122
建設業	1,207	970
流通・ホテル・料理調達・修理業関係	3,678	4,470
輸送・通信関係の産業	1,550	1,304
金融・財務・保険・ビジネスサービス・リース業関係	1,336	1,972
他のサービス業	5,036	6,266
すべての産業・サービス	22,121	21,466

出所：*Social Trends*, 1987.

図表8－1は英国における〈職業構造〉の大規模な変化のいくつかを紹介している。このような変化には次のような点が含まれている。

- 農業や他の第一次産業部門（炭鉱業，水産業，森林業等）に従事している被雇用者が着実に移動している。
- 製造業部門（あるいは，第二次産業）の被雇用者の数が減少している。
- これに対して，発展している部門（あるいは，第三次産業）には，特に，流通・金融部門があげられる。他の特筆すべき変化はこの図表8－1からはみられないが，指摘するとすれば以下のようなものであろう。
- 専門化の増大：労働人口の約15％が専門的職業従事者である。
- ホワイトカラー的労働の大幅な増加。
- 「職業構造の変化」に影響を受けることと，労働組合加入率の減少などである。この傾向の例外としては，ホワイトカラー層の労働組合加入率の増加があげられる。
- 労働力の高齢化。
- 労働における既婚女性の増加。
- 「職業構造の変化」の結果として，失業者の増加がみられる。
- 〈集中〉の増大。すなわち，大企業がますます大きくなっている。この傾向は最近緩和されてきているが，一方では，小規模企業の数が増加している。

- 新しいテクノロジーの登場は〈日の当たる〉産業の増加をもたらしている。と同時に，鉄鋼業・炭鉱業・造船業のような多くの伝統的な産業（構造不況産業）が衰退してきた。
- 長期的には，公共部門の被雇用者が増加してきている（このような増加傾向は最近では，鈍化している）。

経済と雇用の問題に関しては，さらにいくつかの指摘を行うことができる。まず第一に，英国経済は現在，多くの人々を雇用しているけれども，これは失業者数を受入れ可能な水準まで減らすことにはまだ，十分とはいえない[(1)]。第二に，被雇用者労働人口の増加はサービス部門（例えば，清掃作業員やウェイターなど）における雇用の増加の成果である[(2)]。第三に，最近，職業を得た人々の多くは以前では，被雇用者，失業者として登録されていなかった，女性のパートタイム労働者である。

本章を通じての主題は表面だけでは事実を見落とすような問題を扱っている。例えば，①失業という問題は雇用されている人々に対してよりも，失業している人々にとっては，別の意味をもっている。また，②新しいテクノロジーは社会の変化が〈原因〉というよりむしろ，社会の変化の〈結果〉であるといってよいかもしれない。③労働市場においては，性的差別・人種的平等を妨げている社会的要因が直接，目に見えない形で存在している。社会学者はこれらの表面上の問題の背後にある要因を常に観察しなければならない。すなわち，説明不可能な問題を説明し，明白と思われている問題に対して問題を投げ掛けるようにすることである。

2　労働の将来に関する事実

- 1986年までには，非筋肉労働は全職業の中で43％から，54％に増加した。すなわち，男性・女性が従事しているブルーカラー的職業（筋肉労働）よりも，ホワイトカラー的職業の方が増えている。
- 概算すれば，労働力の10人に1人が自営業であり，1921年以来，最も高い数字となっている。
- 〈フレックス労働〉（毎日，時間を設定していない）が大幅に増加してきている。

- 〈グレー・エコノミー〉（訳注：闇取引きに近い経済のこと―Grey Economy）が大幅に増加してきている。〈グレー・エコノミー〉には，家庭労働・ヴォランタリーな労働・DIY（日曜大工的な仕事）などが含まれている。〈ブラック・エコノミー〉（訳注：闇取引経済のこと―Black Economy）とは，課税を避けるために，現金支払で行われる労働のことである。

（出所：*Social Trends*, 1988, *New Society*, July 25, 1986）。

3 変貌する労働の特質

「労働の社会的特質」，「雇用」，「失業」に関するわれわれの見解の一部に対しては，社会学的研究の立場から，問題提起をされてきた。レイ・ポール（Ray Pahl）は『労働の特質』はこれまで変化してきたし，今後も変化するだろう」ということを示唆している[(3)]。例えば，18世紀には，働く女性の大半は農業に従事していた。19世紀半ばまでには，彼女たちは圧倒的に家事に従事していた。現在では，賃金労働者，特に，筋肉労働者に対する需要が落ち込んでいるが，ポールは〈労働の崩壊〉の徴候ではないといっている。人々が賃金労働者になろうと思うはずだという考え方は，他の種類の労働の重要性を認識し損なっていることを示しているものである[(4)]。すでに指摘したように，18世紀・19世紀の製粉所や一般の工場では，特に，労働規律が制定されていた[(5)]。当時までは，賃金労働者の多くは放浪者として考えられ，陸軍や海軍に徴兵されていた。現在では，家庭を労働（有給・無給）や収入が家庭の利益のために組織化している単位という形で捉えるよりもむしろ，雇用労働や個人としての賃金労働者を一方的に強調するに至っている[(6)]。全体としては，次のような変化が起こってくる可能性がある[(7)]。

- 意識決定の場合には，生産から消費への変化がみられるし，その結果として，家庭中心の家族が生まれつつある。多くの人々にとっては，「〈実際の生活〉は労働の外で始まる」ことがこれまで議論されてきた。労働は自分たちの主たる活動を追求する可能性を個人が獲得するための「一時的な職業」になりつつある[(8)]。
- 「集中」は官僚制の悪弊に対する認識と同じように，マイクロ・テクノロジー・オートメーション化によって逆転化してきたのである。[9]

- 産業は資本集約性を増し，失業や労働組合の弱体化を一層もたらすことになっている。

ポールは，「英国の個人主義，自給自足を求める傾向（自給自足）は徹底した独立という伝統に基づいて，再び登場する」と考えている。[10]

経済状況に対する一つの見方としては，1950年代・1960年代と同じように景気が回復してくれば，完全雇用も戻っている，という一時的な景気後退の意見が大勢である。そうはいっても，現実的には，あまりにも多くの〈伝統的〉職業が消え去り，新しい職業の多くが労働集約的というよりも資本集約的という状況なので，このようなことは起こりそうもないというのが実情である。

もう一つの見方は，現在の変化をより農村的で安定した過去のシステムへの回帰としてみていることである。それとともに，個人主義が拡大し，自給自足的な傾向も進み，表面的な俸給雇用が減ってきている。このような見方はあまりにもロマンティックなものとして（過去の栄光への願望）批判されてきた。[11]ある人は『前テクノロジー的原始主義』（Pre-technological Primitivism）の提唱はわれわれの大半が憎んでいる世界への回帰を願望している，小さな叫び声にすぎない」と示唆している。[12]

設　問

どのような未来社会をあなたは予想しているだろうか。

これまでの議論を要約すると，以下の通りである。

- 〈職業構造〉は常に変化している。例えば，農業・製造業部門が衰退し，サービス部門が成長している。
- 新しいテクノロジーや新しい変化に対する需要が出現し，さまざまな仕事が新たに登場しているけれども，現段階では，失われた仕事と相殺の状態である。
- 失われた伝統的職業の多くは特に，魅力的ではない。
- われわれは既存の雇用構造を永遠のものとはみなすべきではない。われわれは世帯すべてによって行われている労働を観察するよりも，個人の賃金労働の方を重視しすぎるきらいがある。

• おそらく，賃金労働というよりもむしろ，すべての労働を重視すべきであろう（この賃金労働には，自分で行う労働，家事，家庭労働，DIY〔日曜大工的な工事〕等が含まれている）。

数多くの経済上の変化に対しては，社会学的な説明が行われているかもしれないけれども，それらのすべてを詳細に渡って，分析することは不可能である。したがって，社会学者にとって，特に関心のあるものとしては，たった二種類の変化が検討のために選ばれてきた。この変化とは，①高失業率，②新しいテクノロジーの影響，である。

2 高失業率

本節では，「人口の中のどの集団が一番失業しやすいのか」を問うことから始めることにしたい。その場合，現在の失業調査と豪州で戦前に行われた調査を比較することにしている。この比較は，「長期間の失業者の間には，アパシー（無関心）現象がみられるけれども，1930年代と比べると相対的に少ない」ことを示している。失業に対する社会学的見方では，「一部の人々にとっては，失業は彼らの生活様式の一部となっている」ことを提示しようと試みている。本節では，「失業経験は失業者の価値観や態度にほとんど影響を与えていない」ことを示している事例を通じて，結論を導いている。それでは，まず最初に，「だれが失業で損失を受けているのだろうか」ということを考えてみることにしたい。

1 「失業」――だれが損失を受けているのだろうか

「失業」は西欧先進国の〈職業構造の変化〉を示す重要な特長である（日本，太平洋地域の一部の国には労働不足現象が見られるが）。失業はだれに影響を与えているのだろうか。

• 「失業」は労働市場の中で最も貧しく，最も権力のない人々（特に，不熟練労働者）に対して，非常に大きな影響を与えている。統計では長年，「失業率が最も高い対象者は専門的能力をもたない一般労働者である」ことを示している。

図表８－２　英国における失業認定請求者数

（単位：千人）

	男　性	女　性
1961年	231	61
1985年	2,286	1,003

出所：*Social Trends*, 1986.

- 過去，何度も失業を経験している人たちは将来も失業を再経験する可能性をもっている。失業を何度も経験した人たちは特に，貧困に陥りやすい傾向がある[13]。
- 長期間，失業している人たちは，①再雇用される可能性が比較的少ないこと，②失業給付は短期失業者に限られていること，等の理由から，まずは厳しい環境に置かれるのである。したがって，長期間の貧困がますます厳しくなってくるのである。
- 前章で指摘したように，女性は失業の影響が大きい。女性はマルクスが〈労働予備軍〉（Reserve Army）と呼んだ労働者群の一部を形成する。景気のよい時には，女性は雇用者からの求人もある。しかし，景気後退期には，女性が最初に余剰人員の対象とされるのである。このように，女性の採用・解雇は雇用者のコストを最小限度に抑えることになり，会社側にはほとんど損失もなく，女性だけが市場からの圧力を受けることになるのである。1961年～1985年の間には，男性失業者の給付請求者の数は10倍にも増えた。しかし，女性の給付請求者は16倍に増加した（さらに，今後も増えるだろうが，これは多くの女性が失業者として登録していないからである）。
- 若年労働者，特に，18歳以下の労働者は失業している傾向が強い。若年労働者がどの程度の範囲まで失業しているかについては，「青年訓練計画」（Youth Training Scheme）によって事実が明らかにされていない（サイニックス（Cynics）によれば，「このようなことはこの組織の本音であって，青年に労働を提供するようなことは全くしていない」そうである）。
- 50歳以上の高齢労働者もまた，雇用されていない。こうした労働者の失業問題については，「高齢労働者の多くがこのような年齢で職探しをすることは難しいということを知っていて，早期退職することを選択する」とい

図表8－3　英国における民族別雇用割合（1985年）

（単位：％）

	白　人	西インド人	インド・パキスタン人・バングラデッシュ人
フルタイム／パートタイム雇用	66.3	56.4	48.8

出所：*Social Trends*, 1987.

図表8－4　英国における地域別雇用割合（1987年）

地　域	労働人口の割合（％）	
	男　性	女　性
東南地域	9.2	6.1
大ロンドン地域	10.3	6.6
西ミッドランド地域	14.3	9.5
北部地域	19.0	10.4
スコットランド地域	17.4	10.8
北アイルランド地域	22.4	12.6

出所：*Employment Gazette*, June 1987.

う事実が明らかにされていない。

- 黒人労働者は失業の影響を直接的に受けている。これは一つには，雇用者の偏見によるものである。こうした事柄は実証済のことである。しかし，このようなことは，①彼らが不熟練労働者であること，②失業率が最も高いのは一般的に不熟練労働者であること，等の事実の結果である。彼らは，①不熟練労働者であるために，②不熟練状態のままで働くことができないために，職に就くことができないのである。
- いくつかの地域は特に，失業に悩まされている。英国では，北部地方の人たちは最も失業が高いし，ロンドンの中心地にあるスラム街も同様である（図表8－4を参照のこと）。この問題は単に地理的な現象が原因ではない。最も失業率の高い地域は，労働者階級の数が最も多いということにも関係しているのである。

2　「失業」——過去と現在

失業経験において，1930年代と1960年代とではどのように違っているのだろうか。心理学者，マリー・ヤホダ（Marie Yahoda）は両時代における失業の影響について調査を行った。[14] 1930年代では，英国は例外というより食糧・衣料品不足が日常化していた。欧州大陸の多くの国では，こうした問題が最も悪化していた。彼女は戦争前の豪州のマリエンサール（Marienthal）を調査したが，その調査結果に基づいて，失業者を四つのタイプに分類した。具体的には，就職活動に関して，①モラール（勤労意欲）が崩壊している人たち，②あきらめていった人たち，③絶望的になっている人たち，④無関心な人たち，に類型化されることが判明した。さらに，この結果では，①「最も絶望的ではない人たちが実は最大の助力を得ていること」，②「一般的な人たちは失業の徴候に対して，衝撃的に反応したということ」，③「女性は家庭運営にパニック状態になり，一部の人たちは借金に走ったということ」ということであったが，④「大半の人たちはその後，支出を減らしてやり繰りすることを学んだこと」，等が指摘されている。

彼女は自分の調査から，「長期間の失業への適応過程にはいくつかの段階がある。いいかえれば，失業による瞬間的な衝撃反応は何とかやり繰りする方法を学んだ場合にはわずかで回復するが，経済的困難が増大化するにつれて，適応状態は脅威にさらされることになる可能性がある」ことを結論づけた。他のいくつかの調査資料を活用して，彼女は「この過程は多くの文化に共通のものである」ことを提示したのである。

さらに，ヤホダは，「失業は日常的な時間構造の破壊をもたらすものである」と指摘したのである。雇用されている場合は大抵，労働時間が固定化されている。この構造が変化してくると，倦怠感や時間の浪費が始まってくるのである。レジャーを求める背景には，働いているとレジャー時間を割くことが難しくなってくるのである。加えて，失業者は無目的感を感じている。彼らは自分たちが社会のクズの集まりといったような感覚をもっている。失業によって，彼らは〈アパシー〉・〈地位の喪失〉・〈パーソナル・アイデンティティの喪失〉状態になるのである。

1980年代を観察して，ヤホダは過去50年間，物質的状態が相当，改善されたとしても，人々の心理学的ニーズは同じであり，失業がもたらす負担も似たようなものである。現在では，失業による絶対的な喪失は比較的に少ないけれども（喪失は不変的な水準に合わせて，測定される），相対的な喪失（喪失は社会の平均的な生活水準に対して，測定される）は働いている人々と比較すると，重要な要素である。1930年代では，多くの人々が諦め的な行為を通じて，失業の〈調整〉を行った。しかし，ヤホダは次のような結論を導いている。

人間のニーズを抑圧する結果として発生してくる〈諦め〉や〈アパシー〉は今でも，多くの人々が示す反応であることには変わりないけれども，1930年代と比べて，1980年代の失業者の間では相対的に低い。〈諦め〉という行為によって相対的に高い生活水準，教育水準，願望をもっている人々がよりよい健康状態を自動的に享受するということではない[15]。

3 失業はわれわれの社会を崩壊させるだろうか

この問題の背景には，「失業はどういうわけか，社会組織を腐敗させることになるだろう」という共通の見方が存在しているのである。いいかえれば，①「街では騒ぎが多くなってくる」，②「若者はモラール（勤労意欲）を失ってくる」，③「自殺や精神的病気が増えてくる」，④「社会の余剰人員とされている高齢者が〈精神的・肉体的にも参ってくる〉ことになる」等である。

調査では，「これらすべての考え方には一部にせよ，真理があるかもしれないが（本章の最後にある〈研究課題〉を参照のこと），この問題を観察する場合にはもう一つの方法がある」ことを提示している。われわれは失業者に対して〈ステレオタイプ化〉（固定観念化）してくる傾向がある。例えば，肉体的には頑強であるが，技能的熟練性が低い労働者階級の人々は自分自身の落ち度がないのに，余剰人員の対象となっている。したがって，彼らは徐々に意気消沈し，希望をなくしてくるといったようにである。ポールは，「このようにステレオタイプ化することが間違いである」と示唆している[16]。このような考え方の根底には，失業者を被雇用者とは異なる〈全く別の種類の人間〉，あるいは，そうしたタイプの人間として捉える傾向がある。むしろ，失業している状態を通じて移動している労働者の流れがある。例えば，その後，雇用されたり，再度，一時的に失業したりなどである。完全雇用が実現されている時代でさえ，工場閉鎖や余剰人員対策は多くの労働者にとっては日常茶飯事のことなのである。

また，「労働者が退屈で，汚く，騒々しくて，危険な側面をもつ，〈産業的雇用〉(Industrial Employment) に全く依存せざるを得ないという考え方」は，現場の関係者の間では一般的には共通のものとはなっていない。このような見方からすると，雇用されていることが必ずしも奇跡的なことではないというのだから，失業しているということも決して破局ではないということである。さらに，労働市場の偶然性ということは失業者にとっては一種の支援的意味があるというのである。[(17)]

このような考え方は〈失業〉を決して軽視しているわけではない。例えば，染料産業にみられるような長期間の構造的な失業が増大化していることもあげられよう。しかし，全体的には，ここで展開されているような考え方では，「労働者階級の失業の問題は低賃金問題を含む，貧困の問題の一部として捉えられるべきである」ことが提示されているのである。

〈失業〉・〈低賃金〉・〈不景気時代の労働〉・〈教育の貧困〉・〈一時的な労働〉等は〈貧困〉という同じ問題の一部分として扱われているのである。

労働者側が当面の間，雇用者側のいいなりになるようなことがあったとしても，それに惑わされるなというのが人事担当者に対する〈メッセージ〉である。このようなことは，多くの労働者が感じているように，失業が自分の身に迫ってくることの結果かもしれない。経営者の多くがこの機会を利用して，新しいテクノロジーや新しい作業方法を導入していく際にプレッシャーをかけるのによい時機であると感じているので，この点については留意しなければならないことである。「経済が回復し，労働者にも失業のおそれが相対的に低下し，失業への脅威が少なくなってくる場合には，もっと攻撃的に対応すべきよい機会と労働者は考えるだろう」とも。

3　新しいテクノロジー

1　「新しいテクノロジー」とは何か

「新しいテクノロジー」(New Technology) はしばしば，情報の蓄積・分析・伝達の改善として考えられている。コンピュータは情報の蓄積，情報のファイル化（データベース化），情報の操作化に対してますます効果的になってきている。このような事例の一つとしては，「帳簿づけ」・「支払い伝票の作成」・「インボイス（商品の送り状）の作成」等は経理事務担当者によって行われていたが，大きな組織では，現在では，コンピュータによって大規模に実施されている。このような改善はエレクトロニクス分野でも先進的な領域で生じている。電子機械は真空管をもとにして使用されている。このことは電子機械が大変かさばっていたことを意味している。1970年代には，真空管から，トランジスターへと替わり，容積も以前より小さくなっていった。さらに，トランジスターはマイクロチップに替わり，このマイクロチップが小型の電子回路になっている。10万個の部品から構成されている回路はわずか5mm幅のチップ1枚の中に含まれている。そのおかげで，コストの低下が急激になってきたのである。

今日の革命的な変化の一つ，テレコミュニケーションの改善である。情報は効率的に蓄積・分析されることが可能になったばかりでなく，迅速な情報の流れをつくることができるようになり，情報の動きもスピーディになってきたのである。金銭処理もロンドンから，ニューヨークまで数秒で電送できるようになったのである。情報テクノロジー（IT）はもう一つのテクノロジーなのだろうか。「マイクロプロセッサーは知的な機能を所有しているという点で本当に革命的である」と指摘している人もいる。蒸気機関が商品の生産において，人間の限られた力を変えていったというように，新しいテクノロジーのおかげで，人間は自分たちの精神的な能力を可能な限り拡大していくことができるようになってきている。新しいテクノロジーを適用できない分野はないほどである。[18]

これまで，コンピュータ，テレコミュニケーションの分野の改善について焦点をあててきたが，機械用具，オフィス，防衛システム，工場のオートメーション化に対する品質管理・プロセス管理（化学産業）においてもテクノロジー的変化が数多くみられた。テクノロジーの形態が何であれ，社会学者は次にあげるような質問を同じように尋ねるだろう。すなわち，①このようなテクノロジーはなぜ，今導入されるのだろうか。②だれが利益を得るのだろうか。③新しいテクノロジーの導入によって，どのような変化が生じてくるのだろうか。

2 新しいテクノロジーからだれが利益を得るのだろうか

「新しい情報社会の時代」の出現が生活の質的向上のための大きな機会をもたらすのに対して，最終的には社会的不平等が拡大される可能性もあるという危険の存在を危惧している人もいる。①性能のすぐれたコンピュータ，②コンピュータの連結によるテレコミュニケーションの改善，③コンピュータの監視システム等の手段によってデータベース化された〈情報の集中化〉はもちろん，テクノロジーを統制する力を増大化させることになるだろう。このようなことに対する過去の経験から判断すると，これらすべての発展から得られる便益は新しいテクノロジーに最も大きな投資をした人たちのところへいくのである。いいかえれば，大規模で力のある組織，成功した多国籍企業などがこれにあてはまるのである。このようなことからすると，第三世界の国々は西欧諸国と比べると，不利な状況に立たされる。「だれが利益を得るのだろうか」という問題に答えるために，次のような考え方が出されているので参考にしていただきたい。

- 社会的ニーズに関連した計画は軍事的開発に次いで，二次的な対応になってしまう。
- 最も有利な教育を受けた人は最も不利な教育を受けていない人に比べて，より多くの便益を得ることになる。
- 大企業の研究成果は大学よりも政府の支持を受けることの方が多い。
- 大きな資源を所有している人たちは経済的に弱い人たちに比べて，新しいテクノロジーから得るものが多い（例えば，非常に大きな企業は情報の集中化，従業員・すぐれたテクノロジーの統制化，企業環境の分析，等が可能となる）。
- 情報システムは特権をもった特別な使用者という小集団のニーズに応えるために，計画化されているものである。
- これらすべてのことは特権をもった人たちと特権をもっていない人たちとの間の格差，例えば，技能的な差異を拡大することになってしまうのである。
- 新しいテクノロジーは一部の人々に対して，多くの自由を，その他の人々に対して，不自由を，もたらすことになるだろう。

このように，組織のトップにいる人々のもとで，さらに，階層的に低い地位にいる人々の支配という形で，統制の集中化が強化されることになる。しかし，ある組織では，コンピュータ・オペレーター自身に多くの自由が与えられているケースもある[19]。

新しいテクノロジーは労働の質にどのような影響を与えるだろうか。「科学的管理には，経営者側の統制・計画のもとに，脱熟練化や課業の細分化が含まれている」ことが想起される（第3章を参照のこと）。作業現場では，このような開発が2世紀以上の間，進展してきたのに対して，オフィスでは，社会学者の話題となることはほとんどなかった[20]。一部の人の意見では，「事務的職業従事者はコンピュータ化によって実施されている作業過程の監視・監督に多くの時間を費やすという，〈オフィス内のルーティン作業の形式化〉（Formalization of Office Routines）が出てきている」ということである[21]。新しい技能には，コンピュータを効率的に活用し，コンピュータを最大限に生かしていくという能力が必要となっている。例えば，計算・タイプのような伝統的な技能は重要性が薄れてきている。タイピストの仕事の脱熟練化が進展しているのは確かなことである。

〈テイラー主義者の思想〉の発展の一つの側面としては，組立てラインの労働や熟練で専門化された課業のオフィス作業への移動がみられる。オフィス作業は統制や監視の対象となる。と同時にオフィス内では，〈非個人化〉（Impersonalization）が増大化してくるのである[22]。

他方，コンピュータはオペレーターに対して，より多くの権力と自由を与えることになる。この問題に関して，次のような議論が出されている。

> コンピュータは現在では，製造・商業・サービス・公共の各部門の構造の中へ総合的に統合化されつつある。労働者はかつては，給与支払い・インボイス（商品の送り状）の作業等に従事していたのに対して，現在では統制機能に必要な情報処理ばかりでなく，組織の情報のほとんどすべて（すべての状況に対応して）を扱うようになってきている。全体として，雇用者と社会の双方がコンピュータ・オペレーションに依存化するにつれて，その問題点が増加しつつある。
>
> 例えば，ヒースロー空港のコンピュータをストップさせてみてごらんなさい。そうすれば，あなたはたった1機の飛行機もヒースロー空港で離着陸できないば

かりでなく，空港の税関もストップするし，紅茶だって飲むこともできない。次に，プルデンシャル保険（Prudential Issuarance Company），あるいは，銀行小切手（CHAPS）を処理している企業，のコンピュータをストップさせてごらんなさい。そうすれば，金融機関の混乱状況は一般大衆のパニックを伴い，回避することがむずかしくなるだろう。①われわれの知識や情報が一般大衆に伝達されるようになるにつれて，②生産活動がよりコンピュータ化され，コンピュータによって統合化・統制化されるにつれて，③輸送活動・医療活動・行政活動・国民保険の給付活動・軍事／防衛活動，さらに，すべての国民生活等がコンピュータの影響を受けるようになるにつれて，コンピュータに従事している人々がストライキを起こす可能性が予想され，あるいはさらに，悪い状況になるということをきわめて深刻に考えざるを得ないことになるだろう。[23]

当然ながら，社会学者は新しいテクノロジーの導入の賛否に対して，文化的な理由から関心をもっている。C・ジル（Gill）によれば，「日本の大企業では，従業員は雇用の安全が保証されているために，新しいテクノロジーには順応的である。また，従業員の給与のかなりの部分（半分まで）はボーナスという形で支給されている。したがって，彼らはより効率的なテクノロジーを積極的に活用しようとしているのである。逆に，多くの英国人・米国人の経営者は保守的で，例えば，①自分自身の個人的秘書をもつような地位を放棄したり，②コンピュータのキーボードを触ったり，することに消極的なこと」をすでに指摘していた。[24]

設　問

均衡という点からみて，あなたの考えでは，新しいテクノロジーはオフィス・工場労働者の両者を奴隷化・自由化のいずれかの方向を辿るだろうか。

3　新しいテクノロジーは雇用にどのようにして影響を与えるだろうか

「オフィスや工場の労働者の双方は新しいテクノロジーが自分の職務に脅威を与える」という理由で，「新しいテクノロジーに抵抗する」と一般的には考えられている。しかし，「政策研究所」（Policy Studies Institute）では，英国企業に対して横断的な調査を実施して，次のような結論を得た。「特に，いくつかの新聞の場合にみられるが，例外的な事項は存在していても，新しいテクノロジーを受け入れることは問題ではない[25]」。実際，英国では労働組合の反対はフランス・ドイツに比べて２倍となっている。とりわけ，景気の後退や労働者の中でも重要な技能をもっている労働者の不足なども原因となって，新しいテクノロジーの導入の障害となっている。もう一つの問題点は，「ランニング・コスト面では低いにもかかわらず，新しいテクノロジーの当初の資本コストが非常に高いこと」である。新しいテクノロジーに対する経営者側の反対はこれまでそれほど強くはなかった。ここでの問題は，経営者が新しいテクノロジーの可能性に対する認識が欠如していることである。このような問題点を見つけたからこそ，研究者は「新しいテクノロジーはなぜ，受け入れられてきたのだろうか」という質問を定式化してきたのである。

研究者は，「労働組合が過去において，組合員の利益を守るための交渉をすることができたようなところでは，新しいテクノロジーは受け入れられた」ことを明らかにした。一般的に，新しいシステムが徐々に導入されているようなところでは，あまり多くの反対はなかった。また，導入に伴う大きな問題として努力による労働の〈脱個人化〉(Depersonalization) の徴候はあまりみられなかった。

新しいテクノロジーに対する反対の欠如へのもう一つの理由は，英国では新しいテクノロジーに対する恐怖は存在していても，失業ということがほとんどなかったからである。産業の全雇用のうち，わずか0.5%であった。主要な問題は仕事を失うということではなく，新しい技能がないということである。しかし，多くの産業・商業は今までも〈近代化〉(Modernizing) を必要としているし，さらに，例えば，完全に電子化されたオフィスが完成した場合には，失業者が数多くでてくる可能性もあるということである。「コンピュータ革命は今だ，緒についたばかりである」と指摘している人もいる。

このような変化（現在・将来）に対して，チャールズ・ハーディ (Charles Hardy) は次のようなことを提唱していた。

- 〈完全雇用社会〉は〈パートタイム雇用社会〉になりつつある。
- 筋肉労働や筋肉的熟練技能は新しい企業活動・新しい労働の基盤となるような〈知識〉に屈服する。

- 伝統的な産業は衰退していくのに対して，サービス活動は成長し，重要な産業となる。
- 〈階層制(ヒエラルキー)〉や〈官僚制〉は消滅し，パートナーシップという考え方が登場してくる。
- 一つの組織でキャリアを形成することはまれになり職務援助と職業経歴の変化が一層滑行してくる。
- 子育て・雇用に次いで，人生の第三段階がより一層重要になってくる。
- 性的なステレオタイプは社会の挑戦を受け，性的役割はその境界が段々となくなってくる。
- 労働は〈南方に〉移動する。このことは英国では，〈南部地方〉，米国では，〈サン・ベルト地帯〉等といった表現があてはまる。(26)

ハンディは重要な問題に対して問題を提起し，歴史的な視点からその回答を提示しているので，下記を参考にしていただきたい。

[共通の質問]	[回　答]
• 人口の増加につれて，経済的に十分な仕事を提供することができるだろうか。	• 英国では，1932年と1935年の間に225万人の人たちの仕事が増え，125万人の失業が減った。
• 労働力の成長が現存の仕事受入れ数を越えることがあるだろうか。	• 1860年と1960年の間では，労働力は二倍になったが，それに応じて雇用も増えた。
• 労働者は衰退した部門から，経済的に優勢な領域への移動は可能だろうか。	• 1860年と1960年の間，農業労働者は労働力の25％から，３％へと低下した。農業労働者は新しい産業や職業へと吸収された。
• 労働者は技術的変化に適応できるだろうか。	• われわれはこれまで，技術的変化をみてきた。同じように1860年から，1960年の間，雇用されている労働者当たりの資本は低下したが，労働成果は３倍となった。自動車産業や他の多くの産業が誕生した

	のである。
• 経済における柔軟性が十分であれば，一般的に変化に対応できるだろうか。	• それは可能である。こうしたことは，①短期の契約，②大企業の下請け契約，③労働力における適応性を可能にし，奨励するような個人年金の増加，よりよい教育・訓練の提供，等から対応可能である。[27]

ここでは，最終的な質問が行われる。すなわち，「上記の事柄はあまりにも楽観的すぎるだろうか」。おそらく，答えは「はい」であろう。例えば，19世紀は英国や米国では経済的拡張の時代として描写されているけれども，一般の人々にとっては最も困難な時代であった。ハンディは，「結局のところ，すべてが正しい」という印象を与えている。しかし，これもイデオロギー的すぎるのだろうか。新しいテクノロジーに投資した人たちは上記の表の右側に書かれていることと同様の主張をするのではないだろうか。

新しいテクノロジーの開発に関する一つの提案――特に，競争原理の崩壊・浪費のない情報テクノロジー（IT）――は英国の貿易産業省の「アルヴィー計画」（Alvey Programme）である。[28] この計画は1988年までに４年をかけて，情報テクノロジーに対して，３億5000万ポンドの研究投資が行われた。「アルヴィー委員会」では，「情報テクノロジーを英国で開発する最良の方法は〈共同研究活動〉計画を選択することである」ことを決定した。すなわち，大企業・大学等の人々が共同して仕事を遂行することである。「アルヴィー委員会」はまた，すべての段階における産業的な研究開発を重視している。事実上，英国のすべての大学はこの計画に参加している。一つの事例としては，ICL 社（訳注：英国最大のコンピュータ・メーカーで，International Computers Ltd. のこと）がマンチェスター大学やインペリアル・カレッジ（ケンブリッジ大学）に研究の実施を許可した，「フラッグシップ計画」（Flagship Project）があげられる。ICL 社では，欧州大陸の主要なコンピュータ企業と協力してこのプロジェクトを開発するとともに，推理型のコンピュータ分野（不完全な知識から，答えを推理する）の拡大を目的として，1990年代の欧州のコンピュータ業界に新しい分野をつくり出すことなどを意図している。

「アルヴィー計画」が成功するかどうかについて，コメントを出すのはあまりにも早すぎる。さらに，新しいテクノロジーの開発に対するアプローチが他の分野に適用されるかどうかについても同様である。この計画は企業と大学との協力を推進していく試みではあるけれども，情報テクノロジーの導入に関する社会的影響という広範な問題については関連がない。

4　新しいテクノロジーはわれわれの社会を崩壊させるだろうか

われわれはまず，〈産業革命〉について論じ，それから，新しいテクノロジーがわれわれの社会の基本的変化をもたらすことを考えていきたいと思う。われわれは，「マイクロ・エレクトロニクスの最新の進歩が〈労働の崩壊〉の原因となるということ，あるいは，われわれの工場へロボットが入ってくることだろうということ，また，オフィスへの通勤システムを廃止してしまうことになるということ」などを予測している。

一般に，「技術的変化が大きな社会変化をもたらすことになる」ということがこの考え方の前提となっている。このような思考の基礎となっているのは，〈技術決定論〉（Technological Determinism）である。つまり，社会構造が技術を決定するという考え方に対抗して，技術が社会構造を決定するという考え方である。このような考え方のもとでは，技術はたった一つの行路を自然に進んでいく，一つの人生として考えられている[(29)]。

新しいテクノロジーに対する抵抗の最も有名な事例は，19世紀の英国の繊維労働者の間で起こった〈ラッダイト運動〉（the Luddites）であろう。この運動は新しいテクノロジーの導入によって，労働者の技能が時代遅れになったことがその原因となっている。こうした運動を進めることによって，労働者は自分たちの生活を防御したのである[(30)]。今日では，新しいテクノロジーは社会問題に対する影響がどうであれ，社会に採用されるべき〈技術開発〉として捉えられている[(31)]。新しいテクノロジーは社会的選択以上のものとしてみられている。時代の流れに敏感な人間であれば，新しいテクノロジーを好意をもって迎えるだろう。それにもかかわらず，一部の人間は新しいテクノロジーによって傷つくことになる。最も貧しい人，技能を喪失した人，失業者等がそうである。さらに，このような見方は検討の対象となるべきものなのである。

「〈新しいテクノロジーは社会にどのような影響を与えるか〉ということを問う代わりに〈どのような社会が新しいテクノロジーを生み出すだろうか〉ということを問うた方が有益なことかもしれない」ということがこれまで示唆されてきた。このような考え方は〈技術決定論〉がもつ落し穴を回避し，発明やイノベーションとそれらの採用，をもたらすような社会的条件に焦点をあわせるものである（本書の最後にある〔**用語解説**〕を参照のこと）。

単純な思考のもう一つの例は，「現在の傾向を将来への直線的発展と予想しているような〈未来主義者〉が信奉している考え方であるが，変化の条件に対するさまざまな変化を考慮に入れていないことである」。われわれが主張していることは，「新しいテクノロジーはこれによって大きな影響を受ける〈強力な利益集団〉（powerful Interest Group）によって強い抵抗を受けるだろう」ということである。多くの人々は（例—労働組合・企業・公共部門のサービス）現状に対する既得権をもっている。例えば，オフィスの社会構造は一定数の事務的スタッフをもっている経営管理者に依存している。これらの人々が経営管理者に地位を与えているのである。ワードプロセッサーの比較的ゆるやかな普及はこうした要因が原因となっているのである（ワードプロセッサーのテクノロジーは導入されてから数年は経過している）。この問題については，さらに検討する必要があるだろう。

新しいテクノロジーはすでに登場している。しかし，新しいテクノロジーはなぜ，広範に普及されていないのだろうか。銀行に設置してある〈現金自動支払い機〉は多くの現金支払い担当者に取って替わるような全く先進的な技術の一つといえる。〈能率的〉であれば，採用されるというのであれば，このワードプロセッサーは数多くの余剰人員を生み出すことになるだろう。近代戦闘機に装着されている武器は非常にすぐれたものであったが，この技術は広く普及しなかった。さまざまな利益集団が行った反対論議で理解可能なものについてはすでに紹介してきたが，〈積極的〉な立場でいうとすれば，われわれは，「新しいテクノロジーは何によって促進されるのだろうか」と問うべきである。人々が新しいテクノロジーの代価を報酬という形で望み，そのための準備をしているのは，主として市場力があるだろう。消費者が欲しいと思っているのはしゃれた玩具であり，信頼できる自動車・皿洗い機であり，家庭用コンピュータであり，ビデオ装置なのである。

新しいテクノロジーでかつて利用可能ではあったけれども，市場への導入は行われなかった事例はいくつでもあった。例えば，受胎調節用のテクノロジーはまだ市場で広く普及する約50年前に知られていた。硬質ゴムは1820年代には生産可能であったが，中流階級による受胎調節の使用は1870年になってやっと始まったのである。その理由は社会的なものであった。中流階級の子育ては教育が長期間に渡るために，費用がかかるものとなってきた。中流階級の地位を維持するコストは増加していた（例—余分な使用人・自動車等の費用など。これは従来，〈上流階級に相応しい設備〉と呼ばれていたものである)。これらすべてのことが受胎調節を受け入れることになったのである。このようなことは以前では，社会的には受け入れられないものであったのだけれども。(32)

新しいテクノロジーの最もすぐれた利用法は現在では，他の分野からの需要がないために，防衛のような比較的小規模の分野に制限されている。かつては，新しいテクノロジー自体よりも社会に変化をもたらしたのは，主として戦争や革命であった。テクノロジーは戦争の圧力のもとにのみ，補完されてきたのである（例—レーダー，ジェット・エンジン，抗生物質，コンピュータ，核エネルギーなどであるが，このようなテクノロジーは第二次世界大戦以前には知られていなかったが，戦争中に開発されていったのである)。

これまで，社会学を非実践的・非科学的・無用のものとして中傷してきた政治家や科学者に対して，ここではいくつかの教訓を提示することにしよう。今，必要とされていることは必ずしも，新しいテクノロジーに対する研究というわけではなく，新しいテクノロジーの導入による社会的な原因や影響に対する詳細な評価なのである。

4 結　論

すでに，本書のある箇所で，「表面だけをみるとごまかされることも」と指摘した。本章では，このことが本当のことであることを提示してきた。われわれは本章の最初の図表８－１（産業における雇用の衰退，銀行・金融機関における雇用の向上）にみられるようなタイプのいくつかの経済的変化を容易に認識することが可能となっている。しかし，それは必ずしもこれらの変化の社会的影響を捉えることではない。そこで，経営者は次のことを知っておいた方がよいだろう。

- われわれはどのような方法で生産性や収益性を改善することができるのだろうか。
- われわれはどのような方法で新しいテクノロジーの導入の迅速化を図ることができるのだろうか。
- 社会における新しいテクノロジーの影響とは一体，何なのだろうか。

しかし，社会学者はこれとは異なった質問をしているかもしれない。社会学者は，「われわれはどのような方法で収益性を改善することができるのだろうか」と問うよりも，「新しいテクノロジーでだれが利益を得るのだろうか」と問うかもしれない。確かに，ラッダイト運動家は，「新しいテクノロジーが労働者にとって有益なものである」とは考えなかった。これは，「彼らが収入を完全に失う」ということへの懸念であった。「新しいテクノロジーの影響は一体，何だろうか」と問うよりむしろ，「どのような社会が新しいテクノロジーを生み出すのだろうか」ということを社会学者はまた，問うだろう。二十世紀初期，マックス・ウェーバーは「どのような社会において，産業化が起こるのだろうか」という問題を提起していた（第1章を参照のこと）。

われわれは，「どのような社会が広範な貧困・失業・女性に対する不公平な扱い方・人種的差別等を容認しているのだろうか」と問いたい。これに対して，「われわれは貧困と失業に耐えているのである」という答えが返ってくるかもしれない。「この問題を根絶するにはあまりにも費用がかかりすぎる。一国だけでは，このような負担はできない」等。これに対して，社会学者は，「われわれが〈供給できる〉ものは，われわれの価値観次第である。いいかえれば，われわれが高い優先順位を与えたと思えば，いかなるものも提供できる」と答えるだろう。例えば，戦争中，戦争費用は勘定外であった。戦争に勝つことが最大の優先事項なのである。第二次世界大戦中，米国と英国で交わされた〈長期・短期賃貸協定〉（The Lease-Lend Arrangements）では，米国は軍艦と兵器を当座の間無償で供給した。これは，「今すぐ借りて，戦争後に支払う」という考え方である。

「金銭に関する問題」でもう一つの議論の例としては，「経済的な状況からして，費用のかかる福祉関係の出費（住宅の整備・健康施設の充実・教育施設の整備等）を賄うことができない」ということがある。これらの福祉関係予算を実行できるのは，富を生み出すことができるような強い経済が存在していることである。しかし，「われわれはこの順番を変えるべきだし，『市民が健康施設の充実・教育施設の整備を望んでいるならば経済の本物の発展も可能となる』といった議論」も可能である。

実際に社会学的な視点から問題を適切に提起していくことが必要なのである。このことを自分の力で実践し，さらに，あなたが毎日，生活している社会での諸問題について問題提起をすることなのである。

▶▶ 基本課題 ◀◀

―自己点検用の設問―

次にあげる項目について，その意味を説明しなさい。

- 職業構造
- 情報テクノロジー（IT）
- 一次・二次・三次部門
- 集中（第２章を参照のこと）
- 自給自足
- グレー・エコノミー
- ブラック・エコノミー
- 絶対的喪失
- 相対的喪失
- 技術決定論

〈論文／議論用の設問〉

(1)　失業の研究を行う場合，社会学者はどのような貢献ができるだろうか。

〔アドバイス〕

社会学者は失業を経済的な問題，あるいは，個人的問題として捉えるのではなく，より広い視点から捉えるべきである。社会に対するコストは全体としてどのくらいだろうか。

(2)　長期的な失業者の多くは無関心の状態となっているように思われることがすでに示唆されている。あなたはこの考え方に同意するだろうか。もし，同意するとすれば，あなたはどのような理由を示唆できるだろうか。もし，同意しないとすれば，なぜ，この考え方が一部の識者によって支持されているのだろうか。

〔アドバイス〕

あなたはこの提案に対して，賛否両方のケースとして捉えることができる。

(3) だれが新しいテクノロジーから利益を得るのだろうか。だれが損失を受けるのだろうか。

〔アドバイス〕

あなたはこの質問に答える前に，下記の〈事例研究〉に取掛かることができる。

(4) 次のような事例の場合，〈最良のテクノロジー〉とは一体，何だろうか。

(a)ワードプロセッサー

(b)新しい自動車方式自動車工場

(c)新聞業界におけるすぐれた機械設備

(d)防衛産業におけるすぐれたシステム

(e)癌／心臓病に対する治療行為の向上

〔アドバイス〕

「だれのために最良なのか」ということを質問すること。日本に投下された原子爆弾はその当時は最良のテクノロジーと考えられていたようであるが，実際はどうだったのだろうか。戦争を早期に終結させるために，連合軍にとっては〈最良だった〉のである。しかし，長期的な視点からみた場合にはどうなのだろうか。

〈事例研究—1〉

次の文章を読み，下記の質問に答えること。

【失業の経験】

これは二つの対照的な集団——経営幹部と若年労働者——の失業経験に関する調査である。この調査のサンプルはまず最初には，オックスフォード・ポリテクニックの〈職務・職業経歴転換計画〉（the Job and Career Change Programme）に参加した失業中の経営幹部と次には，オックスフォードの UB40クラブで会った中途退学者で失業中の若者から聞き取ったものである。

○失業中の経営幹部

〈職務・職務経歴転換計画〉は「人材供給委員会」（Manpower Services Commission）の主催の下にオックスフォード・ポリテクニック，他の大学によって運営されているもので，失業中の経営管理者，経営幹部，専門的職業従事者のための相互扶助的な計画組織である。1984年には，オックスフォード地域に約1000人の失業中の経営幹部がいた。このコースの目的は自己表現技術（プレゼンテーション技術）を改善することによって，参加者が新しい仕事を見つけるための手助けをすることである。また，ここでは，①職務調査（Job Research），②職務経歴開発（Career Development），③職業経歴転換（Career Change），④雇用相談（Employment Counselling）等の業務も行っている。代表的な１日の活動例としては，新しい参加者は過去の職務経歴・今後の計画について簡単な説明をし，面接の練習をし，履歴書の書き方を改善し，各人の雇用の問題について集団討議を行う。

ここでは失業中の経営幹部が公開の質問に対して答え，それに口頭のコメントを行ったもののうちのいくつかを紹介しておこう。

- 私は政府が失業にあまり関与すべきではないと考える。私は企業信奉者である。もし，あなたが就職できないとすれば，あなたは就職すべきではない（専門的なエンジニア〔技師〕）。
- 企業は政府の方針を使って，過去の誤った労働慣行を排除しようとしている。しかし，実際には，何も変わらなかった。政府は何も変えなかったのである（専門的な機械エンジニア〔技師〕）。
- 残念ながら，私の会社は乗っ取り屋によって略奪された。そのおかげで私は失業中の身である。私は今でもそのことについて怒りで震えている（研究所の技術者）。
- 私たちは現在でも，労働組合が要求している過去の賃金要求額の支払いをしている（元マーケティング担当の経営幹部）。
- 私だけでも労働組合の組合員だったらと思っている（元パイロット）。
- 失業手当を受けるよりも，輸出関係の仕事に復帰して，この国の手助けを再びしたいと考えている（受講中に仕事を見つけた，あるセールスマンからの手紙の要約）。

下記は自分で作成した質問票に対して〈余剰人員対象となった経営幹部〉が作成した，〈意見〉のうちの代表的なものをあげたものである。

- 雇用法は従業員を解雇できないという恐れのために，小規模な経営者が従業員を雇用することを妨害しているように思われる。これには，①産業別の労働組合の数が相対的に少数であること，②〈ストライキをしない〉という契約条項が奨励されていること，なども含まれている。
- 産業の能率性こそが第一義的な優先性である。雇用はその後にくるものである。
- 才能が浪費されている。労働の流動性は奨励されなければならない。年金計画はこのような動きを推進していくために国家的な立場で行わなければならない。

• 失業者に対して，料金制度のもとで指導・助言する新しい専門家が登場してくるような非常に広範な機会がでてくればと感じている。

失業中の経営幹部の大半は政府や以前の経営者を非難することは決してないように思われる。このことを次にあげる第二グループ，すなわち，失業中の10代の若者と比較すること。

○**UB 40グループ**

第二グループの失業経験はすでに調査されているが，UB 40グループは国民保険金を支払う場合に，英国の保健・社会保障省（DHSS—Department of Health and Social Security）の保険申請書式からその名前を取っている（訳注：英国の失業者給付金の申請様式名〔unemployment Benefit Form 40〕のこと）。かつて家具店であった場所を大きなラウンジ／休憩室，作業場，ポケット玉突き／テーブルテニス室，ビデオ／テレビ室等に模様替えしたもので，その場所でこのグループは顔を会わしている。私にはこの場所は「大騒ぎ」のためのたまり場のように思われた（「それはひどいじゃないか！」という声が聞こえそうである）。私が調査書の目的を説明した時，彼らは大騒ぎしていたようであった。それにもかかわらず，調査書については真剣に取り扱われていた。調査書の完成のための第１回の会合には14名のうちの２名以外がすべて参加していた。さらに，彼らのコメントは先程の失業中の経営幹部に比べて，ずっと数が多かった。３人が私に，調査書は本当は何のために必要なのかについて聞いた。ある男が私に，「私が自分のコメントに対して，コメントするのかどうか」と尋ねてきた。このような積極的な反応に対して，私は驚きと喜びを感じたが，これは私自身のステレオタイプ化した期待に対する一つのコメントであろう（私は項目ごとに調査書を読みあげるか，それとも，私自身で質問票を管理するか，のどちらかを選択しなければならないと思っていた）。質問票の内容には反サッチャー的なコメントもあったが，私は「このグループのラディカリズムはアナーキストのような左翼のものとは異なっていた」と感じていた。このような考え方は書かれたコメントを参考にしたからである。私が部屋にいる時，女性が友人とやってきて，「自分が50ポンドの罰金を受けた」といったのである。私はこれを冗談だと思った。多くの参加者が一時期，逮捕されたことがあった。２名は監獄行きであった。

ここでは，公開された質問票に対するコメントの中の代表的なものを紹介しておくことにする。

• 僕は仕事をしたくないから，失業しているんだ。僕は自分が何もやったことがないので，何か仕事が得られるかどうかわからない。
• この国の経営者が適正な賃金を出してくれるなら，僕も仕事を探すだろう。

図表８－５　二つの対照的なグループにおける「失業経験」について

〔意　見〕	〔意見に賛成の人の割合（％）〕	
	失業中の経営幹部	失業中の若者（UB 40グループ）
(1)私が現在，失業している主な理由は経営者が厳しい経営環境に置かれているからである。	67	12
(2)私が現在，失業している主な理由は仕事に適していなかったからである。	0	6
(3)失業は一般的にいえば，政府の政策の誤りである。	33	47
(4)失業の原因は労働組合の活動のせいである（例えば，高すぎる賃金の賃上げ要求をしている）。	33	12
(5)英国における失業状況は他の国の場合ほど悪化していない。	56	35
(6)私は仕事を得ようと一生懸命努力した。	73	60
(7)私は仕事を得るためにもっと努力をすればよいと思っている。	56	71
(8)私は失業中に友人を失った。	11	29
(9)大部分，失業は経営者の誤りである。	17	24
(10)政府は最優先順位で失業者の削減を図るべきである。	67	60
(11)私が現在，失業している理由は私が公的な資格をもっていないことであると思う。	6	12
(12)私はもっと長く教育を受けていればよかったと思う。	56	35
(13)私が失業していることをだれにもいいたくない。	28	24
(14)概して，私は学校が嫌いであった。	0	50

注：各グループの数は経営幹部18人，若者16～17人であった。

- 国民を真に代表するような政府ができればすぐにでも，この質問票に付け加えることがもっと多くあるだろう。しかし，現状では，付け加えることが何かあっても無視されるだろう。
- マーガレット・サッチャー首相と一緒にストライキをやることになれば，いい生活がやってくるかもしれないと思ったが，学校を卒業しても，失業手当だけで生活をできればよいと考えているような人が得をするような世の中なのだ。また，現在の賃金を変えられなければ，現在の政府の若年失業者雇用機会創造のための「職業訓練計画」（YOP―Youth Opportunity Scheme）は排除した方がよい。
- マーガレット・サッチャーが首相している限り，僕は働きたくないので僕は失業しているのだ。
- 僕は仕事は決して欲しくない。オックスフォード監獄は僕がいないと寂しく感じるだろう。

二つのグループを対照的に扱っている図表８－５は正式な質問票に対する回答に基

づいている。(M. Joseph, "The Experience of Unemployment in Oxford," *Industrial Tutor*, vol. 4, no. 2, Autumn 1985, p. 60〜8) から抜粋。

①それぞれのグループの主たる価値観，あるいは，信念についてあなたはどのように考えているだろうか。

②各グループのメンバーは実際には何を求めているのだろうか。

③各グループ間の主要な差異は何だろうか。

④失業経験が原因で，人々は根本的に変わるだろうか。

⑤グループは自分たちが苦境にあることで，政府を非難するだろうか。

⑥グループは〈虚偽意識〉，あるいは，〈社会的現実に対する歪んだ社会像〉が原因で苦しんでいるのだろうか。あるグループはもう一つのグループよりも〈現実に生起している事象〉に対して多くの知識をもっているだろうか。もし，そうであれば，その理由は何だろうか。

〈事例研究—2〉

次の文章を読み，次の質問に答えるようにすること。

「オースティン・ローバー社（英国の BL 社傘下の自動車メーカー）の経営陣は工場現場の反対意思を無視してしまったように思われる。テクノロジーの方が新しい労働組合法よりも切実な問題なのだろう」

伝統的なタイプの筋肉労働の多くはこれまで排除されてきた。さらに，バーミンガム州，ロングブリッジにあるローバー社の工場では，ロボットが反復的な業務を行うように指示を受けてきたのである。新しいテクノロジーはしばしば，労働者の自由裁量を奪ってきた。このようなことは経営管理レベルの事柄にもあてはまる。例えば，下級の経営管理者は1日の大半をロボットがやることをルーティン的に監視することに費やしている。ロングブリッジ工場では長年，〈産業関係〉面ではお粗末な関係をもっている。具体的には，攻撃的な職場代表と専制的な経営者側といったような関係である。

ロングブリッジ工場では，経営者側は攻撃的で意図的な労働組合組織に頭を悩ませていた。労働組合側は新しい経営方針への対抗的武器として，テクノロジーの変化を認めることをどのような方法であきらめさせるのだろうか。はっきりいって，政治的・経済的な背景が何であれ，工場では連鎖伝動装置を動かしている労働者が提示したように，妨害的な行動の可能性がみられたのである。このような行動が広い範囲で発生しなかったのは，新しいテクノロジー自体に起因しているといえよう。新しいテクノロジーに対する統制・監視能力が存在しているというわけではなく，〈イデオロギー的な権力〉によるものであろう。

政府や産業界が盛んに PR をしながら，われわれにマイクロ・チップを愛するように催促するにつれて，新しいテノロジーは社会に内在している進歩的な力として重要なテクノロジー的地位を獲得しているのである。労働組合のうち，テクノロジーの変化に関連して，〈ラッダイト主義者〉として甘んじて批判を受けるのは少数である。

特に，自動車業界はテクノロジー自体に対しては，協調して反対の行動を採ることはほとんどしなかった。テクノロジーの変化を通じて，労働組合の力が弱体化する動きは継続してみられたけれども……。1920年代でさえも，組立てラインが欧州にもたらされ，不熟練労働を導入して職人的熟練労働者が生産を停止しようとする動きを封じた時もあった。その時も，職業別組合はこの提案に反対しなかった。彼らの言い分によれば，「これは〈科学の発見〉であり，したがって，交渉の余地はない」ということであった。

1980年代には，ロングブリッジ工場では，経営者側は労働上の抵抗を克服するために，テクノロジーのもつ神秘性を利用することは可能であった。多くの場合，テクノロジーにはほとんど無関係だが，生産性の向上とは大いに関係のある，労働慣行の変化が〈技術的必要性〉，もしくは，〈生産上の必要性〉という旗印の下に導入されたのである。「工場委員会」(the Works Committee) の職場代表でさえも（彼らは共産主義のシンパとして有名であった)，新しいテクノロジーを交渉上の道具として使うことはしないで，実際には工場の産業関係上の問題から労働慣行の変化を保護しようとしたのであった。デレック・ロビンソン (Derek Robinson) の後継者である，ジャック・アダムス (Jack Adams) は新車〈メトロ〉の生産開始の際，「われわれの工場にどんな問題があるにせよ，われわれは〈メトロ〉の優先度は認識している。われわれは〈メトロ〉を軌道に乗せるために，あらゆる努力をした」と発言した。

労働組合の態度には経済的理由と思われる節があった。しかし，その理由のいくつかは〈選択的計画〉にまでさかのぼることになるが，この計画は1970年代に職場代表の連合によって提唱されたものであった。このような動きは新しい生産設備における大規模な投資を中心的なものにさせる効果があった。1980年代，投資が工場で具体化された時，労働組合は自分たちの立場に固執することはほとんどなく，導入にも反対しなかった。労働組合の急進的な提案でさえも，テクノロジーのイデオロギー的成功を支持する手段として役に立ったのである。

新車〈メトロ〉の生産開始から４年後，新しいテクノロジーの導入がこのような変化に対して，新しい機会を提供するのに大いに役立った。しかし，新しいテクノロジーが会社側の産業関係に急進的な変化を直接もたらすことはなかった。将来，両者の権力均衡は労働組合の方に戻ってくる可能性はあるかもしれないが，この時期に導入された変化の多くは現在では，定着化し，変わりそうにもない。これらのことから，次のようなことが考えられる。すなわち，労働組合の労働現場がゲリラ戦争のようなこと（限界地点での攻撃行動，攻撃・撤退戦術）をやっている限り，丘の上に時として退却しなければならないのである。労働組合主義者にとって，新しいテクノロジーの本当の危険性は労働現場で戦っている地域が徐々にではあるが，変化せざるを得ないことである。もちろん，この戦いは常に経営者側の方に有利に展開しているのである。

オースティン・ローバー社（Austin Rover）だけではなく，多くの企業にいる職場代表が丘から降りてくる場合には，彼らは，「かつては自分たちに友好的な地域であったものが，マイクロ・チップやロボットが前進していく方向へと永遠に失われていくことであった」ことを理解している（H. Scarbobrough, and P. Moran, "How the New Tech won at Longbridge," *New Society*, 7 February 1985, pp. 207–9)。

①「ローバー社が比較的容易に新しいテクノロジーを導入することができた」という事実について，あなたはどのように説明できるだろうか。

②労働組合の相対的な弱点について，あなたはどのように説明できるだろうか。

③次の項目について，あなたはどのような助言ができるだろうか。

(a)経営者

(b)労働組合

〔アドバイス〕

フランク・ウェブスター（Frank Webster）はロングブリッジ工場で，新しいテクノロジーの導入について調査した。彼は，「ごく少数の労働組合だけがラッダイト主義者としてのレッテルを貼られるリスクを負っている」と示唆している。彼の考え方によれば，「労働組合は技術的な進歩というイデオロギーの美名のもとに罠にかけられているので，共産主義者シンパとして有名な職場代表でさえも，工場の〈産業関係〉問題からみても，新しいテクノロジーは中立的なものではなく，自由な力でもない。新しいテクノロジーは，①競争を激化させるための，②収益性を回復させるための，戦略的な最前線である。産業主義者の視点からすると，制限慣行を武器とする労働組合がなぜ，崩壊しなければならないのか，という大きな問題が残されている。[33]

ウェブスターはテクノロジーの政治化について書き続けている。彼は，「われわれはテクノロジーが可能なことに対して関心を集中するように，テクノロジーが今やっていることに対して関心を多く傾けるべきである」（現在形を使っていることに注意すること）と考えている。われわれはテクノロジーがいかに権力の利益に奉仕しているかを考

図表8－6　組織体制について

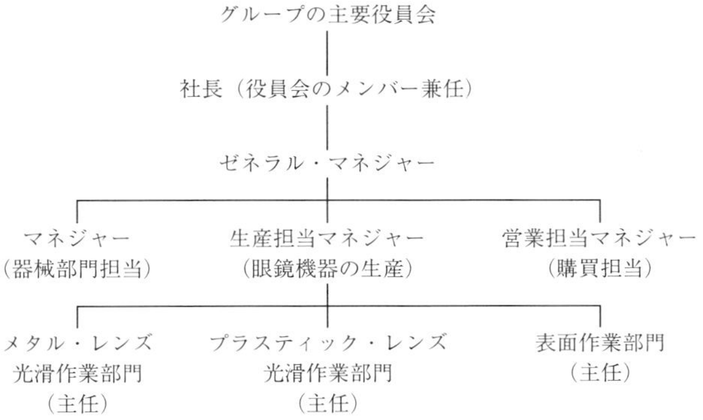

えるべきである。つまり，①テクノロジーがいかに労働者を配置転換しているか，②労働を迅速化しているか，③労働から技能を排除しているか，④労働に対する国家的・国際的支配を増大化させているか，ということである。あなたはこの考え方に賛成するだろうか。

〈**事例研究―3**〉

次の文章を読んで，以下の質問に答えること。

【会社の背景】

この光学器械メーカーは主として，レンズの製造や処方せんによる眼鏡の制作（処方せんは眼科医から渡され，1組の眼鏡が工場から，営業担当者に戻されることになっている）を行っている。週当たり，約1600から2000組の眼鏡が生産される。現在は小規模ではあるが，この会社の成長部門になっているのが器械部門である。この部門では，広範な産業分野にわたって検査のための産業用プロフィール・プロジェクターを設計・生産している。しかし，この部門はわずか2～3人の従業員しかいないので，今回の事例研究の対象とはならない。最近では，景気後退がこの会社にも影響を与え始めてきた。売上げの多少の低下はこの会社に深刻な打撃を与えることはなさそうだけれども，予定していた規模の拡大は予測よりも遅れそうである。

この会社は全売上高約400万ポンド，従業員350名を擁している企業グループの一員に属している。この光学器械メーカー自体は45名の従業員で，売上高も約100万ポンドである。企業グループには，「ミッドランド光学グループ」（Midlands Optical Practices）のチェーン店も含まれている。光学器械メーカーはこのグループと密接なつながりをもっているけれども，顧客―供給者関係は維持されている。グループとは別個に運営されているので（部長は役員から指示を受けることはあまりない），組織内部の運営に際してはかなりの余地がある。資本認可計画はグループによって運営されているが，いったん資本投下が認められると，われわれは投資金額を交換・変更することができる。

組織内部の経営者側の組織体制は職長も含めて，7人から構成されており，具体的には図表8-6のように編成されている。

【変化の波】

1988年以来，全工場は合理化・再組織化・近代化されてきた。このような動きはグループの主要役員会に任命されるのに先立って，新しく任命されたゼネラルマネジャーの指揮のもとに実行された。彼が工場に赴任する前までは，すべての生産は一つの部屋で行われていたが，彼はこの部屋のことを〈迷宮〉と呼んでいた。表面作業部門と光滑作業部門は分離され，〈生産ライン〉も整理され，さらに，新たにコンピュータ室が設置された。同時に，ゼネラルマネジャーは組織内の活動状況（不良品率・機械の維持状況等）に関するデータを収集するためのシステムを設けた。この目的は問題点や障害的な課題がすぐに見つかった場合に，即座に対処できるようにすることであった。また，グループボーナス・システムが再組織化されたが，これは労働者がそのシステムをよりわかりやすく理解できるようにするためともう一つは，ボーナスの支払いは出来高に直接反映するという関係を明確にするためであった。

われわれの調査目的に対して最も興味深い変化は過去数年間にわたって，すでに導入されていた，新しい機械や設備であった。この会社は今でも，英国では最も進んだ眼鏡機器メーカーの一つであることを誇りにしている。

【新しい設備】

表面作業部門に対しては，この会社は一定期間，手動制御の機械よりも自動式の機械を使用していた。機械が設置され，スイッチが入れられると機械は作動し，残りの機械は自動で動いていた（手動制御の機械は今でも，特定の業務に限って使用されなければならないことになっている）。機械の調整作業はコンピュータの導入によって，単純化された。以前の方式であれば，熟練労働者は眼科医が作成したレンズの処方せん（どのレンズもそれぞれ特長のあるものである）を受け取っていただろう。さらに，彼らは，この処方せんをもとに，どのくらいの半加工品を保有すべきか，どの道具・装置を使用すべきかについて，〈自分たちの経験〉（rule of thumb）でやってしまっているだろう。レンズは完全に仕上げられる前に，数回も再カットされなければならない。しかし，表面作業労働者はいつでも最初からレンズは必要以上に確保されるからという理由で，カットの回数を過少計算する傾向がある。したがって，元へは戻さない。しかし，今では，〈半加工品の選定〉・〈道具の選定〉・〈機械の調整〉はコンピュータの使用によって，事前に決定されている。コンピュータはこのような情報を翻訳して，〈機械の調整〉ができるようにプログラム化されているのである。このようなコンピュータ作業に従事している女性はコンピュータ室から，上の階の表面作業室へ情報を送るのである。表面作業担当者は道具の選定・機械の調整を指示しているカードにただ従っていればよいのである。その場合，精密なレンズは１度のカットで生産される。つまり，より迅速な生産体制が敷かれているのである。経験による作業体制を排除しているということは製品の不良化率を低下させることにもつながるのである。

新しい方法が〈脱熟練化〉に関して示唆していることは最も重要な特長である。これらのことについては，下記で議論されることになっている。ただ，グループボーナス・システムについては一言，述べておく必要があるだろう。表面作業担当者に対するボーナスの支払いは工場の他の従業員とは別の方法で行われているのである。彼らのボーナスはグループとして毎週生産するレンズの生産高に関連している。伝統的には，彼らは自分たちの努力を変化させ，自分たちの間で自分たちの生産高を管理することができたのである。このようにして，ボーナスの額も決められたのである。しかし，現在では，労働力が多少不足していることもあって，彼らの生産能力は〈階下にいる女性〉が動かしている〈コンピュータ〉によって算出されたレンズの数次第なのである。さらに，女性によって設定された生産量が表面作業室に伝えられるのである。表面作業担当者が管理するボーナスの支払いはコンピュータ室の女性の協力に依存しているのである。これまで，このようなことは予測されたことであった。表面作業部門の主任は自分自身で必要な連絡係を務めている。

この会社の光滑作業部門では，過去数年間，種々の自動化設備を導入してきた。この設備には，自動縁取り機も含まれている。この機械は眼鏡フレームに合わせるために，レンズの形を整えるもので，フレームに適合するようにレンズ上で〈V〉形を作っていた。また，電子焦点メーターはフレームに正確に合ったレンズをより簡単に揃える作業をするものである。光滑作業部門は小規模な生産ラインが敷かれている。これに関連した種々の仕事は合理的に分離されている。

総合的に考えてみると，新しい機械設備や生産ライン原理に基づく分業体制には仕事とは別にかなりの技能を必要とする。表面作業部門と光滑作業部門の両者に対する，このようなイノベーション的側面については，これから議論することになる。

【脱熟練化】

生産設備に対する企業の方針は最も近代的な設備を購入することである。ゼネラルマネジャーと生産担当マネジャーが機械・設備の選定の任を負っている。このために，二人のマネジャーはこれらの機械・設備が最新のものかどうかを確かめるために，欧州の展示会を見るための時間をかなり費やしている。彼らはどんな場合でも，5年に1度は大半の機械を入れ替えることにしている。新しい機械が市場に入ってくると，それを購入している。

このように，近代的な設備の大半に関係しているのは〈脱熟練化〉ということで，この現実は経営者が考えもしなかったような副作用を残念ながら，生み出している。生産担当マネジャー，並びに，メタル光滑作業担当主任は，①彼らが大半の活動を企業活動に費やしていたこと，②自分自身を職人であると考えていること，等に配慮しながら，この問題について明確な態度を示している。彼らは高度な技能をもつ職人から，半熟練的な機械作業担当者に至るまで，変化の影響について論議している。このような変化は特に，表面作業部門の場合には顕著にみられる。この部門では，表面作業担当者の仕事はコンピュータから出されるカードの指示を実行することを余儀なくされてきている。〈熟練化〉の範囲は事実上の光滑作業責任者である，新しい表面作業担当主任との関連で最もよく示される。この主任は数ヶ月間のみ，表面作業部門の仕事に従事していたが，コンピュータのプリント・アウト作業に従事することによって，彼は他の人と同じように忠実に仕事に励んでいるのである。さらに，彼はこの部門の管理能力ももっている。

【職務転換制度】

ゼネラルマネジャーと部下の主任は新しい機械の技術的有利性について熱心に話をしているとともに，欧州における最新の技術発展に追いつくための相談を相当な時間をかけて行っている。われわれがすでに指摘したように，ゼネラルマネジャーや生産担当マネジャーは欧州にある企業をいくつか訪問し，しばしば展示会にも参加している。事実，彼らが話をするのを聞いていると，企業における〈能率〉の改善だけに関心をもっていて，それも自分の趣味を話すのと同じような関心を示しているのではないかと思うほどである。しかし，彼らは新しい機械が労働力に対して与える影響については残念ながらあまり関心はないようである。例えば，ようやく新しい焦点メーターがどんなにすばらしい装置であるかという話をした後，生産担当マネジャーは次のような不満をもらすのである。

「この機械を操作するのには，訓練は必要としない。これは仕事の脱熟練化を図るものであって，私はそのようなことを好まない。だれかを訓練するのが好きなんだ……。あなたが知っていなければならないことはすべて，四つの動作に関することである。一方，古いタイプの焦点メーターについては，あなたは自分が現在，やっていることを知らなければならない。つまり，レンズのもつプラス的要因とマイナス的要因の両方を知らなければならない」と。

しかし，〈職務転換制度〉を実際に導入していく責任を負っているのは，ゼネラルマネジャーであった。このゼネラルマネジャーは赴任のわずか3，4ヶ月前に，参加と関与という強い哲学のもとに，〈職務転換〉を制度化した形（強制的）で構築しようという経営管理の考え方をもっていた。その結果，現在では労働者は仕事から仕事へと自動的・定期的に配置転換するようになっている。さらに，新規採用者は多様な機能に関して訓練を受けている。〈職務転換〉は表面作業部門と光滑作業部門との間では全体的に実行されてはいない（それぞれの部門内だけである）。この理由は主として，表面作業担当者が会社内で伝統的な地位に固執することを望んだためである。表面作業担当者の大半は長年勤務しているとともに，高い技能性をもっているし，各部門間の〈職務転換〉には反対するであろう。

要するに，われわれは伝統的に職人の領域である職務を〈脱熟練化〉させるために，〈テイラー主義的なテクノロジー〉の受容者として会社を位置づけることであるといえるかもしれない。最悪の心理的影響を緩和し，労働力を責任あるもの・柔軟性のあるものにしていくために，経営者側は〈職務転換〉に関して広範で，きちんとしたシステムを導入したのである。このことは，職人的技能がそのまま保有されていることを意味しない。逆に，彼らの業務は非常に多様化し，そのプロセスも魔術というよりも，科学としての意味合いをもってきているといえよう。しかし，このことは状況が変わったというよりも，作業の方法が変化したといえるだろう。このことは訓練に相当な時間が割かれ，関心も注がれていることを示している。この場合，最新の眼鏡生産設備に対して，労働の社会的・技術的組織を具体化していく際には，企業経営の重要性は過小評価されてはならないものである（B. Wilkinson, *The Shop Floor Politics of New Technology* (Heinemann, London, 1983), pp. 41-7）。

①〈隔離された生産〉(Segregated Production）とは，一体，どのような意味なのだろうか。

②コンピュータが導入されて以来，表面作業担当者はどのような方法で自分の労働に対する統制力を失ったのだろうか。

③〈脱熟練化〉に対する会社側の態度はどうなのだろうか。

④〈職務転換〉は労働者側と経営者側の問題を解決するだろうか（第6章を参照のこと）。

⑤〈テイラー主義的なテクノロジー〉とは，一体，何なのだろうか（第3章を参照のこと）。

⑥企業の関係者（例―エンジニア〔技師〕・マネジャー〔経営管理者〕・労働者の集団等）が技術的変化に対して示している利害と関心とは，一体，何だろうか。

⑦彼らは変化をどのように見ているのだろうか。彼らは変化から得るもの，失うもの

について何を期待しているのだろうか。

⑧権力をもった人々は技術的変化のどの段階で，自分自身の目的（例―設計・実験・実行）を実行に移そうと考えているのだろうか。

⑨テクノロジーはこれまで発展してきた労働組織の形態の①決定要素として，②制約的要素としての機能を果たすのだろうか。それとも，そうした機能を果たすものとして考えられているのだろうか。

⑩テクノロジーはどのような方法で選定されたのだろうか。

〔アドバイス〕

これらの質問の大半に対して，長くて一般的な回答はもちろんのこと，本書から直接引用した短い回答をすることもできる。このように，第3問に対する短い回答は「経営者側は新しい機械の導入に際しての悪い副作用として〈脱熟練化〉を捉えている」ということである。もっと長い回答としては，「〈脱熟練化〉は職人側が労働に対する統制力を失っていることを意味している」といえるかもしれない。このような管理権の損失（それに伴い，経営者側の統制力が増大化してくる）は結果的には，無関心と生産性の低下をもたらす。このようにして経営者側の目的を挫くのである。こうしたことが疎外や労働プロセスの議論に結びついてくるのである。

〈事例研究―4〉

次の文章を読んで，以下の質問に答えること。

【失業と健康】

1978年～1982年の間，エディンバラで実施された調査では，「失業者の方が既職者よりも自殺をする可能性が高い。それも11対1の比率で」としている。自殺率の割合は失業の期間の長さにつれて高くなっていることが下記の表で示されている。

〈失業の期間〉（男性）	〈自殺を試みた人に関する失業者と既職者との危険の割合〉
〈6ヶ月以内〉	6：1
〈6～12ヶ月〉	10：1
〈12ヶ月以上〉	19：1

1979年～1982年にかけて，ホートン（Hawton）とローズ（Rose）がオックスフォードで実施した調査では，「失業者の男性が自殺しようとした割合は既職者に比べて，12～15回分高い。さらに，長期に渡って失業している者の場合がとりわけ，高かった」ことが判明した。国民経済・国民の健康に関するブレナー（Brenner）の調査では，「数ヶ国の事例によれば，景気後退の指数と死亡率との間に一定の相関関係がある」こ

とを証明している。

失業者の場合も罹病率が高い水準にあることを示している。例えば，1984年の「一般世帯調査」（General Household Survey）では，失業者の男性の28％が長期間の病気に罹患していて，有職者の男性の25％よりも多いことが報告されている。同じように，失業者の女性の29％の方が長期間の罹患率が多く，有職者の女性の場合は25％である。女性には，家庭の主婦という役割が加わる。アーバー（Arber）は，「家庭の主婦として分類された女性は失業者として分類されている女性よりも，長期罹患率の範囲が非常に高い」ことを発見した。

健康・発育の不安が失業者の子供にみられた。1981年度の国勢調査データを使って，マクルーア（Maclure）とステュアート（Stewart）は「グラスゴーの失業者居住地帯の子供たちは非失業者居住地帯の子供たちに比べて，入院している子供たちが９倍となっている。家族人数の多さ，両親のいずれかが失業などが病院への入院率と強い相関関係をもっている」ことを明らかにした。大ダブリン地域（Greater Dublin area）の調査では，父親が雇用されている場合の赤ん坊の誕生体重に比べて，失業している場合の赤ん坊の誕生体重の方が軽い」ということが判明している。健康・成長に関する国の調査では，「失業している父親，特に，長期間，失業中の父親をもつ子供の方が雇用されている父親をもつ子どもよりも成長が劣っている」ことも明らかにされている（M. Whitehead, *The Health Devide* (Health Education Council, London, 1987), p. 20ff.)。

①健康に不安のある人々は失業する傾向があるのだろうか。あるいは，失業自体の経験が健康に悪い影響を与えるのだろうか。

②貧困・失業・病気の関係について議論すること。

〈研究課題〉

図表８-５を参考にしながら，あなたは表の中の各項目についてどのように説明するだろうか。次の項目に留意しながら，答えること。

- あなたは，各項目の原因・結果について提示すること。
- 各事例について，社会学的説明を行うようにすること。
- これらの項目に対する社会学的分析が他の人たち（例―会計士，エコノミスト，マネジャー）による分析とどのように異なっているかについて提示すること。

〔アドバイス〕

事例として，図表８-５の第４，５番目の項目を取り上げること。これらの産業の多くは伝統的な産業で，競争力がない。コストダウンをして，工場を閉鎖した方が妥当のように思われる。しかし，失業という形で失業者に支払わなければならない社会的コスト（損益勘定には繰り入れられていない）が必要となる。このコストには，失業者の所得・地位・機会の損失等があげられる。

参考文献

E. Batson, *New Technology and the Process of Labour Regulation* (Clarendon Press, Oxford, 1987).

W. W. Daniel, *The Nature of Current Unemployment* (British/North American Research Association, London, 1985).

A. Friend and A. Metcalfe, *Slump City* (Pluto, London, 1981).

T. Forester, *High-Tech Society* (Basil Blackwell, Oxford, 1987).

C. Gill, *Work, Unemployment and the New Technology* (Polity Press, Cambridge, 1985).

M. Jahoda, *Employment and Unemployment: A Social Psychological Analysis* (Cambridge University Press, Cambridge, 1982).

B. Sherman, *Working at Leisure* (Methuen, London, 1985).

K. Thompson (ed.), *Work, Employment and Unemployment* (Open University Press, Milton Keynes, 1984).

P. Warr, *Work, Unemployment and Mental Health* (Clarendon Press, Oxford, 1987).

注

(1) *National Institute Economic Review,* 113, August, 1987, pp. 15-16.

(2) Ibid.

(3) R. E. Pahl, *Divisions of Labour* (Basil Blackwell, Oxford, 1984).

(4) Ibid., p. 41.

(5) E. P. Thompson, "Time, Work-discipline and Industrial Capitalism," *Past and Present*, 36 (1967), pp. 56-97.

(6) Pahl, *Divisions of Labour*, pp. 84-6.o.

(7) Ibid., pp. 319 ff.

(8) A. Gorz, *Farewell to the Working Class* (Pluto Press, London, 1982), pp. 80-8.

(9) Pahl, *Divisions of Labour*, p. 334.

(10) Ibid., p. 326.

(11) F. Webster and K. Lambe, "Information Technology-Who Needs It?," in J. Weston (ed.), *Red and Green* (Pluto Press, London, 1986), p. 59.

(12) A. Toffler, *The Third Wave* (Collins, London, 1980), p. 167. =〔邦訳〕鈴木健次他訳（1980）『第三の波』日本放送出版協会。

(13) B. Showler and A. Sinfield (eds), *The Workless State* (Martin Robertson, Oxford, 1981), pp. 11-12.

(14) M. Jahoda, *Employment and Unemployment : A Social Psychological Analysis* (Cambridge University Press, Cambridge, 1982).

(15) Ibid., p. 98.

(16) R. E. Pahl, "Family, Community and Unemployment," *New Society*, 21 January 1982.

(17) Ibid.

(18) C. Gill, *Work, Unemployment and the New Technology* (Polity Press, Cambridge, 1985), p. 5.

(19) Ibid., pp. 7, 8.

(20) But see C. W. Mills, *White Collar* (Oxford University Press, Oxford, 1956), referred to in ch. 3 above. =〔邦訳〕杉政孝訳（1957）『ホワイト・カラー――中流階級の生活探究』東京創元社。

(21) Gill, *Work*, p. 43.

(22) Ibid., p. 51.

(23) B. Sherman, *The State of the Unions* (Wiley, London, 1986), p. 157.

(24) Gill, *Work*, pp. 32, 40.

(25) J. Northcott, *Chips and Jobs* (Policy Studies Institute, London, 1985).

(26) C. Handy, *The Future of Work* (Penguin, Harmondsworth, 1986).

(27) Ibid.

(28) B. Oakley, "Industry has Lessons for Academics," *New Scientist*, 2 July 1987.

(29) D. F. Noble, *The Forces of Production* (Alfred A. Knopf, New York, 1984).

(30) F. Webster and K. Robins, *Information Technology : A Luddite Analysis* (Able Publishing Corporation, Norword, NJ, 1986), p. 3.

(31) Ibid., p. 31.

(32) J. A. and O. Banks, *Feminism and Family Planning in Victorian England* (Liverpool University Press, Liverpool, 1965), pp. 82-4.

(33) F. Webster, "The Politics of the New Technology," in R. Milliband et al. (eds), *Socialist Register 1985/6* (Merlin Press London, 1986), pp. 385-413.

第9章

結　論

序論では，学問としての社会学の特質を明らかにすることを提起してきた。すなわち，①現実に生起している事象を調べるために，事象の背後にある社会的状況を捉えていくこと，②多様な出来事に対する〈公式な〉解釈に疑問を投掛けること，③階級・性・人種・宗教と個人の行動を関連づけた上で（個人の行動自体を分析するよりも），社会環境の中にいる個人を研究していくこと，等の課題である。社会学では，「われわれが伝承してきたものよりもわれわれが学習したこと」を重視している。すなわち，われわれは社会の中でのわれわれの役割に対して，社会化（socialized）されているのである。具体的には，女性・男性・中流階級・労働階級・高齢者・若年者・機械工・専門職等である。

第２章では，西欧において，さまざまな企業がどのように発展してきたかについて例証し，さらに，西欧経済がどのようにして世界を支配しているか（例―多国籍企業）について提示してきた。米国企業の価値観（個人の成功を重視する）と日本企業の価値観（集団を重視し，まず西欧に追いつき，その上で，西欧を追い越すという方法）とを比較してきた。〈英国病〉（British Disease）に対する分析の試みも行われた。

第３章では，労働の社会的特質を例証しようと試みた。いいかえれば，「労働は職務以上のものであること」，「労働は生活様式である」等の労働の特質である。社会学者は職業的イデオロギー・専門職的イデオロギーに関心をもっている。このような視点は経営者が労働現場で働く人々のもつイデオロギー（経営管理的イデオロギーも含めて），さらに，多くのルーティン的労働がもつ疎外的特質，などを明らかにする場合に役立つものである。

第４章では，組織に対するわれわれの日常的な見方と組織に対する社会学的アプローチとを比較対照している。下記は組織に関する特長的な事柄である。

- 組織は，組織自体・労働に関するイデオロギーをもっている。
- 組織は，専制的方向に進む傾向がある（少数者による支配）。
- 組織は，目的よりも手段の方が重要になってくることを許容している。
- 組織は，厳しい統制に苦しんでいる。
- 組織は，過剰集権化している。
- 組織は，コミュニケーションの断絶に苦しんでいる。

第5章では，〈産業関係〉に対する一般的な見方と社会学的アプローチとを比較対照している。社会学者は権力や支配に対して焦点を絞って研究しているし，さらに，「オフィス・店舗・工場における過剰な統制の結果は一体，どのようになるのだろうか」ということを問うている。過剰熱意型の統制に対する反応は微妙なものであり（ストライキではない），長期欠勤・熱意の欠如という形をとってあらわれる。多くの社会学者の研究はこの現象を記録として留めている。

「人間と労働へのモティベーションとの関係」を扱っているのが，第6章である。つまり，「どのようにすれば，収益性と生産性は増加するのだろうか」という問題である。このことこそが，経営者がモティベーションに関心をもつ，主要な理由である。しかし，社会学者は，「この組織において，実際に何が起こっているのだろうか」，あるいは，「なぜ，被雇用者（従業員）は不満足なのだろうか」といったようなさまざまな質問をすることを好む。労働における疎外の根源は使用されているテクノロジーの種類よりも，労働に対する社会的な取り決め（あなた自身の雇用者ではない）にあるかもしれない。

最後に，第7章と第8章では，職業構造の変化に関する基本的な事実を明らかにしている。すべての事象は表面的に見えるものとは異なるということである。女性と黒人の役割は合理的に行われた決定の産物ではない。女性や黒人は白人と平等に扱われていない。失業や新しいテクノロジーによってもたらされた変化は，見掛けほど大きくはない。経済・発明・新しいテクノロジーの使用を決定するのは社会であって，それ以外に方法はないように思われる。

本書は〈表面的〉な現実と〈具体的〉な現実とを区別することを通じて，われわれが学習したことへの注意事項を付加して終了することになる。

[表面的な現実]	[具体的な現実]
• 新しいテクノロジーはあらゆる側面で能率が高いこと，社会における変化があること等のために，革命的である。	• 社会はゆっくりと変化している。重要な課題は，「新しいテクノロジーがどの程度，社会に影響を与えるだろうか」ということではなくて，「このようなテクノロジーをどんな種類の社会が生み出しているのだろうか」ということである。社会が決定するのは，①研究が実施されるか否かにかかわらず，どんな研究が行われるか，②研究がどのように利用されるかということである。新しいテクノロジーの導入の効果は社会的行為の結果である。
• 新しいテクノロジーはより高度な〈能率〉をもたらす。	• だれのための〈能率〉だろうか。彼らは余剰人員なのだろうか，それとも，失業者なのだろうか。彼らの技能は今では時代遅れなのだろうか。未熟なのだろうか。
• 労働とは，職務であり，達成されるべき課業であるとともに，さらに，適切な割合で支払われるべきである（公正な労働に対する公正な報酬）。	• 社会学者は労働の社会的特質を重視する。労働は職務以上のものである。労働は一つの生活様式である。このことは，専門的職業の場合に最も顕著なものである。専門的職業とは，構成メンバーが類似の価値観・類似の生活様式を共有している共同体（コミュニティ）のようなものである。中流階級の人々は単なる〈仕事〉よりもむしろ，〈職業経歴〉をもちたがる。
• 社会学は無用である。社会学は経	• 社会学は社会を評価することが任

営者の行動の意思決定に役立たない。社会学は経営管理的技能を啓発しない。社会学は生産性を上げたり，労働に対する人々へのモティベーションを行ったりすることには役立たない。

務である（他の学問の中でも）。現実に起こっている事象を最初に，かつ，真っ先に発見することが目的である。社会学は社会の特定の集団の役に立つようなことは行ってなかった。社会学は常に回答を与えるというよりも，問題を提起することである。多くの社会学が経営者に回答を与えようとする多くの試みは，誤った指導をしていることが判明した（例えば，〈科学的管理〉）の場合のように。第1章で述べたように，この国で権力のある人々が社会学がどんなに有効な学問であるかということを主張するとすれば，「社会学は権力者が信念をもって推進しているイデオロギーを傷つけることがしばしばあるから，社会学はその任務を適切に実行していない」ということは正当であるといえるかもしれない。社会学は経営管理者に対して，多くの思考を基盤としている，仮説を受け入れるよりも，①質問の仕方，②明確な思考方法，を提示する方が役に立つ。

- 啓発された経営者は労働の質を高めようとする。例えば，①退屈な労働を中止する，②労働にインセンティヴを与える，③環境を改善する，のである。

- 一方，多くの仕事は脱熟練化してきており，細分化された部分に分解されている。最終的には，経営者は労働状況を統制するが，このようなことは怒りを買うことになるかもしれない。

- 経営者は現在では，より柔軟に

- これまで，さまざまな改善があっ

なっている。過去の恐怖話は今ではあてはまらない。人事担当マネジャーの大半は非常にものわかりがよく，理解もある。	たが，経営管理的統制や被雇用者の無力性という基本的事実は変化しなかった。事実は，多くの人間的側面をもっているということである。企業に対する利益は基本的な目的の達成だけにとどまっている。
• 英国・米国では，以前よりもよい〈産業関係〉を維持している。	• 労働力が今まで以上に弾力的になってきているのは，失業に対する脅威によるためであろう。
• しかし，わずかではあるが，今でもストライキはある。確かに，これはよいことだろうか。1980年代の〈産業関係〉には，もっと平和的状況がみられた。	• ストライキは最も明確なる事実であるが，〈産業関係〉においては最も重要性の少ない側面をもっているといわれている。米国や豪州は英国よりもはるかにストライキ率が高いが，生産性はずっとよい。
• 生産性を向上させようと努力することはよいことに違いない。これはだれにとっても利益になるからである。	• 生産性の高さはどのようにして達成されるのだろうか。もし，このことが経営者側による強力な統制を通じて行われるとすれば，この試みは自滅的な結果をもたらし，多くの長期欠勤・労働移動率の上昇・モラール（勤労意欲）の低下を生み出すことになる。多くの商品は少数の人々に利益をもたらすことを目的として生産されることからして，労働者が余剰人員となるのはどうしてだろうか。
• 英国の〈性的差別法〉（The Sex Discrimination Act）や〈公正雇用機会委員会〉（the Equal Opportunities Commissions）は労働における性的平等の向上に貢献している。	• 現実には，英国や他の国々における性的差別・人種的差別は多い。女性の賃金率は同じような仕事をしている男性の約3分の2で，女性の昇進の可能性は少ない。黒人

同じように，「人種的平等のための委員会」(the Commission for Racial Equality) は労働における人種的差別の緩和に役立っている。	は仕事（通常の場合，不熟練労働）を得る場合，白人よりも失業に苦しむ可能性が高い。〈性的差別〉と〈人種的差別〉のイデオロギーは拡大している。人間は権利的な意味としての人間としてよりも，性・肌の色をもとに判断されている。
• 近代社会における組織は合理的な目的を達成するための論理的手段を活用している〈合理的な統一体〉である。例えば，収益性を向上させるために，コスト削減することなど。	• 組織には第 4 章で述べたようなイデオロギーが浸透している。〈構造主義・心理学主義・合意形成主義・福祉主義・遵法主義〉などがそうである。手段はしばしば，目的よりも重要になってくる。例えば，ある組織は顧客に対してよりも，従業員の利益のために経営されているように思われるところがある。組織内のさまざまなレベルにおいて，コミュニケーションの断絶がしばしばみられる。このことは，組織内の技術的な欠陥が原因というよりも，多様な目標をもっている人間がいることに起因しているかもしれない。

1 企業社会への展望

経営者にせよ，企業社会にいる人々にせよ，ここで提示する最良のアドバイスは，C・ライト・ミルズ（C. Wright Mills）が〈社会学的想像力〉（Sociological Imagination）と呼んだ概念を発展させることである[(1)]。

表面上の価値で物事を受け入れないことである。ミルズは，「経験は常に検討し，再解釈していく必要がある」と指摘している。常にノートをもち，些細な考え方でもメモして書き留めておくことである。例えば，①労働の場におけるイデオロギーの事例を書き留めておくこと，②組織の行動，政治家・経営者の演説，等に対する考え方をしっかりもっておくこと。〈実践的な考え方〉や〈一般的な常識〉に対して，信用しすぎることのないようにすること。一般的な仮説を常に，再検討する必要がある（〈産業関係〉に関する章では，こうした考え方の必要性をはっきり強調していたはずである）。ミルズによれば，「われわれは現実に生起している事象を多角的な視点から捉えるように努力することである」と示唆している。労働現場についての議論にせよ，法廷・社会的機会についての議論にせよ，物に対する見方には多様性があるし，〈真実〉に対しても多様な見方がある。社会学としての任務はこれらの事柄を検討し，性急な判断をしないようにすることである。

ステレオタイプ化や手続きの厳密化は避けるようにすること。「個人とは，社会化された個人であって，孤立化した行為者ではない」ということを記憶に留めておくことである。同じような社会的背景（例—同じような社会階級）をもった人間は同じように行動するようである。

私的トラブルと公的な問題との区別をきちんとすること。1人の人間の失業は私的なトラブルである。30万人いる町のうちの労働力人口の半分が失業状態にある場合，これは公的な問題である。このことが「この種の社会の価値観は一体，何なのだろうか」というような社会学的質問がでてくることになる。

社会学に関する知識は確かに労働における意思決定者の役に立つものである。具体的にいえば，社会学的知識はより明瞭な思考・より明確な認識・より明晰な分析を可能にする。さらに，社会学的知識を通じて，終生有効な経験を享受することができるのである。

注

(1) C. W. Mills, *The Sociological Imagination* (Oxford University Press, Oxford, 1959). =〔邦訳〕鈴木広訳（1965）『社会学的想像力』紀伊國屋書店。

〔用語解説〕

イデオロギー（Ideology）

権力をもっている人々の利益を正当化するために一般的に奉仕していると考えられる〈共有化された考え方・信念〉のこと。信念はしばしば，誤ったものであるか，誇張されたものか，のいずれかとみられている。性的差別や人種的差別はイデオロギーである。

温情主義（ないし，親権主義）（Paternalism）

自分の会社の従業員の世話を十分にみたり，生産性を向上させることを主要な目的としているような，よい労働条件・恩典を提唱したりする会社に対して使われる言葉。父親が子供の面倒をみるような考え方。保護主義ということで批判されている。つまり，労働者に対して平等な地位を与えないということ。

階　級（Class）

だれもがこの概念を知っているけれども，定義を行うのが大変難しい概念である。社会学では，〈物質的な富〉と〈一つの社会内の大規模集団の権力〉との間の変動をつくり出す，社会的・経済的な差異に関連した概念として，通常は使用されている。

科学的管理（ないし，テイラー主義）（Scientific Management— “Taylorism”）

フレデリック・テイラー（Frederick Taylor）が提唱した，〈産業的経営管理〉に関する一連の概念のこと。この概念には，現実の生産活動と経営管理的機能（思考）とを分離することも含まれている。例えば，各労働者の職務はできるだけ単純化すること，などの考え方である。経営者側は〈何が〉行われるべきかだけではなく，〈どのように〉行うべきであるかということも発言しなければならない。経営者側によって企業ルール（強圧的とさえ考えられるものもある）を正当化するために広範に受け入れられたイデオロギーになっている概念でもある。

価値，もしくは，価値観（Values）

個人，もしくは，集団が何が望ましいか，適切か，よいか，悪いかについてもっている概念のこと。個人がどのような価値をもっているかは，彼らが生きている社会によって強く影響されている。

官僚制（Bureaucracy）

日常的な使用法としては，役所の形式主義的な意味を連想する。ウェーバーにとっては，階層制（ヒエラルキー）のある行政組織，〈行政的な〉規則・体系をもった大規模組織を意味していた。彼は，官僚制こそが組織の中で最も効率的なものである，と考えていた。

技術決定論（Technological Determinism）

われわれの社会を決定するのは，「テクノロジー」（技術）であるということを示す考え方である（これに対して，社会学者は「社会自体が新しいテクノロジーが起こってくるような条件をつくり出している」ことを提唱している）（第8章を参照のこと）。

規　範（Norms）

物事を実行する場合の一般的に承認された方法。具体的には，社会，あるいは，集団の中で，〈正常〉とみられていること。

グローバリゼーション（Globalization）

地球の北部半球地域の裕福な国々の利益に従って，国際経済が発展していること（第2章を参照のこと）。

権　威（Authority）

権力の合法的な使用のこと。政府は国民に選択されているために，権威をもっている。このことが政府の規則を合法化している。

合意形成主義（Consensualism）

このイデオロギーには，「組織内のすべての成員が地位の高低は別にして，同じ目標を共有する」ことが包摂されている。

構造主義（組織内）（Structualism in organizations）

これは組織を構造化する方法を変更できないことを前提とするイデオロギーのことである。現在の構造は最も〈効率的〉であるというような使われ方をしている。

高齢者差別（Ageism）

年齢を理由に，人間を差別したり，人間に偏見をもったりすること。

社　会（Society）

特定の地域で生活している集団が政治的権威という共通のシステムを受け入れることで，明確なアイデンティティをもつとともに，同じ価値を共有することを認識している。

社会化（Socialization）

人間が帰属した社会の規範・価値を獲得するプロセス（過程）のこと。例えば，自分の親を観察・模倣する子供も含まれるし，それによって，男性，もしくは，女性，さらに，父親，もしくは，母親，などの役割を学習していくこと。新しい国の規範・価値を学習しなければならない移民の場合もそうである。

社会的移動（Social Mobility）

異なった社会的地位間に存在している個人，あるいは，集団が移動すること。「上方への社会的移動」（Upward Social Mobility）とは，人間が自分の親よりも高い社会的地位へと移動していくことである。「下方への社会的移動」（Downward Social Mobility）とは，より低い社会的地位へ移動していくことである。法律家の息子が配管工になる場合などである。

集　中（Concentration）

この言葉は，大企業が競争相手を買収し，ごく少数の企業が一国（あるいは，世界）の生産を段々と支配するようになってくるような発展の仕方として使われている。権力はきわめて少数者の手の中で集中化されてくる。

遵法主義（ないし，順法主義）（Legalism）

雇用者と被雇用者は自由に雇用に関する拘束契約（雇用者はかなり強い立場にいるという事実を無理している）を結ぶということを前提とする考え方。

人種的差別（Racism）

一定の肉体的・遺伝的な特性をもっている民族に対して，優越性，もしくは，劣等性という特性を属性とする考え方。

心理学主義（Psychologism）

「組織が個人に従属するのではなくて，個人が組織に適応しなければならない」という前提をもったイデオロギーのこと。

性的差別（Sexism）

人間の性を理由に，人間に対して差別を行うか，偏見をもつか，のいずれかの行為や態度を採ることをいう。

疎　外（Alienation）

マルクスは，「われわれは基本的には創造的な動物である。われわれは労働を通じて，われわれ自身を表現する必要がある」と主張した。われわれがこのようなことができない限り，われわれは疎外されているのである。つまり，われわれの本当の自分自身から分離しているのである。「近代資本主義は労働者の間に疎外をもたらす」といわれている。

地　位（Status）

個人，あるいは，集団が社会の他の成員によって許容される「社会的威信」，もしくは，「名誉」のこと。

中流化現象（Embourgeoisement）

中流階級の生活様式や価値観を採用している労働者階級のこと。こうした現象は個人や集団の両者に起こる可能性がある。

ネポティズム（Nepotism）

自分自身の家族の成員に権力，あるいは，特権を譲渡するという行動のこと。例えば，社長が自分の息子を会社内の重要な職に指名すること。

福祉主義（Welfareism）

この概念は〈温情主義〉（Paternalism）と類似したものである（〈温情主義〉の説明を参照のこと）。

プロフェッション（専門的職業）（Profession）

特定の業務を志向している，いくつかの職業の一つで，高度水準の教育資格を必要とする。このような資格には，中心的な組織によって制定された行為法の制約を通常，受ける（例—法律・医療等）。プロフェッションには高い地位が伴う。一部の仕事は専門化されることができる（例—人事関係のマネジメント）。他方，他の仕事は地位を失う（例—看護・教育に関する仕事）。

プロレタリアナイゼーション（Proletarianization）

中流階級は労働者階級に吸収されつつある。こうした現象は個人と同じように集団にも起こりうる。

文　化（Culture）

一つの集団・社会における規範・価値・物質財のこと。または，このような考え方に基づいて，思考・行動する方法のこと。

文化主義（Culturism）

「社会はその文化によって形成される（決定される）という考え方。例えば，米国人が成功を重視するという考え方は，社会の最上位階層では高度な奢侈生活や活発な企業活動を行っているが，社会の底辺階層では貧困や犯罪が蔓延しているような社会を形成してきた。このようなことは社会をあまりにも単純化した見方かもしれない。文化を形成している要素は何だろうか。

分　業（Division of Labour）

労働における業務の専門化のことで，一つの生産システム内で多様な職業が結合している。例えば，家庭では，一定の業務は家族の各成員によって達成されている。同じようなプロセスが組織内でも適用される。

偏　見（Prejudice）

個人，あるいは，集団に関して先入観的な観念をもっていること。新しい情報が提供された場合でさえも，態度を変えることに抵抗をもっている考え方。偏見はわれわれの判断を曇らせる。偏見はわれわれが人々を実際の存在として見ることを妨害する。人種的差別・性的差別・高齢者差別などのイデオロギーはより権力のある人々に有利に働く。

役　割（Role）

この概念はわれわれが社会の中で演じる役割（part）に関連したものである。われわれはすべて，いくつかの役割（例：父―母―子供，教師―医師―工場労働者―家庭の主婦，投票者―平和運動家，患者，教会に規則正しく礼拝する人等）をもっている。〈役割〉の概念は個人と社会を連鎖させるので，社会学では重要なものである。社会は〈正しい〉役割が何であるか，これらの役割がどのように達成されるべきか，を規定している。さらに，われわれはすべて，人々に役割に順応することを期待している。われわれは僧侶・看護師・マネジャー（経営管理者）・法律家などがどのように行動すべきかに関して，明確な期待像をもっている。

レッセ・フェール（Laissez-faire）

政府は社会に介入すべきではないという考え方で，特に，経済に適用される。レッセ・フェール的なエコノミストは，「市場は自由に供給と需要を決定すべきである」という考え方のもとに，価格，あるいは，賃金の管理に対して反対している。この考え方は豊かで権力のある国々を支えるイデオロギーとしてみなされていく。

労働市場の二重性（Dualism in the Labour Market）

国家全体として少なくとも二つの労働市場が存在している。一次的な労働市場では，専門的職業を含む，よい仕事がある。二次的な労働市場では，報酬は少なく，社会的評価も低い仕事がある。各個人はこのどちらかの労働市場において雇用される。この二つの市場には移動性はほとんどない。不利な労働市場にいる労働者は一次的な労働市場に入ることはできない。

労働のプロセス（Labour Process）

労働が商品・サービスに変えられるプロセス（過程）のこと。このプロセスでは，「経営者側は労働力に対して，統制権を最大化しようとする」といわれている。

労働予備軍（ないし，失業者）（Reserve army）

景気がよい場合に，雇用者が労働力だけを求めている，失業者の人たちのこと（特に，女性が多い）。

労働倫理／プロテスタント倫理（Work Ethic/Protestant Ethic）

労働が本質的に価値のあるものであるという概念。例えば，人間は一生懸命働いて，成功をめざすべきであるというような考え方。初期のプロテスタント派の人たちは「現世における物質的成功は来世に向けての適格性の象徴であるかもしれない」と信じていた。

訳者あとがき

本書，『入門 企業社会学』は1980年代のいわゆる「サッチャー革命」が英国経済の復興という，一定の成果をもたらした時期の1989年に書かれたものである。著者の故マーティン・ジョセフ博士（Martin Joseph, D. Phil.［1932－1998］）は不動産ディベロッパーの経営者を父としてもち，苦学して，オックスフォード大学で社会学の博士号（D. Phil.）を取得した，いわゆる中流階級に属していた。周知のように，英国は強固な階級社会で，(1)貴族・上流階級（Aristocracy／Upper Class），(2)中流階級（Middle Class），(3)労働者階級（Working Class），という三つの身分による社会階級が歴史的に受け継がれてきている。「鉄の女」（Iron Lady）といわれた英国の第71代首相（1979-1990年在任）のマーガレット・サッチャーは，元市長の父（食糧雑貨商）をもつ中流階級の出身で，オックスフォード大学を卒業し，一般企業の研究員・弁護士を経て，政界入りを果たしたのである（1992年に貴族院議員となり，一代限りの爵位〔女男爵（Baroness)〕を付与されている)。こうした社会階級の慣習的な固定化が英国経済，さらには，英国の産業活動や企業活動の進展を阻んできた大きな要因の一つとされている。したがって，本書は階級社会としての英国社会がその保守性を打破し，新自由主義的な経済的豊かさを追求していく時代の産業活動や企業活動の課題やあり方を社会学的に解明しようとした著作であると位置づけられるだろう。

本書が執筆された時代は，労働党の経済政策（産業国有化政策・労働組合優遇政策等）の失敗により，英国経済が衰退化した時代に，サッチャー首相が国営企業の民営化をはじめとした，新自由主義的な構造改革（徹底した行財政改革による支出の削減，付加価値税の増税，規制緩和等）によって，かつては「英国病」とまでいわれた英国経済を復活させた時期にあたる。

この時期，産業界・企業にとって大きな改革の波が訪れたのは，一つには，企業の経営効率化をめざした「生産管理面のジャパナイゼーション」であり，さらには，市場原理に基づく「経営管理のアメリカナイゼーション」である。

「生産管理面のジャパナイゼーション」とは，20世紀初頭から導入された少品種大量生産型の「フォーディズム」から，多品種中量生産型の「リーン生産方式」に生産管理システムを転換させたことである。このことにより，労働生産は向上し，企業経営は活性化してきた。他方，「経営管理面のアメリカナイゼーション」とは，石油・航空機・自動車・鉄道・通信・電力等の基幹産業における企業の民営化の促進，規制緩和政策，金融システム改革等による国際競争力の強化である。このように，「生産管理面のジャパナイゼーション」と「経営管理面のアメリカナイゼーション」という二つのイノベーション要素が融合することによって，英国経済は復活への道筋を辿っていたのである（安部悦生「第１章 イギリス」『経済の発展・衰退・再生に関する研究会』報告書，財務省財務総合研究所編，2001年）。

本書はこうした英国経済の構造転換を背景として，英国流の伝統的，かつ，保守的な「ジェントルマン・キャピタリズム」から脱却して，国際競争に打ち勝つための「グローバル・キャピタリズム」へ転換すべく，企業経営や企業活動を新しい視点，すなわち，(1)「企業と社会」関係論的な視点，(2)労働の社会的特質的な視点，(3)組織論的な視点，(4)産業関係論的な視点，(5)職業構造論的な視点，等から，企業活動への社会学的視点と産業関係の諸課題に対する社会学的な処方せんを理論と実践の両面から追求した，すぐれて啓発的な著作である，といえよう。

本書はマーティン・ジョセフ博士の著作，“*Sociology for Business—A Practical Approach*”（Polity Press，1989）を全訳したものであり，彼が社会学に関する一般的啓蒙書，“*Sociology for Everyone*”（Polity Press，1986）に次いで出版したもので，「企業と社会の関係」について，英国社会における産業の現状を踏まえた上で，さらに，英国・米国・日本における企業社会における価値の比較論的視点から，企業社会の視点・課題・方向性について追究したものである。1993年には，『看護と保健の社会学』（*Sociology for Nursing and Health-care*）も刊行している。いずれも，社会学の初学者向けのテキストとして好評を博したものである。

本書は著者が講義を行っていた，オックスフォード・ポリテクニック（Ox-ford Polytecnic，この高等教育機関は日本でいう，大学・短大・専門学校向けの多様なコースが並列的に開講されている英国独特の高等専修学校のようなものである。現在は，名称も変更され，オックスフォード・ブルックス大学〔Oxford Brooks University〕として大学に昇格している）の学生，さらに，一般社会人，研究者を対象に書かれたものであって，専門家向けの研究書というよりも，一般向けの社会学的啓蒙書といった方がよいだろう。このことは，博士の社会学に対する姿勢からも伺われる。博士が基本的スタンスとしている社会学に対する役割は，①社会現象に対して批判的な視点をもつこと，②社会現象は問題提起的な視点から捉えること，③社会学は何よりも問題解決のための実践的な視点をもつこと，等に求めており，理論的・抽象的な社会学に対して，能動的・実践的な社会学のあり方を彼は主張している。

著者の経歴については冒頭で若干，触れたが，ここでは，もう少し，詳細に触れておくことにする。ジョセフは大学の世界のみで育った純粋培養型の研究者ではない。彼は不動産のディベロッパーを父にもち，学校を卒業後，不動産関連の業務に従事し，33歳までは不動産鑑定士関連の仕事をしていた。その間，大学の夜間部で社会学を学んだ。その後，社会学の学士号，さらに，1981年（49歳）にオックスフォード大学（St. Edmund Hall）に，「職業的社会化——不動産マネジメント研究者の事例研究」（'Professional Socialization, A Case Study of Estate Management Students'）と題する論文を提出して，博士学位（Doctor of Philosophy—D. Phil.）を取得した。オックスフォード・ポリテクニックでは社会学を19年間教えた後，オックスフォード・ポリテクニックのシニア・アカデミック・ビジター（上級客員講師）の職に就いた。この経歴からみてもわかるように，彼は産業界の中での実務経験をもとに，社会学という学問を研究してきたことから，社会学と社会（産業社会・企業社会）の関わりをきわめて重視するとともに，社会学が社会のすべての人々に利益になるような方向性を追求しているようである。この点では，いわゆるアカデミシャンが書いている社会学入門書とは基本的にスタンスが異なっている。

本書は，1991年に，日本能率協会から，『ゼミナール　企業社会学』として刊行されたものを改訳し，内容を補足することによって刊行したものである。日本能率協会版で省略した［訳注］，［参考文献］，［索引］等を加えることによって，読者の皆さんには本書の内容をより理解しやすくするとともに，さまざまな「企業と社会」に関する社会学的な諸課題を自分で検討できるように配慮して編集されている。

次に，本書の基本的な特長，ならびに，意義について触れておきたい。本書は企業社会における組織と人間の関係に留意しながら，「経営者—労働者（従業員）」関係について社会学的テーマ（組織理論・企業経営理論・労働へのモティベーション［動機づけ］・疎外・モラール［勤労意欲］等）を俎上に乗せて分析を行い，そのことが企業経営や「企業と社会」の関係の改善のためにどのように役に立つものであるかということを指摘している点に大きな特長がある。さらに，従来の欧米型の経営学テキストにみられるような「課題解決方式」を取り入れ，各章ごとにその章で取り上げた重要な課題について，自主的に取り組んで自らの思考で解決していくためのアドバイスを参考にしながら，課題解決のための方策を模索していくという内容構成にしていることである。また，本書は全体的には，英国の産業社会・企業社会における「企業と社会」や「経営者と労働者」の関係等をめぐる諸問題を社会学的観点から分析した上で，英国・米国・日本の企業社会における価値観の比較研究を行っている。かつて，「英国病」という形で，英国の社会全体，さらに，産業社会の病理が指摘されていたが，本書においても，産業社会の先進国であった英国が抱えている問題を多角的に捉え，その解決方策の指針を与えている。さらに，企業社会における「女性の進出」，「女性に対する差別」，また，わが国でも近年，国際問題・社会問題となっている「外国人労働者問題」と関連する「人種差別問題」といった〈企業社会における現代的課題〉についても接近し，その問題点・解決方策のあり方を意欲的に紹介している。

筆者は2012年に，米国の経営学における「企業と社会」論分野で最も読まれている著作，『企業と社会——企業戦略・公共政策・倫理（上・下）』〔第10版〕（J・E・ポスト他，松野弘他監訳）を日本ではじめて刊行したが，そこで取り上げられている課題は，例えば，第Ⅰ部「社会の中の企業」：第１章「企業とステイクホールダー」，第Ⅵ部「企業と技術変化」：第12章「技術」・第13章「新しい技術の出現とそのマネジメント」，第Ⅶ部「ステイクホールダーへの対応」：第17章「従業員と企業」，第Ⅷ部「社会的課題事項」：第18章「ダイバーシティと労働力」，といったテーマがあるが，経営学的視点と社会学的視点の差異はあるものの，『企業と社会』と本書の各章のテーマ，すなわち，第２章「企業と社会」，第３章「労働の社会的特質」，第４章「組織の社会学的洞察」，第５章「産業関係」，第７章「労働と偏見」，等に内容的に呼応している。

このように，本書は1989年に刊行されたけれども，「企業と社会」を取り巻くさまざまな社会的課題に対して企業がどのように対応していくべきか，についてわかりやすく書かれているばかりでなく，今日的な課題にも通じるテーマを先取りしているという点で，社会学的にはもちろん，社会的にもきわめて意義のある著作であるといえよう。

最後に，本書の刊行に際して，いつもながら慧眼をもって著作刊行の意義を理解していただいていた，ミネルヴァ書房の杉田啓三社長，ならびに，担当編集者としてきめの細かい編集作業を丁寧にやっていただいた梶谷　修氏，に心より感謝を申し上げたい。

本書が経済のグローバル化に伴い日本の企業が現在，直面しているさまざまな社会的課題に対応していくための解決方策を考えていく上で，一助となれば幸いである。

2014年12月１日

松野　弘

索　引

さ　行

た　行

な　行

は　行

ま　行

や　行

ら　行

A－Z

〈著者紹介〉

マーティン・ジョセフ（Martin Joseph, D. Phil.）

英国の社会学者。1932年に英国で生まれ，1998年に逝去。
父親が不動産ディベロッパーの経営者だった関係で，大学の夜間部を卒業後，不動産鑑定士として，不動産関係の業務（不動産鑑定）に従事した後，33歳で社会学関係の勉強を開始し，1981年49歳の時に，オックスフォード大学のセント・エドムンド・ホール（St. Edmund Hall）より，社会学の博士号（Doctor of Philosophy—D. Phil.）を取得した。オックスフォード・ポリテクニックでは19年間，社会学を講じてきた。オックスフォード・ポリテクニックがオックスフォード・ブルックス大学に昇格してから，同大学でシニア・アカデミック・ビジター（上級客員講師）として，11年間社会学の教鞭をとっていた。実務経験を活かした実践的な社会学の視点・方法を通じて，産業社会や企業社会を分析し，その問題点の解決方策を提示してきた。彼の社会学的な啓蒙的著作は学生，一般社会人等の多くの人々に読まれてきた。とりわけ，『社会学入門』は初版で１万部も売れたそうである。

本書以外の主要な著作・論文としては，以下のものがある。

1. 『社会学入門』（*Sociology for Everyone*, Polity Press, 1986／1990／1991［paperback edition］）
2. 『看護と保健の社会学』（*Sociology for Nursing and Healthcare*, Polity Press, 1993）
3. 「専門的職業の価値について――ポリテクニックにおいて，不動産鑑定士を志望している学生の事例研究」（“Professional Values—A case study of Surveying Students in a polytechnic”）
4. 「オックスフォードにおける失業経験に関する研究」（“The Experience of Unemployment”）他。

〈訳者紹介〉

松野　弘（まつの　ひろし）

1947年岡山県生まれ。早稲田大学第一文学部社会学専攻卒業。現在，千葉商科大学人間社会学部教授／大学院政策情報学研究科教授，博士（人間科学，早稲田大学）。山梨学院大学経営情報学部助教授，日本大学文理学部教授／大学院文学研究科教授／大学院総合社会情報研究科教授，千葉大学大学院人文社会科学研究科教授を歴任。千葉大学大学院客員教授／千葉大学 CSR 研究センター長，東京農業大学客員教授を兼務。日本学術会議第20期・第21期連携会員（特任一環境学委員会）。所属学会は日本社会学会，環境経済・政策学会，環境思想研究会，ソーシャル・マネジメント研究会，日本経営学会，「企業と社会フォーラム」(学会)，ISA（The International Sociological Association），ASA（The American Sociological Association），AESS（Association for Environmental Studies and Sciences）等。主な役職は「環境思想研究会」代表，「ソーシャル・マネジメント研究会」会長，「ソーシャルプロダクツ普及推進協会」副会長，「企業と社会フォーラム」(学会）理事等。

専門領域は，産業社会論／CSR 論・「企業と社会」論，環境思想論／環境社会論，地域社会論／まちづくり論，高等教育論。現代社会を思想・政策・マネジメントの視点から，多角的に分析し，さまざまな社会的課題解決のための方策を提示していくことを基本としている。

[主要著訳書]

『現代環境思想論』（単著，ミネルヴァ書房，2014年）
『大学教授の資格』（単著，NTT 出版，2010年）
『大学生のための知的勉強術』（単著，講談社現代新書，講談社，2010年）
『環境思想とは何か』（単著，ちくま新書，筑摩書房，2009年）
『地域社会形成の思想と論理』（単著，ミネルヴァ書房，2004年）
『大学生のための「社会常識」講座』（編著，ミネルヴァ書房，2011年）
『現代地域問題の研究』（編著，ミネルヴァ書房，2009年）
『「企業の社会的責任論」の形成と展開』（編著，ミネルヴァ書房，2006年）
『環境思想 キーワード』（共著，青木書店，2005年）
『産業文明の死』（J. J. Kassiola，監訳，ミネルヴァ書房，2014年）
『企業と社会――企業戦略・公共政策・倫理（上・下)』（J. E. Post 他，監訳，ミネルヴァ書房，2012年）
『ユートピア政治の終焉――グローバル・デモクラシーという神話』（J. Gray，監訳，岩波書店，2011年）
『緑の国家論』（R. Eckersley，監訳，岩波書店，2010年）
『新しいリベラリズム――台頭する市民活動パワー』（J. Berry，監訳，ミネルヴァ書房，2009年）
他多数。

入門 企業社会学
──「企業と社会」への社会学的アプローチ──

2015年4月25日　初版第1刷発行　〈検印省略〉

定価はカバーに
表示しています

訳　者　松　野　　弘
発行者　杉　田　啓　三
印刷者　坂　本　喜　杏

発行所　株式会社　ミネルヴァ書房
607-8494　京都市山科区日ノ岡堤谷町1
電話代表　(075)581-5191
振替口座　01020-0-8076

冨山房インターナショナル・藤沢製本

ISBN 978-4-623-06800-5
Printed in Japan